Sarah Br

Das Kleinste ist

Mein Lebensweg mit G

SCM

Stiftung Christliche Medien

SCM R. Brockhaus ist ein Imprint der SCM Verlagsgruppe, die zur Stiftung Christliche Medien gehört, einer gemeinnützigen Stiftung, die sich für die Förderung und Verbreitung christlicher Bücher, Zeitschriften, Filme und Musik einsetzt.

Der Titel dieses Buches erfolgt in Anlehnung an ein Zitat von Dietrich Bonhoeffer: »Gott ist so groß, dass ihm das Kleinste nicht zu klein ist« (Bonhoeffer, Dietrich: Die erste Tafel der zehn Worte (Juni/Juli 1944; aus dem Gefängnis Berlin-Tegel). In: Eberhard (Hrsg.): Gesammelte Schriften. Auslegungen und Predigten 1933-1944, Band 4, München, Chr. Kaiser, 1961, S. 597-612).

MIX
Papier aus verantwortungsvollen Quellen
FSC® C014138

Lektorat: Anna Koppri
Umschlaggestaltung: Sybille Koschera, Stuttgart
Titelbild: Fotografin: Judith Ziegenthaler
Autorenfoto: © Daniel Lindhüber
Gesamtgestaltung: Grafikbüro Sonnhüter, www.grafikbuero-sonnhueter.de
Druck und Bindung: Finidr s.r.o
Gedruckt in Tschechien
ISBN 978-3-7751-6194-7
Bestell-Nr. 396.194

SARAH BRENDEL

DAS KLEINSTE IST NICHT ZU KLEIN

Mein Lebensweg mit Gott und Menschen

SCM
Hänssler

INHALT

ACATISTUL
PREASFINTEI NĂSC
DE DUMNEZ

PROLOG

»Ich ging in die Wälder, denn ich wollte wohlüberlegt leben; intensiv leben wollte ich. Das Mark des Lebens in mich aufsaugen, um alles auszurotten, was nicht Leben war. Damit ich nicht in der Todesstunde innewürde, dass ich gar nicht gelebt hatte.«

– Henry D. Thoreau[1]

Ich schreibe und schreibe … ein Buch!

Es ist so ganz anders, als ein Lied zu schreiben. Viel unübersichtlicher und zeitintensiver. Und es ist herrlich, sich mal so richtig die Seele freizuschreiben.

»Schreibe, wie du redest, so schreibst du schön.«

– G. E. Lessing[2]

Dieser Satz erinnert mich daran, bei mir selbst zu bleiben, und sagt mir, dass es gar nicht so kompliziert ist, ein Buch zu schreiben, obwohl mein Kopf mir oft etwas anderes sagt: *Bitte nicht noch ein Buch, das die Welt nicht braucht! Du bist keine Schriftstellerin. Ein Buch über dein Leben? Wie anmaßend! Lieder ja, aber gleich ein ganzes Buch?*

Und nun sitze ich hier am offenen Fenster, höre die Vögel singen und schreibe. Ich hatte mir nie vorgenommen ein Buch zu schreiben. Doch während ich darüber nachdenke, merke ich, wie stark und wunderbar die Geschichten sind, die ich erlebt habe, und dass es gar kein wirkliches Ende gibt, weil alles weitergeht. Jeden Tag aufs Neue.

»Mama pflegte zu sagen, dass man an den Schuhen, die sie tragen, viel über die Menschen erzählen kann. Wohin sie gehen, wo sie waren …«
– Forrest Gump [3]

Manchmal regnet es den ganzen Tag und der Kopf hängt voller schwerer Wolken. Jeder kennt solche Tage, an denen nichts zu gelingen scheint. Tage, an denen man sich fragt, wozu man eigentlich auf der Welt ist. Lebe ich denn überhaupt und wie lebe ich?

Ich lebe in einem reichen Land, ich kenne das Gefühl von Hunger nicht, ich wohne in mehreren Zimmern mit großen Schränken, vollgepackt mit Sachen. Ich schlafe in einem Bett aus weichen Federdecken, ich besitze ein Auto und fliege in Flugzeugen um die Welt. In meinem Regal stehen anregende Biografien von Mutter Teresa, den Geschwistern Scholl und Jackie Pullinger.

Auf einer verblichenen Postkarte über unserer Moccamaster hängt ein Satz von Martin Luther King, der mich wachhält. *»Das Ich kann ohne das Du keine Erfüllung finden.«* [4] Ich kann Dinge ohne dich und du kannst Dinge ohne mich tun, aber zusammen können wir die Welt bewegen. Wenn Worten Taten folgen, liegt darin eine unerschöpfliche Kraft. Unsere Gesten, einander wahrzunehmen, hinzugehen, hinzuhören, hinzugehören an Orte, zu Menschen, können Tag für Tag kleine Demonstrationen unserer Liebe sein.

Die indische Ordensschwester Mutter Teresa besuchte einmal ein Altenheim in Europa.

»Und ich ging hinein und sah, dass sie da in dem Heim alles hatten, wunderschöne Sachen, aber alle schauten nur zur Tür. Und ich sah keinen einzigen mit einem Lächeln im Gesicht. Und ich wandte mich an die Schwester und fragte: Wie kommt das? Was ist mit all diesen Menschen, die alles haben, warum schauen sie alle nur zur Tür? Warum lächeln sie nicht? Und sie sagte: Das ist fast jeden Tag so. Sie warten, sie hoffen, dass ein Sohn oder eine Tochter zu Besuch kommt. Sie sind traurig, weil sie vergessen worden sind.« [5]

Es ist nie unmöglich zu lieben. Sich einander zuzuwenden beginnt im Kleinen – zu Hause bei unserer Familie, auf dem Weg zur Arbeit oder auf einem Spaziergang mit einem Freund. Wo auch immer wir gerade sind, können wir Spuren hinterlassen. Schritt für Schritt, jeden Tag aufs Neue, können wir Orientierung sein, in einer chaotischen, anstrengenden Zeit.

Auf dem Weg durch mein Leben schreibe ich von Begegnungen mit Menschen. Einige dauerten nur einen Moment, einen Augenblick lang – nicht länger als ein Stoßgebet – und doch erinnere ich mich genau. Aus anderen wurden Freundschaften.

Ich möchte dir, liebe Leserin, lieber Leser, Mut zur eigenen Geschichte machen. Das Gefühl für die eigene Besonderheit, den eigenen Wert – Gott in deiner Person zu suchen und zu entdecken, um dem nahezukommen, was den Kern eines jeden Menschen ausmacht: das Herz.

Du kannst dieses Buch unterschiedlich lesen. Auf die ganz gewöhnliche Weise, von vorne nach hinten. Dann liest es sich chronologisch, von den Jahren meiner Kindheit bis heute. Genauso gut kannst du dir für kurze Lesemomente einzelne Geschichten raussuchen. Ich wünsche dir viel Freude und hoffe, dass du inspiriert wirst.

Deine Sarah

LIEDER

Meine Lieder, die du im Buch findest, kannst du dir hier anhören und die deutschen Übersetzungen dazu lesen:
sarahbrendel.de/das-kleinste-ist-nicht-zu-klein

KAPITEL 1

**»Ich wohne in der Möglichkeit -
Ein fensterreiches Haus -
viel heller als die Wirklichkeit
Mit Türen - ein und aus -«**

– Emily Dickinson[6]

DAS WUNDER MEINER KINDHEIT

Als ich noch ein kleines Kind war, verfielen meine Eltern starker Drogensucht. Beide kamen ins Gefängnis und ich kam in ein Heim und dann in eine Pflegefamilie. Nach vier Jahren holten mich meine Eltern zurück nach Hause. Sie waren frei von Drogen und ihr Herz war voller Leben. Hier beginnt meine Geschichte.

Ich erinnere mich an viele wilde Gestalten, die barfuß durch unseren Garten liefen, der weitab vom Lärm der Straßen in einem kleinen, unscheinbaren Dorf lag. Als ich diesen Ort zum ersten Mal betrat, war ich vier Jahre alt. Vorher hatte ich in einem hohen Haus im obersten Stockwerk mitten in der Stadt gewohnt und davor in einem Kinderheim. An beide Orte erinnere ich mich nur grau.

Der erste Blick durch das hölzerne Tor zum Garten zeigte eine blühende Farbenlandschaft aus sanften hellblauen Tupfern von Kornblumen und Wiesenklee in Strichen aus Altrosa. Ich blickte auf eine Wiese aus dichtem grünem Gras mit langen Halmen, die den vom Wind zerzausten Pusteblumen Rückendeckung gaben. Und ich verguckte mich in einen Klatschmohn, dessen Rot so schön wie der Umhang eines Prinzen war. Ich nahm alles auf, was ich weit und breit sehen konnte, auch den Geruch der Kirschblüten und Azaleen.

Meine Fantasie begann Purzelbäume zu schlagen und war genauso blühend wie das endlose Blumenfeld, das sich mir erstreckt hatte.

Jahre sind seither ins Land gegangen. Ich wünschte, wir könnten gemeinsam unter dem Kirschbaum am Tor sitzen, dort, wo ich die Welt durch Kinderaugen sah.

Ein Freund meiner Eltern kam am Tag meiner Heimkehr zu Besuch. Später erzählte er mir, dass ich vor lauter Glück zu ihm gesagt hätte: »Jesus kommt bald wieder!« Dieser Jauchzer entzückte den Freund meiner Eltern so sehr, dass er, inspiriert davon, später Pastor wurde.

Seit jener Zeit sind Gärten meine Lieblingsorte. Hier fällt alles von mir ab. Gärten sind Friedensorte. Der alte Kirschbaum am Holztor, in dessen kraftvollen Ästen ich Stunden verbrachte, zeigte mir einen neuen Blick auf die Welt, in der ich jetzt lebte. Von hier oben beobachtete ich die Menschen, die bei uns ein und aus gingen: den kleinen rothaarigen Felix, der mein Freund wurde und später spurlos verschwand, den Schuster Lederpeter, der mir meine erste Schultasche nähte, meine hochgewachsene Tante mit den langen, rotleuchtenden Haaren, die ich heimlich bewunderte, und die dunkle Luise mit ihrem Pagenkopf und altmodischer Kleidung, in ständiger Begleitung eines Kinderwagens. Ich denke an Thomas den Großen, der mich wie kaum ein anderer zum Lachen brachte, und an Peter, meinen liebsten Spielkameraden – wie Michel aus Lönneberga sah er aus. Ein Junge vom Hof mit einem verschmitzten Lächeln, immer für jedes Abenteuer bereit.

Viele faszinierende Persönlichkeiten gingen bei uns ein und aus – kunterbunte Originale, einzigartige Menschen auf dem Weg zum Leben.

DIE MUNDHARMONIKA

Meine Erzählungen beginnen weit vor meiner Geburt mit der Geschichte meiner Eltern und Großeltern. In ihrem Feinkostenladen »Zum Schinkenstüble« tanzte meine Oma Lieselotte unbändig auf dem Tisch, wenn die Amerikaner zum Essen vorbeikamen, und spielte dabei flott die Mundharmonika. Ich denke, es war eine Art Befreiungsakt für sie, nach all dem, was sie und mein Opa während des Krieges erlebt hatten. Trotz harter Jahre waren der Lebensmut und die Freude meiner Oma nicht gewichen. Sie legte den Boden für die musikalischen Talente in unserer Familie. Es war in der Zeit, als mein Papa auf die Welt kam – Anfang der 50er-Jahre. Mein Papa sang in jungen Jahren in einer Bluesband. Ich glaube, er spielte dabei auf derselben volkstümlichen Mundharmonika, die meine Oma auf dem Ladentisch zum Besten gegeben hatte.

Irgendwann entdeckte ich beim Aufräumen eine verstaubte Kiste, in der eine kleine Schachtel lag. »The Echo Harp« stand in handgeschriebenen Buchstaben auf der Verpackung, in der das silberglänzende Instrument wie auf einer grünen Aue im Samt lag. Ich betrachtete die darauf gezeichnete Kulisse von allen Seiten, die Felsenberge und einen Wasserfall, der aus dem Stein von den Gipfeln bis hinunter zum Fuße des Berges floss. Zwischen dicht bewachsenen Tannen schlängelte sich sein Weg zu einer urgemütlichen Berghütte, aus deren Schornstein der Qualm mit den Wolken wehte. Der Weg zur Hütte ging steil bergauf und war rechts und links von Feldsteinen gesäumt.

Dieses kleine Instrument, in das man seinen Atem bläst, war das erste, das mich neugierig aufs Musizieren machte. Viel mehr als die Blockflöte, die ich lernen musste.

KÜNSTLERELTERN

Lange bevor meine Eltern sich kennenlernten und eine Familie gründeten, und lange bevor sie aufs Land zogen, war ihr Weg anders verlaufen. Im Schatten der Nachkriegszeit, auf der Suche nach einem Neuanfang, fanden sie in Künstlerkreisen in Hamburg und Hannover Gleichgesinnte.

»Wahrscheinlich suchte ich das, wovon ich in ›Unterwegs‹ gelesen hatte, die Großstadt, ihr Tempo und ihre Geräusche, das, was Allen Ginsberg ›die Welt der Wasserstoff-Jukebox‹ genannt hatte.«
– Bob Dylan[7]

Diesen Satz von Bob Dylan könnte mein Papa gesagt haben, denn er war genauso beseelt von dem Wunsch, eine neue Welt hinter der eigentlichen Welt zu entdecken. Die Generation meiner Eltern war eine traumatisierte Jugend, die mit den Nachwehen und starker Orientierungslosigkeit aufwuchs, die der Krieg hinterlassen hatte. In den meisten Häusern gab es wenig Raum für freies Denken und Hinterfragen. So prosperierten immer mehr junge Kommunen, die sich in leerstehenden Häusern zusammenfanden, um zu philosophieren, zu schreiben und Neues auszuprobieren – auch Drogen. Der Hunger nach Aufbruch und linderndem Balsam für einen kollektiven Schmerz schien unstillbar.

In den 1960er-Jahren gab es viele Aufstände gegen die politischen Geschehnisse: der Kalte Krieg, der Tod John F. Kennedys, Martin Luther King Jr. wurde erschossen, der Krieg in Vietnam, die Kubakrise und Robert Kennedy wurde ebenfalls umgebracht. Junge Leute zettelten Proteste für mehr Freiheit in Kunst und Kultur an und verschafften sich Gehör mit Musik. Die *Rolling Stones* benannten sich nach dem Lied »Rollin' Stone« des schwarzen Blues-Musikers Muddy Waters. Und der Stein kam wirklich ins Rollen.

Meine Eltern erzählten mir, wie sich Anfang der 60er-Jahre wochenweise Radio- und Zeitungsnachrichten überschlugen, weil Bands wie die Beatles plötzlich in aller Munde waren. In England gab es Massenaufläufe von Heranwachsenden. Hysterische Kids strömten in überfüllte Stadien. Busse und Bahnen waren zeitweise stillgelegt, weil überall Jugendliche die Straßen besetzten. Auch in Amerika war die *Beatlemania* bald in vollem Gange. Die Beatmusik löste den Rock 'n' Roll ab und pustete frischen Wind in die staubigen Häuser des Spießertums und Wohlstands.

»Grown up wrong«, sangen die jungen *Stones* im Frühjahr 1964. Blumenkinder tummelten sich in den Parks und belebten die Plätze. Veränderung lag in der Luft.

Unterwegs in ihren jeweiligen Städten, verschmolzen meine Eltern mehr und mehr mit der Künstlerszene der goldenen 60er.

Mein Papa las gerne, zeichnete, schrieb kleine Aufsätze und Reisetagebücher auf seiner ersten großen Fahrt nach London. Von seinem

Taschengeld kaufte er sich seine erste Schallplattensammlung. *The Velvet Underground & Nico*, die *Beatles* und die *Small Faces* hatten seine ungeteilte Aufmerksamkeit. Er besuchte ihre Konzerte. Sogar Jimi Hendrix sah er einige Jahre später bei einem seiner letzten Liveauftritte.

Es gab eine Eckkneipe in Hamburg, die vor allem Kunst- und Musikliebhaberinnen sammelte. Dort tauschte man die neusten Errungenschaften aus – zunächst Platten und Bücher, später auch Drogen. Hier verbrachte mein Papa neben seinem Kunststudium viel Zeit.

Meine Mutter lebte in Hannover ein ähnliches Leben. Sie schrieb, vorwiegend Gedichte, die lyrisch von solch besonderer Stimmung waren, dass sie bald entdeckt und zu Lesungen in der ganzen Stadt eingeladen wurde. Zudem hatte sie ein ausgeprägtes Interesse für Malerei und Schauspiel.

AUSGETRETENER PFAD

»It was a dark and stormy night.«

– Snoopy[8]

Es war Anfang der 70er-Jahre. Meine Eltern begegneten sich das erste Mal im Warteraum einer Suchtklinik. Beide hatten nach jahrelangem Drogenkonsum die ihnen sich letztmöglich erscheinende Gelegenheit beim Schopf ergriffen und sich in eine mehrwöchige Therapie begeben. Während ihres Aufenthaltes fanden sie in philosophischen Tag- und Nachtgesprächen zueinander. An meinem Papa war ein Schriftsteller verloren gegangen. Er verwob meine Mama in seine abenteuerreichen Erzählungen und eroberte sie auf lyrischen Pfaden.

In den ersten Monaten gelang es ihnen, das Alte hinter sich zu lassen und über eine neue Brücke in die Zukunft zu gehen. Mit dem Wunsch und der Hoffnung auf ein gemeinsames, heiles Leben zeugten sie mich, in einer sternklaren Nacht.

Doch schon wenige Monate nach meiner Geburt klopfte ein alter Dealer-Kumpane an ihre Tür und zog sie zurück in vergilbte Gewässer, aus deren Schlamm sie sich nicht mehr allein befreien konnten.

Immer tiefer drifteten sie zurück in die Drogensucht, die sie schließlich wegen waghalsiger Geschäfte ins Gefängnis und mich in die Arme meiner Großmutter brachte. Ich war noch kein Jahr alt. Obwohl mein Opa aus Hamburg immer wieder Geld für mich schickte, konnte meine Großmutter mich nicht mit dem Nötigsten versorgen. Meine »kleine Oma«, wie sie von ihren Enkeln genannt wurde, war von zierlicher Gestalt, mit scharfem Verstand und immer auf Trab, um der Familie unter die Arme zu greifen. Ihre Fürsorge war groß, doch ihre Kraft reichte nicht, um auch noch mich durchzubringen. Eines Tages, als sie sich keinen Rat mehr wusste, brachte sie mich in ein Kinderheim nach Hannover.

Manchmal höre ich an traurigen Orten das haltlose Weinen nach mütterlicher Zuwendung – wie damals. Obwohl ich nur wenige Monate alt war, konnte ich die Atmosphäre des Heimes wahrnehmen. Sollte ich diesen Ort in Farben beschreiben, so fände ich keine, sondern spräche von Schwarz und dunklem Grau. Schemenhaft erinnere ich mich auch an Gesichter, die sich empathielos über mein Bettchen beugten – Gesichter, die nie lachten.

NARBEN

Viel Zeit verging. Graue Bauten umrahmten die Szenerie. Obwohl der Blick nach draußen keine Weite bot, weckte er eine Sehnsucht in mir. Um den Wolken näher zu sein, öffnete ich eines Nachmittags das große Fenster im Wohnzimmer der Familie, bei der ich etwa seit meinem zweiten Geburtstag lebte. Ich bekam einen ordentlichen Schreck, als ich bei meinen umständlichen Versuchen, frische Luft hereinzulassen, das gesamte Fenster aus dem Rahmen hebelte. Ich hielt die Scheibe so lange fest, bis meine Pflegeeltern kamen und das Glas wieder einsetzten. Seitdem blieb das Fenster verschlossen, doch der Ort auf dem Fenstersims war mein Lieblingsplatz.

Während viele Meter unter mir Kinder im Innenhof rutschten und schaukelten, drückte ich meine Nase mit dem schweren Brillengestell und meine Hände gegen die Scheibe und schmierte Gesichter aufs

Glas. Die spielenden Kinder bevölkerten den eintönigen Platz wie emsige Bienchen. Sie waren wirklich tüchtig. Stundenlang rannten sie hin und her, kletterten und sprangen und freuten sich miteinander. Durch das Fenster von weit oben sah ich sie wie bunte, flirrende Punkte und hörte das Summen und Brummen ihrer Stimmen bis spät in den Abend hinein.

Die lange Eisenrutsche war ganz schön hoch. Ich war zu klein für das riesige Ding, wollte aber unbedingt aus nächster Nähe sehen, wie die großen Kinder johlend die Bahn herunterflitzten. Ich hörte noch meinen Namen. Jemand rief nach mir, dann stolperte ich. Mit blutiger Nase wurde ich ins Krankenhaus gebracht. Die Wunde musste mit mehreren Stichen genäht werden. Für einige Minuten war ich ohnmächtig geworden und im Traum ins Bodenlose gefallen: Ich stand hoch oben auf einem Wolken-Plateau und spürte für einen Moment festen Grund unten meinen Füßen. Dann begann ich in die Tiefe zu stürzen. Erst kurz vor dem Aufprall bemerkte ich, dass ich Flügel hatte. Wie auch sonst wäre ich so weit hinauf bis zu den Wolken gekommen?

Ich war noch ganz benommen, als ich aufwachte und bemerkte, dass meine Pflegeltern an meinem Bett saßen.

Seither wird der Spiegel meiner Kindheit mir jeden Morgen vor die Nase gehalten. Ich brauche kein Tattoo. Ich trage eine Narbe.

Jedes Gesicht zeigt Spuren der Vergangenheit und zeugt davon, wie das Heute aussieht.

ENGEL VOR DER PFORTE

Meine Eltern waren Suchende. Unentwegt erkundeten sie literarische und spirituelle Landschaften. Während ihrer Haft begann meine Mutter in der Bibel zu lesen und brütete über dem Gedicht »Gebet« von Else Lasker-Schüler.

»Ich suche allerlanden eine Stadt.
Die einen Engel vor der Pforte hat.
Ich trage seinen großen Flügel

Gebrochen schwer am Schulterblatt
Und in der Stirne seinen Stern als Siegel.
Und wandle immer in die Nacht
Ich habe Liebe in die Welt gebracht,
Dass blau zu blühen jedes Herz vermag,
Und hab ein Leben müde mich gewacht,
In Gott gehüllt den dunklen Atemschlag.

Oh Gott, schließ um mich Deinen Mantel fest;
Ich weiß, ich bin im Kugelglas der Rest,
Und wenn der letzte Mensch die Welt vergießt,
Du mich nicht wieder aus der Allmacht lässt
Und sich ein neuer Erdball um mich schließt.«[9]

Auf einer S-Bahn-Fahrt durch die große Stadt zog mein Papa ein zerschlissenes Büchlein aus seiner Manteltasche. Er war früher als meine Mama entlassen worden. Es war die kleine Bibel, die sie ihm bei seinem letzten Besuch zugesteckt hatte. Die Bibelworte und die Verse der jüdischen Schriftstellerin gaben meiner Mutter Zuversicht, mich eines Tages wiederzusehen.

Nun begann auch mein Papa, in der Bibel zu lesen, und war von den Worten ähnlich entzündet wie sie. Die Buchstaben, erzählte er mir später, begannen beim genaueren Betrachten zu leuchten. Von den vielen Büchern, die meine Eltern gelesen hatten, war dieses eine das erweckendste.

Nach ihrer Entlassung zogen beide an einen neuen Ort, in ein kleines Haus auf dem Land, mit einem Kirschbaum am Eingang des Gartens. Eines Abends knieten sie sich gemeinsam auf die Holzdielen ihres Wohnzimmers und beteten zu Gott, wie Kinder, die nach Hilfe fragen.

Sie hatten die Geschichten von Jesus Christus verinnerlicht. Wieder und wieder hatten sie gelesen, wie er Menschen, die krank und schwach waren, gesund gemacht hatte. Sie fühlten sich krank und breiteten ihr ganzes Elend vor ihm aus. Nachdem sie gebetet hatten, schliefen sie ein, wie Kinder, die sich sicher fühlen.

Am nächsten Morgen erwachten beide ohne das Verlangen nach einem Schuss. In dieser Nacht wurden sie frei von ihrer mehr als zehnjährigen Heroinsucht, schmissen ihr Spritzbesteck in den Abfall und nahmen es nie wieder zur Hand.

Im Umfeld meiner Eltern fanden noch viele andere Künstlerinnen und Künstler zum Glauben an Jesus. In Amerika entwickelte sich die *Jesus-People-Bewegung*[10], die sich auch in Europa ausbreitete. Sogar Bob Dylan, zu dessen Konzerten mein Vater mich und meine Schwestern später des Öfteren mitnahm, bekannte sich zum christlichen Glauben, was viele seiner Fans verstörte, meinen Papa jedoch sehr glücklich stimmte.

DIE KLEINE RAUPE NIMMERSATT

Eines frühen Abends klingelte es an der Haustür meiner Pflegefamilie. Ich war gerade zum Schlafen ins Hochbett geklettert, als meine Eltern zur Tür hereinkamen. Meine Mama und mein Papa! Ich hielt mich am Geländer des Bettes fest und drehte meinen Kopf zur Wand.

»Sarah, komm mit uns nach Hause«, hörte ich sie sagen. Und noch einmal: »Sarah, komm mit uns.«

Meine Hände suchten nach Halt. Ich zog die Bettdecke ganz nah an mich heran. Wenn ich nicht schlafen konnte, formte ich Bergzipfel mit meiner Decke und ging auf ihr spazieren. Jetzt griff ich nach einem Kissen und drückte es an meine Brust. Ich holte tief Luft, meine Gedanken kreisten. Fremde standen in meinem Zimmer, die mir auf eine unbeschreibliche Weise nah waren. Ich wollte nicht, dass sie wieder gehen, aber ich wollte auch nicht mit ihnen gehen.

Beide waren nun näher an mein Bett gekommen und reichten mir behutsam ein Buch. Meine Augen huschten über den Buchdeckel, auf dem eine kleine Raupe saß, die ständig Hunger hat.[11] Ich konnte noch nicht lesen. Langsam öffnete ich die dicken Seiten des Bilderbuches und folgte sogleich der kleinen Raupe, Blatt für Blatt – durch Schokoladenkuchen, eine Eiswaffel, eine saure Gurke, eine Scheibe Käse, ein Stück Wurst, einen Lolli, ein Stück Früchtebrot, ein Würstchen, ein Törtchen und ein Stück Melone. Ich verschlang jede einzelne Seite, bis ich, so wie der Schmetterling am Ende der Geschichte seine kleinen Flügel ausbreitet, um zu fliegen, endlich in den Armen meiner Eltern landete.

GARTENTOR

»Sieh meine Gärten, in denen meine Gärtner im Morgengrauen rangehen, den Frühling zu erschaffen; sie streiten sich nicht um die Blumen, ihre Stempel und Kronen, sie säen die Samenkörner.«
– Antoine de Saint-Exupéry[12]

Unser kleines Häuschen war der Zufluchtsort, den ich so lange vermisst hatte. In der Küche konnte man sich geradeso umdrehen, so winzig war sie. Mein Zimmer war schön hell und beim Zeichnen konnte ich von meinem Schreibtisch aus direkt in den Garten sehen. Das Wohn- und Esszimmer war das größte von allen und hatte zwei Fenster, durch die das Licht warm auf die Holzdielen schien. Das Zimmer meiner Eltern bestand aus einem einzigen, weichen Bett.

Bekannte, Freundinnen und Freunde meiner Eltern gingen durch unser Gartentor ein und aus. Viele kamen von Sorgen beladen und gingen lachend und singend nach Hause. Ich konnte die Freude und Veränderung in ihren Gesichtern sehen. Und das Schönste, das ich geschenkt bekam, war die tiefe Liebe meiner Eltern, nach unserer verlorenen Zeit. Es war ein Wunder für mich, dass ich nach Jahren der Trennung wieder bei ihnen sein konnte. Nicht, dass alles sofort wieder gut war, das wäre gelogen. Wir verbrachten so viel Zeit wie möglich zusammen und gewöhnten uns langsam aneinander. Es war wie beim Fahrradfahren, als mein Papa mir half das Gleichgewicht zu finden, dann plötzlich losließ und ich nicht mehr zu bremsen war. Nachdem mein Papa die Stützräder abgeschraubt hatte, raste ich auf meinem kleinen, blauen Fahrrad die holprige Dorfstraße entlang, umringt von Nachbarskindern, die mich anfeuerten. So ähnlich war das zwischen Mama, Papa und mir. Wir mussten herausfinden, wie man zusammenlebt und wie man sich loslässt. Das hatten wir ja schon ganz gut gelernt, das Loslassen. Aber das Zusammenleben war etwas Neues und es forderte uns ordentlich heraus.

Eines Nachmittags hatten sich ein paar der Nachbarsjungen im Dorf als Hexen verkleidet und mich mit einigen anderen jüngeren Kindern in ihre Laube eingeladen, um uns zu erschrecken. Sie trugen gruselige Masken und lachten hässlich. Es war gespenstisch in ihrem Bretterverschlag und ich wollte nur hinaus. Dicht gefolgt von den Hexengestalten rannte ich, so schnell mich meine Beine trugen, direkt in die Arme meiner Eltern. Gemeinsam hatten sie draußen am Gartentor auf mich gewartet. Wir gingen ins Haus, setzten uns auf ihr großes Bett und lehnten uns in die weichen Kissen. Ganz mitgenommen saß ich zwischen ihnen. Ihre Nähe beruhigte mich. Geborgenheit umarmte mich. Hier war mein Zuhause.

ZU HAUSE

Es gab eine Art Café, eine Teestube in Hannover, in der sich ein junges, alternatives Publikum traf, um über Jesus und die Welt zu philosophieren. Meine Eltern gingen oft mit mir dorthin. Der würzige Duft von Tee, Heu und Wolle und die Gesichter von warmherzigen Menschen mit langen Haaren und »Jesus-Latschen« hatten eine beruhigende Wirkung auf mich. Manchmal nahm jemand eine Gitarre zur Hand und sang ein Loblied, in das alle mit einstimmten. Die Atmosphäre in der Teestube fühlte sich vertraut an, so wie bei unserer Nachbarin, bei der ich viele Nachmittage verbrachte.

Sie hatte mindestens ein Dutzend Hühner, die fröhlich gackernd über ihren Hof flitzen. Nachbarinnen und Nachbarn kamen gerne auf einen plattdeutschen Schnack oder eine Tasse Ostfriesentee bei ihr vorbei. Auf ihrem Hof war immer was los. Lange Wäscheleinen waren über der Wiese hinter dem Hof gespannt, an denen riesige Betttücher hingen. Wie schneeweiße Tauben flatterten sie im Wind. Wir Kinder steckten unsere Nasen in die frischen Baumwolltücher und spielten Verstecken dahinter. Manchmal hingen auch meine gewaschenen Hosen an der Leine, weil ich vor lauter Spielen vergessen hatte, das stille Örtchen aufzusuchen. Für ein Kind wie mich hatte dieser Hof alles, was es brauchte. Frische Kuhmilch, süße, anschmiegsame Kätzchen, Brombeersträucher, Obstbäume und eine gutmütige Frau, die uns Kinder von Herzen liebhatte.

Diese besondere Nachbarsfrau fuhr auch meine Eltern und mich ins Krankenhaus, als meine Schwester geboren wurde. An diesem Tag ging alles Hals über Kopf. Eben noch hatte meine Mutter im Wohnzimmer auf unserem braunen Ledersessel gesessen, dessen Sprungfedern so ausgeleiert waren, dass das Hüpfen darauf keinen Spaß mehr brachte. Als sie mit einem Ruck aufsprang und aus Leibeskräften schrie: »Das Baby kommt!«, stürzte mein Papa aus dem Haus und kam kurz gefolgt von unserer Nachbarin zurück. Mit dem Schlüssel im Zündschloss wartete sie im brummenden Auto auf meine hochschwangere Mama. Während mein Vater meine Mama stützte, die keuchend ihren Arm unter den Bauch hielt, stieß unsere Nachbarin die Beifahrertür auf, und meine Mama ließ sich mit einem lauten Seufzer auf den Sitz fallen. Mit irrer Geschwindigkeit heizten wir davon.

Wäre unsere Nachbarin nicht gewesen, hätte es für meine Mama und meine Schwester schlimm ausgehen können, denn die Geburt war ein Ringen mit der Zeit. Erst nach zwei Wochen kam meine Mama mit einem dicken Bündel aus dem Krankenhaus zurück. Esther war das süßeste kleine Wesen, das ich je gesehen hatte. Ihr Kopf war kugelrund und ihre Augen waren blau wie das Meer.

»Für ein Kind war es interessant
und lehrreich, mit Menschen
unterschiedlicher Art und Eigenheiten
und Altersgruppen aufzuwachsen.

Von ihnen lernte ich –
ohne, dass sie oder ich es gewusst hätten –,
dass das Leben Bedingungen unterworfen ist
und wie schwierig es manchmal ist,
Mensch zu sein.«

– Astrid Lindgren[13]

SPÄTFOLGEN

Viele Freundinnen und Freunde meiner Eltern schafften es raus aus der Sucht. Einige machten Therapien, andere wurde von einer zur anderen Nacht frei. Doch Dutzende starben auch an den Drogen oder litten an den Spätfolgen. Viele bedeutende Künstlerinnen und Künstler, die die Generation meiner Eltern mit ihrer Musik und Kunst beeinflussten und beschenkten, fanden ein tragisches Ende.

Jack Kerouac, der Pionier der »Beat Generation«, starb alkohol- und tablettensüchtig an inneren Blutungen. Sein gefeierter Roman »On The Road« sprach von der Flucht aus der Spießbürgerlichkeit, aus Zwängen und geistiger Erstarrung und von der Sehnsucht nach Freiheit, die er sein Leben lang suchte. Harvey Milk strebte nach Harmonie und der Gleichstellung der Schwulenbewegung. Er wurde mit 48 Jahren in seinem Büro erschossen. Janis Joplin, Jim Morisson, Jimi Hendrix starben unter den leidvollen Umständen ihrer Drogensucht. John Lennon wurde von einem paranoiden Fan erschossen. Charlie Parker, der große Jazzkomponist, starb in jungen Jahren an Leberzirrhose und einer Herzattacke. An die New Yorker Hauswände schrieben seine Anhänger: »Bird lebt!«

Wenn ich heute in Rehakliniken oder Gefängnissen meine Lieder singe und von dem Wunder meiner Kindheit erzähle, können viele meine Geschichte nachempfinden, weil sie Ähnliches erlebt haben. Einige öffnen mir dann ihr Herz und beginnen, aus ihrem Leben zu erzählen. Manchmal fließen dabei Tränen und manchmal können wir gemeinsam die Worte Jesu sprechen, der von sich sagt: *»Ich aber bin gekommen, um ihnen Leben zu bringen – Leben in ganzer Fülle«* (Johannes 10,10; NGÜ).

Nach einem Konzert, das ich in einem Gefängnis in Deutschland gab, kam ein älterer Mann mit starken Armen und unzähligen Tattoos zu mir und sagte: »Sarah, es sind nicht zuerst die Gefängnismauern, die mich einsperren und beengen, sondern es sind meine inneren Süchte, die mich gefangen halten.« Die eigene Geschichte mag Wirrungen und Irrungen aufweisen, womöglich eine ganze Verkettung von Erlebnissen, die wir vermeiden wollten. Trotzdem ist es unsere Geschichte, die uns ausmacht und zu dem Menschen macht, der wir heute sind.

EIN FREUND

Nur einen Katzensprung von unserem Haus entfernt wohnten Peter und seine Familie auf einem Bauernhof. Die Zeit, die ich mit ihm verbrachte, war leicht und unbeschwert. Wir streiften den ganzen Tag durchs Dorf und lachten so laut und viel, dass es meiner Mutter einmal zu viel wurde.

Während eines Nachmittagsbesuchs bei uns zu Hause schickte sie Peter heim. Oh, wie war mir das unangenehm! Obwohl ich mich sonst nie vor Peter genierte. Im Gegenteil, so wild und albern wie bei ihm war ich nirgends sonst.

An jedem neuen Morgen, mit dem Aufgang der Sonne, dachte ich schon an ihn. Kein Tag war langweilig mit ihm und kein Weg zu weit. Selbst der Himmel war nicht mehr weit, wenn wir zusammen waren. Wir klettern hoch bis zu den Baumwipfeln und rollten uns von den Wiesen hinunter ins Tal, bis uns schwindelig wurde.

Peter war ein ehrlicher Junge vom Land, der morgens früh aufstand, um seinem Vater beim Stallausmisten zu helfen. Wir redeten nicht viel, wir machten einfach Dinge. Dinge, die uns Spaß brachten und uns abends müde ins Bett fallen ließen. Diese solide Freundschaft mit fünf, sechs Jahren war wie ein Same des Vertrauens, der tief in den Erdboden fiel und stetig anfing, Wurzeln zu treiben.

KLEINE WUNDER

Das Gras stand zuweilen kniehoch in unserem Garten. Wenn mein Papa es mit der Sense gestutzt hatte, konnte man den Teich und die Seerosen viel besser sehen. Nachts, nach der Dämmerung, hörte man die Frösche quaken. Der kleine Tümpel bekam etwas Unheimliches, wenn es dunkel wurde. Die Stechmücken tanzten darüber und die Kröten und Molche schmatzten.

Einmal war ich hineingefallen und hatte mich in den Schlingpflanzen verheddert. Es kreuchte und fleuchte unter meinen Füßen. Ich strampelte und strampelte. Es war furchtbar! Ich dachte, ich müsse sterben.

Ähnlich hatte ich mich gefühlt, als mein Papa mir in einem See das Schwimmen beigebracht hatte. Plötzlich sank ich ins Nichts und verlor jegliche Orientierung, bis ich die Hand meines Vaters wieder spürte, die mich trug und so lange hielt, bis ich allein durchs Wasser glitt.

Eine leichte Brise verwehte die Hitze des Tages. Hinterm See versank die Sonne. Fröhlich klemmten wir unsere Handtücher und Picknickdecken auf unsere Gepäckträger. Ich konnte jetzt schwimmen und ohne Brille sehen.

Meine Eltern hatten ein einfaches Gebet gesprochen, in dem sie Gott darum baten, meine Sehkraft wiederherzustellen. Seit meinem vierten Lebensjahr trug ich eine Brille, die mir oft lästig war. Im Nieselregen trübte sie die Sicht und beim Spielen fiel sie mir von der Nase. Ständig musste sie geflickt und geklebt werden. Ich guckte durch sehr dicke Gläser, eingerahmt von einem auffälligen Gestell. Wenn mein eines Auge mit einem Pflaster abgeklebt wurde, um das schwächere zu trainieren, wurde das Rennen und Toben an so manchen Tagen unerträglich.

Nach dem Gebet meiner Eltern fuhren wir einige Tage später zur augenärztlichen Untersuchung. Ich konnte Zahlen, Buchstaben und sogar Insekten in unterschiedlicher Größe und Entfernung ohne Schwierigkeiten erkennen. Meine Sehschärfe hatte sich so sehr verbessert, dass ich fortan keine Brille mehr benötige. Ich war sechs Jahre alt.

Es war eine besondere Zeit, in der viele kleine und große Wunder passierten.

PAPAS SCHATZ

Manchmal half ich meinem Papa beim Mähen im Garten. Der kühle Keller unter unserem Haus spendete uns an einigen Sommernachmittagen angenehme Pausen. Neben Briefen und Fotos aus früheren Zeiten lagerten hier sorgsam verpackt unter Kartons von Skizzenblöcken und allerlei Krimskrams etwa eine Handvoll prallgefüllter

Pappschachteln. Andenken aus der Kindheit meines Papas, die er an so manchen dieser Nachmittage öffnete.

Ich sehe noch seinen sanften Blick und sein beschwingtes Lächeln, als er behutsam in eine der vielen Kisten griff, um den von Zeitungspapier umwickelten Schatz zu heben. Schicht für Schicht entfernte er das dichtbedruckte Papier und reichte mir seine Kostbarkeit. Schwer und wertvoll lag die hölzerne Figur in meinen Händen. Ich betrachtete die schmalen, dunklen Augen des Häuptlings. Die Betonung der hohen Wangenknochen mit winzig hellbraun aufgetragenen Pinselstrichen und die kantigen Kieferknochen verliehen dem Gesicht eine erhabene Weisheit. Ein weiches Rot umspielte seine Lippen und schenkte seinem Ausdruck Milde. Üppiger Federschmuck zog sich geradewegs vom Kopf bis zu den Mokassins und bedeckte den kompletten Rücken des starken Mannes. Langsam strich ich mit meinen Fingern über den handgeschnitzten Körper. »Ein Ureinwohner Amerikas«, flüsterte mein Papa, »wichtige Bewohner unserer Erde. Komm!« Er nahm meine Hand und führte mich die Treppen hinauf, zur alten Scheune in unserem Garten. Die Scheune war notdürftig mit Brettern und Nägeln zusammengehalten und galt als Lager für Stroh und ausrangierte Möbel.

Ich glaube, wir machten es uns auf einer Bank unter einem schattigen Baum bequem, tranken Limonade und lehnten mit unseren Rücken an der Scheunenwand. Mein Papa holte eine weitere indigene Figur aus der Pappschachtel.

Unser überschaubarer, verwilderter Garten wurde allmählich zur Prärie im Nordosten Amerikas. Die alte Scheune hatte sich in einen Western Saloon verwandelt, an dessen Bretterwand die trunkenen Viehhirten ihre Colts putzten. Die Schießerei am Abend zuvor war wieder mal schmutzig verlaufen. Wenn mein Papa zu erzählen begann, betrat ich ein anderes Land.

Später habe ich für meine Tochter Pekka-Lu angelehnt an die Wildwestgeschichten meines Vaters ein Lied geschrieben, in dem auch *Jolly Jumper* vorkommt. Denn *Lucky Luke* und *die Daltons* gehörten zu wichtigen Akteuren meiner Kindheit.

PEKKA-LU[14]

I'm loving you sweet Pekka-Lu
Tonight we stand in a foreign land
Tonight we dance our fear away
Sweet Pekka-Lu I'm holding you

The nights are long in our town
But we're long gone into the wild
Jolly Jumper give us ride
Hiya Yippie Yeah
Here we slip and we slide

We need no bus we need no train
We need no car we need no plane
We breath the air of Louisiana
And ride on sandstorms through the Savanna
Hey Hey Hey ...

No man can tell what you mean to me
in the burning heat through the cold dark sea
I will carry you till we are free oh if I could
I promise that I would

I'll keep you warm all night long
Until the winds of morning come
And I'll be here right by your side
I'll make you mine when the world goes wild

We need no bus we need no train
We need no car we need no plane
We breath the air of Louisiana
And ride on sandstorms through the Savanna
Hey Hey Hey ...

LEDERPETER

Felix war ein Freund wie Peter – einige Jahre jünger als ich, doch wir verstanden uns prächtig. Seine Haare waren orangerot und sein lebhaftes Gesicht voller Sommersprossen. Er war eine rotzfreche Frohnatur. Oft kam er zusammen mit seinen Eltern zu uns aufs Land.

In der nächstgrößeren Stadt besaß der Vater von Felix, der von allen Lederpeter genannt wurde, eine Werkstatt. Er war Schuster. In seinem Ladenraum, den man durch ein großes Schaufenster betrachten konnte, stand eine Werkbank, an der er gegerbte Lederfladen lochte und stanzte. Mit handwerklicher Geschicklichkeit erneuerte er alle möglichen Lederwaren nach altbewährter Weise.

Wenn Felix und ich zur Tür hereinkamen, begrüßte uns Lederpeter immer mit einem frohen: »Hallo! Hinten gibts Tee für euch.« Ich mochte Felix, seine Eltern und ihren Laden, in dem es nach Öl, Kleber und echtem Leder roch.

Wenn wir bei uns auf dem Land waren, schaukelten Felix und ich am liebsten in unserer Hängematte, die sich tief über das plattgetretene Gras senkte und in regelmäßigen Abständen den Baum streifte. Wir ließen uns vom Takt des Windes treiben und verloren dabei jegliches Zeitgefühl.

Wenn ich an Felix denke, denke ich an die hell leuchtenden Farben meiner Kindheit. An Momente, in denen wir frei waren – frei, das zu tun, was wir wollten – obwohl es manche Regeln, doch selten Rüge gab. Wir hatten kaum Streit, wenn wir zusammen waren. Nur ein paar ältere Jungs aus dem Dorf gingen uns hin und wieder auf die Nerven und ein bissiger Hund hechelte hinter unseren blitzschnellen Fahrrädern her. Aber das war harmlos. Schlimm war es, als Felix einige Jahre später spurlos verschwand.

KAPITEL II

»Eines Tages werde ich die richtigen Worte finden, und sie werden sehr einfach sein.«

– Jack Kerouac[15]

FENSTER ZUR FANTASIE

Als Kind zeichnete ich für mein Leben gern. Ich war sechs oder sieben und hatte einen Schreibtisch direkt am Fenster. Mit einem Glas Milch und einer Schüssel Kekse begannen hier die schönsten Stunden. Grenzenlos floss meine Fantasie durch die Buntstifte aufs Papier. Sie erkundete in junger Begeisterung weitläufige Waldlandschaften und das dahinterliegende Meer, auf dem kleine Fischerboote vom Wind hin und her geworfen mit azurblauen Wellen tanzten. Ich malte träumerische Landschaften, umgeben von hohen Bergen in dunkelbraunem Gekritzel, vor denen sich winzige Menschengestalten am Hafen des Fischmarktes tummelten. Laut und schrill ging es hier zu …

Plötzlich tauchte in der Szenerie die Rote Zora[16] *auf, die ihrem Freund Branko zurief: »Ich begleite dich!«*

»Warum?«, fragte Branko und sah auf.

»Ich begleite dich«, sagte Zora noch einmal, »das genügt.«

Das Waisenmädchen Zora war den anderen meistens einen halben Schritt voraus. Das gefiel mir. Sie war eine Anführerin und überlistete immer wieder ihre Angst vor dem Unbekannten.

OPAS GOLDSTÜCK

Mein Opa war in russischer Gefangenschaft über die Runden gekommen, weil er als Hotelier gelernt hatte, wie man gut organisiert und kocht. Nachdem er die kargen Mahlzeiten für die Russen zubereitet hatte, war es ihm erlaubt, eine kleine Extraration für sich zur Seite zu legen, die ihm dabei half, einen unerbittlichen Winter zu überleben. Schnee hatte über dem ganzen Land gelegen. Der eisige Nordwind hatte Mensch und Tier in seine Macht genommen und der Krieg schien unüberwindbar.

»Alle hatten schrecklichen Hunger«, erzählte er mir später, als ich an seinem Bett saß. »Einige kochten Mäuse oder Ratten vor lauter Hunger und einige versuchten ihre Schuhsohlen zu essen. Es war so kalt, dass beim Pinkeln das Pipi sofort gefror.«

Die Geschichten von dem Hungerwinter, den mein Opa nur knapp überlebt hatte, während andere neben ihm starben, ließen mich erschaudern. Für mich war er der klügste Mann auf Erden. Jede Frage, die ich ihm stellte, wusste er zu beantworten. Er hatte immer einen Kamm, ein Taschentuch aus Stoff und Zigarren in seinem Jackett. Das silbergraue Haar trug er mit glänzender Pomade streng nach hinten gekämmt. Mein Opa war ein Gentleman alter Schule, stets im Anzug, mit gutem Duft umgeben und von höflichem Benehmen.

* * *

Wenn er mit meiner Oma aus Hamburg zu Besuch kam, ruhte mein Opa nun häufiger im Bett, weil er durch die Anstrengungen des Krieges nie mehr ganz zu Kräften gekommen war. »Da ist ja wieder mein Goldstückchen!«, rief er jedes Mal, wenn er mich ins Zimmer kommen sah. Dann saß ich bei ihm und hörte ihm zu.

Bei seinem letzten Besuch war er ganz und gar nicht auf der Höhe. Er wirkte schwach, schwächer als zuvor. Er konnte sich kaum auf den Beinen halten und ließ sich mit einem müden Seufzer auf meinen Schreibtischstuhl fallen. Ich kletterte auf seinen Schoß und kritzelte Gesichter auf meinen Malblock. Mein Opa nahm das Papier und faltete es gekonnt zu einem Daumenkino, sodass sich die lustigen Gesichter mit den traurigen oder wütenden schnell abwechselten.

* * *

Nachmittags hatte ich mit meinem Freund gespielt und war vor lauter Spielen mal wieder zu spät gekommen. Manchmal stellte ich die Uhr zurück, um die Zeit zu verschieben, aber meine Eltern fanden es immer heraus und sagten dann: »Lügen haben kurze Beine.«

Hastig rannte ich in unseren Hausflur, von dem eine breite Treppe nach oben führte. Er schien dunkler als sonst. Die Türen im Flur waren leicht angelehnt und es war eigenartig still. So, als hätte jemand eine Decke über unserem Haus ausgebreitet. Plötzlich stand meine Oma Lieselotte vor mir. Im fahlen Licht des Abends sah ich ihr tränennasses Gesicht und spürte ihren stumpfen Schmerz.

Von da an kam meine Oma immer häufiger zu uns, bis sie eines Tages ganz bei uns einzog. Ein einfaches Holzkreuz und ein Kranz aus getrockneten Blumen zierten das Grab meines Opas. Meine Oma und ich gingen jede Woche zu ihm und jedes Mal, wenn ich vor seinem Kreuz stand, fragte ich mich, ob er sein Goldstückchen wohl sehen könne.

KRÜMEL UND JONATHAN

»Aber es gibt Dinge, die man tun muss, sonst ist man kein Mensch, sondern nur ein Häuflein Dreck.«

– Jonathan zu Krümel in »Die Brüder Löwenherz« von Astrid Lindgren[17]

In der vierten Klasse gab es kein Buch, das mir so sehr aus der Seele sprach wie die Geschichte der Brüder Löwenherz. Unsere Lehrerin las uns über mehrere Wochen immer am Ende der Schulstunde einen Abschnitt daraus vor. Sie war eine alte Dame mit Brille und silberglänzendem Haar, deren letzte Klasse wir vor ihrer Pensionierung waren.

Die Geschichte war nicht nur bis in die Zehenspitzen spannend, sondern auch so anrührend und voller Mitmenschlichkeit. Jonathan und sein kleiner Bruder Krümel brachten mich zum Heulen. Ich bewunderte Jonathans Fürsorge. Seine Hingabe für seinen kranken, bettlägerigen Bruder und seine Tapferkeit im Kampf gegen den teuflischen Tyrannen, der in den Felsen hauste. Und dann die Furchtlosigkeit des kleinen, schwachen Krümmels, der Jonathan am Ende der Geschichte auf seinem Rücken über den Abgrund trägt …

»Und ich setzte mich neben ihn und hielt seine Hand und spürte, wie stark und gut er war und dass nichts wirklich gefährlich sein konnte, solange er da war. […] Und ich stand mit Jonathan am Abgrund. […] Ich sah die Tiefe unter mir nicht, doch ich wusste, dass sie da war.« [18]

Bis zur letzten Seite hingen wir an den Lippen unserer alten Lehrerin. Wir konnten nicht akzeptieren, dass die Geschichte zu Ende sein sollte, so sehr hatte sie uns gepackt. Kurzerhand schrieben wir Astrid Lindgren einen Brief mit der Bitte, die Geschichte für uns zu verlängern. Und tatsächlich antwortete sie uns einige Monate später mit der liebenswerten Idee, die »Brüder Löwenherz« doch in unserer eigenen Fantasie weiterleben zu lassen.

Dieses Lied schrieb ich, weil ich mich an die Tapferkeit von Krümel und Jonathan erinnerte, als ich mutige Menschen in einer vernachlässigten Flüchtlingsunterkunft in Griechenland traf.

SHADOW OF A MOUNTAIN [19]
Drums are starting slow
speed lights turning red
I thought life's a waste
I just hope I'm not too late

There he broke the flashing arrows
The shields and the bombs
The weapons of war
Brutal men sleep their last sleep

My heart carries you
My tongue can't speak about it
It feels like being lost inside a mountain
The ground underneath my feet is shaking
I walk and I hide in the shadow of a mountain

Hammer in my head
Pain in my chest
I woke up with tears on my face
I really hope that you're ok

I don't care
About the things you do
It's all over it's all blue
It's red and black stop the bloodshed

My heart carries you
My tongue can't speak about it
It feels like being lost inside a mountain
The ground underneath my feet is shaking
I walk and I hide in the shadow of my mountain

EIN GRÖSSERES HAUS

Unsere kleine Familie wuchs. Mit meiner Schwester Rebekka waren wir nun zu fünft. So zogen wir vom Dorf in eine größere Stadt, in ein Haus mit mehr Platz. Nur wenige Schritte entfernt, im Stadtkern, eröffneten meine Eltern einen Laden, den sie den Papierladen nannten. Es gab Kleidung aus fairem Handel und eine Vielzahl an Kleinigkeiten wie Stifte, recyceltes Briefpapier, Jo-Jos, Holzspielzeug und Stoffe aus Indien. Ich war nach der Schule gerne im Laden bei meinen Eltern und beschäftigte mich stundenlang mit den unzähligen Dingen.

Das Haus, das wir jetzt bewohnten, hatte Wohnungen für mehrere Familien. Hinter dem Haus war ein Stück Rasen und ein paar kräftige Bäume umzäunten das Gelände, auf dem es Liegestühle und ein Planschbecken gab. Viele Male stand ich auf dem kurzgemähten Rasen und starrte Löcher in die Luft.

Der wilde Garten und mein Freund Peter fehlten mir. Wenn morgens noch der Tau auf den Wiesen lag, hatten wir uns schon längst davongeschlichen. In der neuen Umgebung fand ich zwar Freundinnen und Freunde, aber niemand war mir so nah wie Peter.

Jetzt vertrieb ich mir nachmittags die Zeit im Planschbecken, lag im Liegestuhl und schnitt Grimassen. Mit den Mittelfingern zog ich die Nasenlöcher nach oben. Gleichzeitig zog ich die Augenlieder mit meinen Zeigefingern nach unten, während ich mit meinen kleinen Fingern die Mundwinkel, soweit es ging, auseinanderzog und dabei die Zunge rausstreckte. Mein Opa hatte mir früher einmal gesagt, dass beim Grimassenschneiden das Gesicht stehenbleiben könne. Nun probierte ich ständig vor dem Spiegel, ob er Recht hatte. Doch außer einem leichten Muskelkater blieb alles beim Alten.

DER ÜBERLAUFENDE KOCHTOPF

Ganz oben, direkt unter dem Dach in unserem Haus, lebte eine befreundete Familie. Wenn meine Eltern im Laden arbeiteten, verbrachten meine kleine Schwester und ich oft Zeit bei ihnen.

Einmal kochte Thea, die Mutter, für uns einen leckeren Brei. Sie stand in ihrer Küche am Herd, an einem riesigen Kochtopf, und rührte und rührte. Sie goss zum Grieß immer wieder Milch nach, bis der Topf bis zum Rand mit warmem Brei gefüllt war. Während sie den Kochlöffel durch den dicken Brei wühlte, erzählte sie uns eine Geschichte von dem überlaufenden Kochtopf, die etwa so ging:

Der herrlich warme Grießbrei quoll aus dem übervollen Kochtopf den Herd hinunter, bis auf den Küchenboden. Er floss durch die Wohnung und durch die Türritzen, das Treppenhaus, bis ins Dorf hinunter. Überall verbreitete sich sein leckerer Duft. Die Menschen kamen an ihre Fenster und Türen, um den Brei zu sehen und zu riechen, der durch ihre Straßen floss.

Hungrige kamen, Arme und Wohlhabende, Kinder und Alte. Jeder konnte von dem Brei essen und alle wurden satt.

Später liebte ich die biblische Geschichte von der Brotvermehrung, weil wieder alle satt wurden und niemand, ohne etwas gegessen zu haben, seinen Weg fortsetzen musste.

* * *

Als ich sieben war, war meine mittlere Schwester drei. Esther sah zuckersüß aus mit ihren goldblonden Löckchen und ihrer blauen Latzhose. Ich sehe sie noch vor mir auf den Treppenstufen vor der Eingangstür unseres Hauses. Beide Händchen in den Hosentaschen, den Bauch doll nach vorne gestreckt, die Füßchen in Sandalen fest auf den Boden stampfend.

»Ich bin der kleine Chef!«, sagte sie mit Nachdruck und kniff dabei die Augen gewieft zusammen. Da wusste man Bescheid. Stark und pfiffig ist sie bis heute.

Wir teilten uns ein Zimmer mit einem Fenster, das die Sicht auf eine Straßenkreuzung freigab. Ich saß häufig auf der Fensterbank und vertrieb mir die Zeit mit dem Beobachten von Menschen, die ihren täglichen Besorgungen nachgingen. Ein Mann hielt fast jeden Tag mit seinem Fahrrad an der Kreuzung. Sein Haar war schneeweiß, genauso wie sein Bart. Seine Haut war sehr hell und hatte viele Flecken. Als er einmal schwitzend seine Sonnenbrille abnahm und sich mit seinem Handrücken durchs Gesicht fuhr, sah ich, dass er zwei unterschiedlich farbige Augen hatte. Ein blaues und ein rotes. Zunächst war ich erschrocken.

»Ein Albino«, erklärten mir meine Eltern. »Das bedeutet weiß, denn die Haut ist sehr empfindlich, einfach weil zu wenig Melanin im Körper produziert wird.«

Seine Andersartigkeit beschäftigte mich noch lange, er hatte es sicherlich schwerer im Leben als andere und das machte mich traurig.

Meine Eltern hatten viel Besuch. Auch von Menschen mit Sorgen. Ich glaube, dass die Menschen meinen Eltern von ihrem Kummer erzählten, weil sie sich bei ihnen aufgehoben und angenommen fühlten. An Weihnachten waren derweilen ein oder zwei Teller mehr auf dem festlichen Tisch gedeckt und es kam vor, dass meine Eltern Menschen beherbergten, die nicht wussten, wohin. Sie blieben ein paar Tage bei uns.

Ich wusste nicht viel über die Vergangenheit der Leute, die zu uns kamen. Es war nicht wichtig, woher sie kamen oder wohin sie gingen. Es war nur wichtig, wer sie waren.

LAKRITZ-BRETZEL

In der Grundschule lernte ich für mein ganzes Leben.

Einmal klaute ich Geld aus dem Portemonnaie meiner Mutter und schob es, als es rauskam, meiner großen Schwester in die Schuhe. Im Lebensmittelladen gegenüber von unserer Schule stopfte ich mir eine Lakritz-Bretzel in den Mund und wurde just von einem Klassenkameraden erwischt und verpfiffen.

Während der Pausen, als die anderen Kinder auf dem Schulhof spielten, blieben meine Freundin, eine Spanierin, und ich manchmal verbotenerweise im Klassenzimmer. Wir versteckten uns zunächst im Schrank und schnüffelten, sobald die Luft rein war, in den Schultaschen unserer Mitschülerinnen und Mitschüler nach Butterbroten und Süßigkeiten – obwohl es keinen Anlass dafür gab, denn wir hatten selbst genug dabei. Natürlich wurden wir bei diesen unehrenwerten Unternehmungen ertappt und bekamen dicken Ärger.

Statt zum Flötenunterricht zu gehen, saß ich in der Aula, um die Theaterstücke zu sehen, die von den älteren Kindern geprobt wurden. Meiner Mutter erzählte ich, dass der Blockflötenunterricht wieder toll gewesen war. Als eines Nachmittags unser Telefon klingelte und ich den Gesichtsausdruck meiner Mutter sah, wusste ich sofort, wer es war – denn ich war wochenlang nicht zum Unterricht erschienen. Ich wäre am liebsten davongerannt – weit, weit weg.

Nach Maria Montessoris Auffassung sollte es nicht die Aufgabe der Umgebung sein, das Kind zu formen, sondern es dabei zu unterstützen, sich zu offenbaren. Das tat meine alte Lehrerin in besonders guter Weise. Sie erlaubte mir, mich selbst zu entdecken und meine Grenzen auszuloten. Und sie ermutigte mich, meinen Weg neugierig, ohne Scheu vor dem Unbekannten, zu gehen. Vor allem half sie mir dabei, mich selbst liebzuhaben, indem sie mich liebhatte und sich Zeit für meine Anliegen nahm.

Jahre später, als sie schon lange pensioniert und ihr Mann gestorben war, lebte sie ganz allein in ihrer Villa. Dort konnte ich sie öfter besuchen und ihr die Aufmerksamkeit, die sie mir in der Grundschulzeit geschenkt hatte, zurückgeben.

Heute unterrichte ich Musik für die vierten Klassen und teile von dem Schatz aus, den mir meine alte Lehrerin hinterlassen hat.

GEHEIME HELDIN

While I am by your side, I feel extremely happy.«
– Snoopy[20]

In den Ferien kam unsere große Schwester zu Besuch. Abends, wenn unsere Eltern ausgingen, kletterten wir heimlich aus dem Fenster und spielten mit den Nachbarskindern auf der Dorfstraße. Erst, als wir die Lichter des Wagens aus der Ferne kommen sahen, sprangen wir zurück in unsere Betten und stellten uns schlafend.

Meine große Schwester war meine geheime Heldin. Von ihr fühlte ich mich verstanden und beschützt.

Leider war Saskia viel zu selten da. Sie lebte bei ihrem Vater. Wenn sie uns besuchte, hatte sie ein Zimmer für sich, das direkt neben dem Zimmer meiner kleinen Schwester und mir lag. Durch ihre Zimmertür hörte ich zum ersten Mal »99 Luftballons«, ich glaube, sie rauchte auch heimlich. Es war jedenfalls höchst aufregend, Tür an Tür mit ihr zu wohnen, weil immer etwas im Gange war.

Als Teenager malte sie alles an, was sie in die Finger bekam – Hosen, Schuhe, Ranzen. Sie bekritzelte ihre Arme und Beine mit Peace-Zeichen und ihre hohen, weißen Adidas-Sneaker mit den blauen Streifen sahen nach einer Weile aus wie ein laufendes Comic. Ich fand das supercool.

Später, als ich meine Chucks und T-Shirts mit Edding bekritzelte, dachte ich an meine große Schwester, die sich dauernd Ärger für ihre Schmierereien eingeheimst hatte.

Ihr dunkelbraunes, glattes Haar fiel rund um ihr Gesicht und betonte ihre hellen Augen. Klein, zierlich und schnell war sie, wie Mowgli aus dem »Dschungelbuch« – mein erster Kinofilm –, ein Menschenkind, das von Wölfen aufgezogen in der Wildnis seinen Weg findet. Sie wuchs bei verschiedenen Verwandten auf und meisterte ihr Leben oft auf sich allein gestellt. Dabei trotzte sie mit ihrem frohen, kindlichen Gemüt den widrigsten Umständen und legte Mosaike aus Scherbenhäufchen.

Unaufhörlich bringt sie bis heute Gutes hervor. Sie begleitet und segnet andere Menschen. An meinen Reisen nimmt sie betend Anteil und steht mir mit Weisheit zur Seite.

SIEBEN MÄDCHEN UND EIN HUND

»Die beste Zeit sich eine Geschichte auszudenken ist, während des Geschirrspülens.«

– Agatha Christie[21]

War es im Winter oder im Frühling? Wir zogen in ein Haus am Wald, es hatte sechs oder sieben Zimmer auf zwei Etagen und einen Garten. Mit den Nachbarskindern freundete ich mich bald an. Wir spielten ganze Tage auf den Wegen und Feldern. Die Umgebung hinter unserer Straße bestand aus Wiesen, einem alten Kloster und einem weitläufigen Waldgebiet.

Wenn ich von der Schule nach Hause kam, schnappte ich mir eine von meinen jüngsten Schwestern, setzte sie in den Buggy und schob sie die Waldwege entlang.

Die Spaziergänge waren ein wunderbarer Ausgleich zum lauten, wuseligen Alltag. Hier war die Zeit so unbegrenzt und in mir kam alles zur Ruhe. Im fallenden Laub sammelten meine Schwester und ich Bucheckern und Haselnüsse, auch wenn sie noch nicht ganz reif waren. Ich pflückte die grünen Nüsse direkt vom Haselnussstrauch und aß so viele, bis ich Bauchweh bekam. Wir bauten Brücken am Fluss und Höhlen zwischen den Rotbuchen und Linden. Wenn der Herbstwind kräftiger wehte und die Kastanien von den Bäumen fielen, schmissen wir uns in die bunten Blätterberge und vergaßen Raum und Zeit.

* * *

Beinahe jedes zweite Jahr kam eine weitere Schwester hinzu. Bald schon waren wir, zusammen mit Saskia, sieben Mädchen. Herrje, was waren wir für eine verrückte Meute! Der einzige Junge im Haus, neben unserem Papa, war Sir Henry, unser Golden Retriever. Ein friedliebender Geselle, der die meiste Zeit im Hausflur lag und schlief.

Wir Schwestern teilten unsere Klamotten, unsere Zimmer, denselben langen Spiegel, Videokassetten, Comics, eine »Super Mario«-PlayStation und unsere Skateboards. Wir liebten Baggy Pants, Vans und Airwalks, »Fix und Foxi« und die *Peanuts*, allen voran »Snoopy« und »Lucy«, weil sie dauernd schlechte Laune hatte.

Eng wie die Sardinen in der Büchse teilten wir auch die Sitzbank unseres Familienautos, ein Volvo 240, auf das wir sehr stolz waren. Unsere Eltern machten erst mit über vierzig Jahren ihren Führerschein, damit fühlten wir uns endlich »independent«.

Ich erinnere mich, dass wir jedes Jahr zusammen im Auto in die Ferien fuhren. Hoch an die Küste bis nach Dänemark.

Meine Eltern waren trotz vieler Beschäftigungen für uns Kinder da. Regelmäßige gemeinsame Mahlzeiten, Wochenendausflüge und Feste gehörten zu unseren Familienritualen. Weihnachten und unsere Geburtstage waren für mich die schönsten Feste, auf die ich mich schon Wochen vorher freute.

Ich war die älteste von sechs Mädchen zu Hause. Das bedeutete mehr Spazierfahrten mit den kleinsten Geschwistern und neben den Hausaufgaben für die Schule auch viel Hausarbeit. Wäscheberge türmten sich täglich in Körben auf der Kommode im Flur und in der Küche stapelte sich der Abwasch. Meine Mutter kochte gut und wir aßen gern und viel. Es war laut und gemütlich in unserer Küche, wenn die ganze Familie am großen Holztisch zusammenkam. Wir redeten ohne Punkt und Komma. Mein Papa kochte die besten Spaghetti bolognese, mit viel Tomatenmark und Rosmarin. Wenn der Duft von Mamas Gugelhupf uns in die Nase stieg, war das Gefühl von Heimeligkeit, von der »Hygge« – wie es die Dänen nennen –, vollkommen.

Nach unseren gemeinsamen Mahlzeiten räumte ich den Geschirrspüler ein und kochte anschließend den Mittagskaffee für meine Eltern. Manchmal half mir bei der Küchenarbeit die ein oder andere Schwester, wenn sie sich nicht gerade auf dem stillen Örtchen verdrückte. Es hatte viel Gutes, die Küche allein aufzuräumen. Die Fliesen an den Wänden sorgten für eine Raumakustik, die mich zum Singen animierte.

JUNGE DETEKTIVE

»Du redest doch nur, wie du es verstehst.«

– Krösa-Maja in »Michel« von Astrid Lindgren[22]

Hinter der Wiese am Hof von Bauer Menke begannen die Abenteuer.

Unsere Bande bestand aus drei Schwestern und drei Nachbarskindern. In den Fußstapfen von »Robin Hood«, den »Funk Füchsen« und den »Fünf Geschwistern«, die wir aus Hörspielen kannten, versuchten wir geheimnisvolle Fälle zu lösen. Mit Kühnheit und Tatendrang stiegen wir in zerfallene Häuser ein, überquerten Flüsse und schlugen in Waldlichtungen unsere Lager auf.

Hinter den Stallungen des Bauerngehöfts führte uns der Weg durchs Dickicht zu einem abgeschiedenen See. Wir nannten ihn den »unheimlichen Baggersee«, weil er tief und schwarz wie die Nacht war.

Nebel schwebte über der Wasseroberfläche, aus der schiefe Holzmaste wie Vogelscheuchen ragten. Rufe von Vögeln übertönten in einem langen Echo die Stille, während einsame Angler ihre Ruten warfen.

Wir flüsterten, wenn wir den bewaldeten Hang zu unserer Höhle hinaufkletterten. Von hier oben reichte der Ausblick weit über den See mit all seinen schrägen Erscheinungen.

Die Höhle hatten wir beim Spielen unter einem von Blättern und Baumwurzeln bedeckten Erdhügel entdeckt. Sie glich der Behausung eines Biebers, in der sogar ein Tischchen mit einer Kerze stand. Hier fanden die Treffen der jungen Detektive von nun an statt.

Eines Tages wurde die Höhle von gemeinen Jungs niedergetrampelt. Wir knöpften uns die Burschen vor und rangelten so lange mit ihnen, bis wir alle ganz zerkratzt und zerknirscht im Gebüsch lagen.

Die weiße Frau am See oder das abgestürzte Motorrad, das wir am Fuß der Böschung fanden, steht auf einem anderen Blatt geschrieben.

DER VERSCHWUNDENE FREUND

»Sie vergoss keine Träne. Aber in ihr weinte es, so traurig war sie.«
– Ronja Räubertochter[23]

Eines Tages im Spätherbst fuhr ich mit dem Fahrrad von der Schule nach Hause. In den Schaufenstern unserer Stadt entdeckte ich voller Erschütterung handgeschriebene Vermisstenanzeigen von meinem Freund Felix: *Er hat rote Haare, braune Augen, ist ca. 1,30 cm groß und war mit Jeansjacke und Jeanshose bekleidet. Er kam von der Schule nicht nach Hause und hatte eine türkise Schultasche mit rosa Vordertasche dabei.* Der nächste Satz war unterstrichen: *Alles deutet darauf hin, dass Felix in einem PKW entführt wurde.*

Als ich völlig durch den Wind zu Hause ankam, wussten auch meine Eltern schon von der schrecklichen Nachricht. Ausgerüstet mit Walkie-Talkies und Fernrohr wollten die jungen Detektive und ich Felix noch vor der Abenddämmerung finden. Wir guckten in Hinterhöfen und Gärten nach ihm.

Woche für Woche hörten wir nicht auf zu suchen, doch es blieb vergeblich. Felix war unauffindbar.

Mehr als 242 Hinweise hatte die Kripo in Norddeutschland mittlerweile von Menschen aus der Umgebung erhalten und keine Spur führte zu meinem vermissten Freund. Auch die Suchtrupps stocherten im Dunkeln. Es waren zwei Monate vergangen und zwei Tage nach Weihnachten war die Hoffnung endgültig gewichen. Die Vorahnung von Felix' Tod war so greifbar wie die Seiten dieses Buches.

An einem kalten Dezembermorgen gab die Zeitung bekannt, dass das Rätselraten um das Schicksal des siebenjährigen Jungen aus Norddeutschland bitterer Gewissheit gewichen war. Der Himmel hing an diesem Tag wie Blei über den Dächern unserer Kleinstadt. Felix war einem Verbrechen zum Opfer gefallen. In einem abgelegenen Wald- und Wiesengelände hatte man seine Leiche gefunden. Damit erfüllten sich die Befürchtungen seiner Eltern, die von vorherein von einem Verbrechen ausgegangen waren. Doch von dem Täter fehlte jede Spur.

Mitten in meiner Traurigkeit dachte ich an sein Gesicht. An das Leuchten in seinen Augen, als wir von Windböen getragen durch die Felder sausten. Die Sonne hatte ihre warmen Strahlen niedergelegt und die Wolken färbten sich rosa. Müde vom Laufen ließen wir uns ins Gras fallen – über uns das goldene Himmelszelt.

»Ob die Engel wohl gerade Kuchen backen?«, fragte ich Felix damals.

CLOWN EDUARD

»Nur einmal machte man mich sprachlos. Es war, als mich jemand fragte: ›Wer bist du?‹«

– Khalil Gibran[24]

Ich setzte die Kopfhörer meines Walkmans auf, verschloss die Badezimmertür und betrachtete mich im Spiegel. Wer war ich?

Ich sah ein vierzehn Jahre altes Mädchen mit halblangem, mittelblondem Haar. War mein Gesicht zu rund oder zu kantig? Die Pickel auf meiner Nase und Stirn kamen über Nacht, genau wie meine Emotionen. Sie übermannten mich.

Wie oft hatte ich über die Witze der anderen gelacht, obwohl ich sie nicht verstand. Bei mir fiel der Groschen erst später, ich brauchte länger, mein Kopf kam nicht so schnell hinterher. Oft stand ich am Schulhofrand und hoffte, dass die Pause schnell zu Ende gehen würde.

Der viel zu weite, graukarierte Anzug meines Opas sah fragwürdig an mir aus. Ich drehte und wendete mich zur Musik. Zu große Schuhe, dunkel umrandete Augen und weiße, dick aufgetragene

Penaten-Creme ließen mich wie eine Schaustellerin aussehen. Im Stummfilm »The Kid« von Charlie Chaplin, über einen armen Vagabunden, der ein Waisenkind aufzieht und am Ende wieder zurück zu seiner Mutter bringt, fand ich mich selbst wieder. Nach Chaplins Vorbild setzte ich mir einen Melonenhut auf und tupfte noch etwas Lippenstift auf meine Nasenspitze. Ich schlüpfte in die Rolle eines Clowns. Meine Fantasie führte mich in die Welt von Clown Eduard aus Plumpshausen, der zwischen Blumen aus Bonbons und Seen aus Schokolade mit seinen Gefährten ein lustiges Leben führte.

Clown Eduard und sein kleiner Freund Peterchen hatten ihre erste Vorstellung bei meiner Familie im Garten. Mit einem Koffer voller Überraschungen, einer Gitarre und Geschichten aus Plumpshausen begannen meine Schwester und ich, viele Kindergeburtstage zu versüßen.

Das Lied von Clown Eduard wurde ein Dauerbrenner. Es war das allererste Lied, das ich schrieb und vor Leuten darbot: »Du glaubst, ich bin nur ein Clown, aber tief in meinem Herzen ist das anders. Du glaubst, dass ich immer lache, aber tief in meinem Herzen sind so viele Tränen. Du glaubst, ich bin so wie du, aber tief ich meinem Herzen bin ich anders.«

Weil alle Kinder Eduard und Peterchen so liebten, gab es fast zu jedem Geburtstag meiner Schwestern – bis sie Teenager waren und ich erwachsen – eine Geburtstagsvorstellung.

In der Verkleidung des Clowns konnte ich meine Gefühle in kreativen Ideen zum Ausdruck bringen. Ich zimmerte mir quasi meine erste Bühne, eine Startrampe, die mir Schwung und Mut verlieh.

KAPITEL III

»Erst als sie ihn kennenlernte, fand sie sich gleichsam selber.«
– Jack London[25]

GROSSFAMILIE

Ein weiteres Mal bezogen wir ein neues Heim, mit genügend Platz für eine Großfamilie. Es lag in einer typisch norddeutschen Wohnsiedlung, am Ende der Straße in einer Sackgasse. Ein schlichtes, rotes Backsteinhaus mit einem Flachdach, auf dem meine Schwestern und ich Ball spielten, uns sonnten und picknickten.

Obwohl es nicht erlaubt war, kletterten wir immer wieder vom Eingangstor auf die Überdachung. Es war einfach zu verlockend, denn eigentlich war das Flachdach eine einzige große Spielwiese. Die Erwachsenen sah man nie dort oben.

Neben zwei hohen Birken zierten mehrere Hortensienbüsche und ein Strauch mit altrosa Blüten unseren Vorgarten. Aus dem großen Fenster im Esszimmer konnte man in den Garten sehen. Das Wohnzimmer war geräumig. Perserteppiche, Ledersofas und hohe Wandregale voller Bücher gaben dem Raum seine Gemütlichkeit. Holzvitrinen mit edlen Gegenständen aus der Zeit meiner Urgroßeltern und ein braunes Klavier, das immer leicht verstimmt war, füllten das Zimmer mit Geschichte.

Ich stand vor der verglasten Vitrine, zu der nur mein Papa den Schlüssel hatte, und wartete darauf, dass er eins der Brillengestelle oder der wertvollen Silberbestecke hervorholte, um die alten Geschichten aufleben zu lassen.

Das Licht schien hell durch die langen Fenster, von denen man durch die Schiebetür zu einer Veranda im Garten kam, auf der Blumen in Terrakotta-Töpfen blühten. Gartenmöbel und Grill luden vor allem im Sommer dazu ein, hier Zeit mit Familie, Freundinnen und Freunden zu verbringen. Und das taten wir zuhauf.

Die Zeit miteinander war ein bedeutender Teil unseres Familienlebens. Gespräche und Austausch, nachzufragen und zu erforschen, wie es dem anderen geht, stärkt unser Familienband bis heute.

VERSCHNAUFPAUSE

Vom Küchenfenster aus konnte man Obstbäume sehen. Ein wenig abseits stand ein Mirabellenbaum, der jedes Jahr satte, süße Früchte trug. Es war der beste Kletterbaum im Garten. Ich hatte ihn mir zu Eigen gemacht. Es gab keinen ruhigeren Ort zum Ausruhen und Träumen. Den Geruch des Spätsommers, wenn die Früchte dunkelorange in den Ästen hingen, und das Summen der Bienen, die den Baum besuchten, waren ebenso betörend wie der Geschmack der gelben, süßen Pflaumen.

Unser Haus schlief nie.

Als Teenage-Girl und große Schwester suchte ich mir Schlupfwinkel, um dem Alltag zu entkommen, wenn es mir zu bunt und zu laut wurde.

An manchen Nachmittagen, wenn meine Eltern arbeiteten und meine Geschwister draußen spielten, kam meine Gelegenheit. Die anregendsten Verschnaufpausen verbrachte ich im Wohnzimmer am Klavier oder an der Westerngitarre meiner Mama.

Ich klimperte und dudelte vor mich hin, ohne zu wissen, wie es funktionierte. Welten taten sich mir auf, wenn die Töne, Melodien und Harmonien zueinanderfanden. Ich spielte so lange auf den Tasten und Saiten, bis es halbwegs schön in meinen Ohren klang.

Nachdem ich mir ein paar einfache Akkorde beigebracht hatte, zu denen ich singen konnte, schnallte ich mir meine Gitarre auf den Rücken und fuhr mit dem Fahrrad dorthin, wo ich allein war. An

Orte, wo ich frei singen konnte. Auf eine Wiese zwischen Klee und Butterblumen oder zu einer Kapelle.

In einem Treppenhaus, das zu den Räumlichkeiten unserer Kirchengemeinde führte, sang ich besonders gerne. Unter der Woche war hier kaum etwas los. Häufig saß ich nach der Schule mit meiner Gitarre und einem Notizbuch auf den Treppenstufen und entdeckte meine Stimme.

Der hallige Treppenaufgang ließ meine Stimme weiter und größer klingen. Jegliche Klangfacetten bis in die höchsten Lagen, auch die schrägen und undefinierbaren Töne, probierte ich aus. Mein ganzer Körper sang und der Kopf war völlig außen vor. Meine Stimme trug mich davon, wie ein ungezügeltes Pferd, von dem die Leinen gelöst worden waren. Nur froh, dass mich niemand hörte, gab ich mich den musikalischen Experimenten hin, denn schließlich war ich ein Teenager.

Doch schon bald würde ich zum ersten Mal in einer Kirche, in einem prachtvollen, spätgotischen Bau, vor meiner gesamten Schule singen.

FALSCHER HAARSCHNITT

»Be yourself. No one can say you're doing it wrong.«

– Snoopy[26]

Die Haare schnitt ich mir selbst. Der Haarschnitt, der mir beim Friseur verpasst wurde, war zu kurz und furchtbar spießig. Nachdem meine Mutter mir eines Morgens schnell noch beim Frühstück den Pony mit einer Küchenschere so schief geschnitten hatte, dass ich nicht zur Schule gehen wollte, entschloss ich mich, alleinige Chefin über meine Frisuren zu werden.

In unserer Klasse des Mädchengymnasiums hatten wir eine außergewöhnliche Frau als Musiklehrerin. Ihr Unterricht war belebend und abwechslungsreich. Wenn ich an meine Schulzeit zurückdenke, denke ich in besonderer Weise an die Zeit mit dieser Lehrerin, die das Talent ihrer Mädchen entdeckte und förderte. Sie war eine Perlensucherin und brachte das, was tief verborgen lag, zum Leuchten.

In der Zeit, mit vierzehn, fünfzehn Jahren, als ich anfing mir selbst die Haare zu schneiden, meine Augen zu schminken und mir Lieder auszudenken, lud diese Lehrerin eine Band in unsere Schulstunde ein, die sich *The Wrong Haircut* nannte.

Drei langhaarige Typen mit engen Lederhosen und Gitarren saßen vor der Tafel und spielten uns ihre Songs vor. Das machte großen Eindruck auf mich. Ich konnte gerade mal ein paar Akkorde greifen, mit denen ich versuchte, Lieder zu erfinden. Diese Band brachte Feuer in unseren Unterricht. Sie spielten rockige Riffs und stampften mit ihren Stiefeln heftig zum Takt auf den Boden. Zwei oder drei Lieder hatte ich fertig geschrieben, von denen nur wenige wussten.

Meine Lehrerin bedankte sich bei der Band für die coole Musik und sagte, dass es noch ein verstecktes Talent in der Klasse gäbe. Sie bat mich, nach vorne zu kommen. Mir blieb keine Zeit zum Nachdenken. Ich glaube, ich wurde sehr rot, und ich hatte meine Finger nicht im Griff. Meine Finger zitterten immer zuerst, wenn ich aufgeregt war. Es fiel mir noch schwer, Akkorde zu greifen. In diesem Zustand der Nervosität spürte ich meine Hände kaum und griff ständig daneben.

Um dem inneren Sturm Einhalt zu gebieten, schloss ich die Augen. Ich fühlte nichts und doch alles. Es war, als würde ich auf Wolken laufen. Als die Band klatschte und meine Klasse begeistert johlte, verspürte ich einen kräftigen Schub, und setzte die Spur des Liederschreibens fort.

MIXTAPES

Meine Lieblingskassetten waren vom Hin- und Herspulen irgendwann so ausgeleiert, dass es nur noch mit einem Bleistift gelang, den Tonbandsalat zu bändigen. Es löste jedes Mal ein Glücksgefühl aus, wenn ich die Kassette wieder zum Laufen bringen konnte. Wenn sie allerdings mit Tesafilm geklebt werden musste, entstand häufig an genau der Stelle, auf die ich mich besonders gefreut hatte, eine Liedlücke.

Veraltete Kassetten nutze ich, um Hörspiele zu machen. Ich schaltete das Radio an und hielt das eingebaute Mikrofon meines Kassenrecorders dagegen, um Geräusche und Stimmen aufzunehmen. Die

Klospülung klang wie ein reißender Fluss. Das Wasser aus dem Hahn wie ein Fluss, der sanft seinen Lauf nimmt. Das Rattern der Waschmaschine kam einem scheppernden Beat gleich und das Quietschen der Tür sorgte für Spannung in meinen Geschichten.

»Searching for music is like searching for God.«
– David Bowie[27]

Eines Nachmittags nach der Schule, ich etwa 14 oder 15 Jahre alt, war Josef bei meinen Eltern zu Besuch und klopfte an meine Zimmertür. »Hör mal rein, klingt unglaublich«, raunzte er, und reichte mir eins seiner Mixtapes durch den Türspalt.

In diesem Moment fühlte ich mich erwachsen.

»*Messiah! Messiah! Messiaaah!*«[28], solch einen Sound hatte ich noch nie gehört. Das Lied war der Knaller! Ich drehte die Boxen auf volle Lautstärke. So lange, bis meine Schwestern gegen die Wand klopften.

Josef war ein langjähriger Freund meiner Eltern, den ich schon von Kindesbeinen an kannte – ein hörender Musiker. Er spielte keine Instrumente, doch sein Gespür für außergewöhnliche Musik war sehr ausgeprägt. Als Talentscout hätte er es bestimmt weit gebracht.

Seine Musiksammlung umfasste mehrere Hundert Schallplatten. Die Songs, die ihn hellhörig machten, überspielte er in umständlicher Kleinstarbeit von Schallplatte auf Kassette. Diese Songs verschenkte er dann auf Mixtapes an Bekannte, von denen er wusste, dass sie auch Musikliebhabende waren.

Deshalb fühlte ich mich geehrt, als er mir das Tape mit den Raritäten zusteckte. In das Papier-Inlay der Kassette hatte er Namen und Titel der Bands geschrieben, sogar mit dem Erscheinungsdatum der Aufnahme. Besonders gute Songs hatte er mit Sternchen versehen.

Josefs Mixtapes ließen meine überschaubare Welt, mein Teenage-Zimmer, Teil von etwas Größerem werden. Wenn ich Musik hörte, flatterte die Zeit wie Papierflieger an mir vorbei.

1 WAY TRACK[29]

I sit here and I play my guitar
I sit here and I watch the stars
I can't ride in no car
I just let go and follow my heart

I quit my job so I could work alone
Many times I'm far from home
You might see me passing through
Trying to hold on to what is true

I sit here and I play my guitar
I sit here and I watch the stars
I can't ride in no car
I just let go and follow my heart

I ain't got the time to strum
I got too much to get done
Silver, red, white and black
It all comes together on the 1 way track

I throw my worries out the door
Cause I don't need them anymore
Now the moon is almost gone
I'm getting sleepy by this song

I sit here and I play my guitar
I sit here and I watch the stars
I can't ride in no car
I just let go and I follow my heart
I just let go and I follow my heart

ABC
abcdefgh
ijklmnop
qrstuvw
xyzåäö
KLEINE
POSTER
ABCDEF
GHIJKL
MNOPQ
RSTUV
MAGNETS

SMALLTALK

Aus dem kleinen Papierladen meiner Eltern waren mehrere Läden geworden. Geschäfte mit Markenklamotten und Skaterschuhen.

Von nun an bekamen meine Schwestern und ich zu Geburtstagen und an Weihnachten Klamotten geschenkt und wir jobbten in den Läden, um unser Taschengeld aufzubessern.

Die Leute, die in unseren Geschäften arbeiteten, hatten besondere Lebensgeschichten zu erzählen. Manche Geschichten hatten Ähnlichkeit mit denen meiner Eltern. Auch ihr Leben war von Brüchen und schweren Erlebnissen gekennzeichnet. Einige hatten jeglichen Lebensmut verloren, doch durch Erfahrungen mit Gott und Begegnungen mit Menschen wie meinen Eltern wieder Hoffnung geschöpft.

Ich glaube, wir hatten das freundlichste Ladenteam der Stadt. Die Kunden blieben nicht nur zum Hosenkaufen. Im Laden war Zeit und Platz zum Reden, auch über innere Angelegenheiten, denn eigentlich ging es um viel mehr als ums Klamottenverkaufen.

Die erste Frage, die ich einer Kundin oder einem Kunden im Laden stellte, war: »Hallo, kann ich helfen oder schauen Sie nur?«

Diese Frage fiel mir zu Anfang schwer, denn ich wollte niemandem zu nahe treten. Ich war schüchtern und wollte auf keinen Fall jemanden dazu drängen, etwas zu kaufen.

Ein junger Holländer mit blondem Lockenkopf, der bei uns arbeitete, schien die Lockerheit in Person zu sein. Er kam mit jedem Kunden ins Gespräch und verkaufte fast immer etwas. Von ihm lernte ich zu »schnacken«. Er war so herrlich unkompliziert, ganz das Gegenteil von mir.

Smalltalk war nie mein Ding, ich wusste einfach nicht, was ich sagen sollte. Aber der Holländer schoss ständig irgendeinen netten Spruch aus der Hüfte und die Leute fuhren total auf ihn ab. Er brachte frischen Wind in mein verkopftes Getriebe. Der kurze Schnack im Laden hatte etwas von Heimat. Ich fand es sympathisch, wenn mich Menschen mit einem herzlichen »Moin« bei Wind und Wetter vom Fahrrad grüßten.

DER 20-MARK-TEST

»Man kann sich wohl in einer Idee irren, man kann sich aber nicht mit dem Herzen irren.«
– Fjodor M. Dostojewski

Es war ein Herbsttag. Die Tür ging auf und eine junge Frau mit dunklem Haar und Mütze betrat den Laden. Ihr altmodischer Anorak war untypisch für die wohlhabende Kleinstadt.

»Kann ich helfen?«, fragte ich.

Sie legte ihre Hände auf den Tresen und blickte mich mit müden Augen an: »Ich brauche Windeln, Windeln für mein Baby.« Sie sprach leise, mit starkem Akzent.

20 Mark, dachte ich, und kramte nach dem Portemonnaie in meinem Rucksack.

Ich war kurz davor, die Schule abzuschließen, und jobbte im Laden, um mir etwas dazuzuverdienen.

Die Frau stand am Ladentresen und wartete. Ihr Blick war sorgenvoll. Ein erleichtertes Lächeln löste die Anspannung, als ich ihr den 20-Mark-Schein reichte. Meine Mittagspause stand kurz bevor und ich bot ihr an, sie zum Einkaufen in den nächsten Drogeriemarkt zu begleiten.

Gemeinsam liefen wir durch die Stadt und besorgten zwei dicke Tüten mit Windeln und Kleinigkeiten.

Ich weiß noch, wie glücklich ich mich fühlte, helfen zu können. Es war eine wunderschöne Erfahrung und ich wollte es nicht nur bei dem Einkauf belassen.

Deshalb nahm ich meinen Mut zusammen und fragte die Frau, kurz bevor wir uns verabschiedeten, ob ich sie besuchen kommen dürfe. Erfreut buchstabierte sie mir ihren Straßennamen und die Kleinstadt, in der sie wohnte, die nur etwa zehn Autominuten entfernt war.

Nach getaner Arbeit im Laden fuhr ich am nächsten Tag zu der Adresse, die sie mir genannt hatte. Doch ich fand die Straße nicht. Ich drehte Runde um Runde, gab nach mehreren Versuchen auf und musste feststellen, dass es die Straße gar nicht gab.

Ernüchtert fuhr ich nach Hause. Nicht nur hatte ich der fremden Frau mein Taschengeld gegeben, sondern ich hatte ihr mein Herz geöffnet.

Doch dann hörte ich eine leise Stimme sagen: »*Wichtig ist nur, dass du aus dem Herzen gehandelt hast.*«

Dieser Satz begleitete mich seither.

SINNSUCHE

Abends, wenn Ruhe zu Hause einkehrte, schrieb und zeichnete ich Gedanken in mein Skizzenheft. Manchmal nahm ich auch eine Gitarre zur Hand.

Die Fragen nach dem tieferen Sinn, woher ich komme, wohin ich gehe und wozu um alles in der Welt ich lebe, beschäftigten mich in dieser Zeit ständig. Ich war etwa sechzehn Jahre alt und hatte Sehnsucht nach Gott.

Als Kind suchte ich Gott zwischen den Blumen im Garten oder im Gesang der Vögel. Zwischen vorbeiziehenden Wolkenfetzen, wo das Sonnenlicht feuerartige Lichtungen preisgab, meinte ich Engel zu erkennen. Ich suchte nach Zeichen, wie sie in der Bibel stehen, las Bibel-Comics und war fasziniert von den Wundern, die Jesus und seine Freundinnen und Freunde erlebten. Daniel, der verborgene Gesichter sah und dem der Löwe nichts anhaben konnte. Simson, der mit unbändigen Kräften ausgestattet war, und David, der so sanft auf seiner Harfe spielte, dass dunkle Mächte den Raum verließen.

Ich hatte einen solchen Hunger nach mehr als dem Alltäglichen im Leben.

Bob Dylan schrieb in seinem Buch Chronicles: »*Manchmal sucht man den Himmel an den falschen Orten. Manchmal findet man ihn unmittelbar vor der eigenen Nase. Oder im eigenen Bett.*«[30]

Eines Abends hatte ich tatsächlich begonnen, mich vor mein Bett zu knien und um Antworten zu ringen. Viele Abende lang ging das so.

Die Nonnen »Der Lieben Frau«, meines Mädchengymnasiums, beeindruckten mich in ihrer schlichten Lebensweise. Mit einem Gott hingegebenen Leben strahlten sie eine innere Kraft und Zufriedenheit auf mich aus. Mehrmals hatte ich ihren Gottesdiensten beigewohnt und war ergriffen von ihrer Ehrfurcht vor einem Schöpfergott und der sakralen Ruhe, die ich in dem Kirchengebäude fand.

Doch der Hunger nach Gott blieb ungestillt.

Ich wollte tiefer suchen, denn ich wollte mit dem Herzen glauben. Abschütteln, was ich von Gott durch andere gehört hatte, um ihn auf meine Weise zu finden. Ich war immer schon bei ihm gewesen, das spürte ich. Trotzdem hatte ich das Bedürfnis, zu ihm zurückzukehren, damit er mir neu würde.

Mit dem Kopf an die Bettkante gelehnt kniete ich und redete mit ihm. Vor meinem inneren Auge sah ich das Kreuz. Verwundet und schwach, als ob ich direkt darunter knien würde, sah ich Jesus am Kreuz hängen und weinte, weil sein Anblick so anrührend war. Ich begann mich lebendig zu fühlen. Es war dieselbe Kraft, die mich elektrisiert hatte, als ich zum ersten Mal das Lied »Messiah« von Larry Norman gehört hatte.

SUNRISE[31]

And in that moment you awake
There's a light right by your bed
And in the dark when you're asleep
There's a hand covering your feet

In your room all by yourself
A burning heat only you can feel
In the shade when you're asleep
There's a hand guiding your dreams

Just be sure you're not alone
In this world of dying bones
Maybe you're wounded or out of love
It seems your whole life falls apart

Outside the door you hear a sound
Someone's screaming very loud
And in your room all by yourself
There's a peace that never fades

In the shadows down in the dark
Someone watches over your heart
Don't be scared don't you give up
There is a light all over you

Just be sure you're not alone
In this world of sinking bones
Maybe you're wounded and out of love
It seems your whole life falls apart

Sunrise Sunrise
Every morning new

SINGEN FÜR ANDERE

»He who sings, prays twice.«
– Augustinus

Nach dem schönen Erlebnis in meinem Zimmer spielte ich vermehrt Gitarre. Ich sang und betete gleichzeitig und schrieb immer mehr Lieder.

Eines Tages nahm ich all meinen Mut zusammen und sang meiner besten Freundin etwas vor. Ich weiß nicht mehr, wie sie reagierte, aber ich glaube, es gefiel ihr. Denn schon bald sprachen mich meine Klassenkameradinnen an, und fragten, ob ich ihnen auch etwas vorsingen könnte. Wir waren nachmittags bei einer Schulfreundin zu Hause. Ich hatte mir, nach langem Ringen, vorgenommen, ein Lied für sie zu singen. Erst als ich die Vorhänge im Zimmer zugezogen und mich beim Singen zur Wand gedreht hatte, traute ich mich, meinen Klassenkameradinnen mein Lied zu singen.

Ein anderes Mal sang ich auf einer Klassenfahrt für meine Mitschülerinnen. Wir waren auf Besinnungstagen und ich teilte mit etwa sechs Mädchen ein Zimmer. In jeder freien Minute dudelte ich auf meiner Gitarre vor mich hin.

Irgendwann fragten die Mädchen mich, ob ich im Zimmer für alle etwas singen würde. Wieder zierte ich mich, aber es fühlte sich nicht mehr so schwer an wie bei den ersten Malen, als ich vor meinen Freundinnen und einmal in der Kirche vor der gesamten Schule gesungen hatte.

Es half mir, die Augen zu schließen, um mich besser in die Musik vertiefen und jeden Blickkontakt meiden zu können.

Die Biografie der Gospelsängerin Mahalia Jackson hatte ich verschlungen, weil sie mit Leib und Seele für Gott sang. Sie war eine Stimme für die unterdrückten Schwarzen in ihrem Land. Ihre Großeltern hatten noch unter der harten Hand von Weißen auf Baumwollplantagen in den Südstaaten Amerikas geschuftet.

Mahalias mächtige Stimme füllte riesige Kathedralen und berührte Millionen von Menschen. Trotz einiger Angebote bekannter Jazzlabels blieb sie dem Weg der Gospelmusik treu: *»Ich will das Leben so führen, wie ich es in meinen Liedern singe.«* Kein Geld der Welt konnte sie von ihrer Mission, zur Ehre Gottes zu singen, abbringen. Ihr Glaube und ihre Stimme waren eins. Sie betete, während sie sang, und sie sang, während sie betete: *»Ein Song muss mir selber etwas geben. Ein Lied, das keine Botschaft hat, kann ich nicht singen.«* [32]

So ging es mir auch.

An diesem Nachmittag, als meine Mitschülerinnen sich nach meinem Lied die Tränen aus den Augen wischten, wusste ich, dass Gott auch in besonderer Weise mit mir war, wenn ich sang, und die Menschen damit segnen wollte.

KEINE MACHT DEN DROGEN

»Wer an mich glaubt, aus dessen Innerem werden Ströme lebendigen Wassers fließen.«

– Jesus Christus, Johannes 7,38; NLB

Ich erinnere mich noch lebendig an die Szene in Hannover. Unser Schwager hatte meine jüngere Schwester Rebekka und mich mit zum Hauptbahnhof genommen. Hinter dem lärmenden Trubel der Züge, abseits der Menschenmassen, gab es eine abgesonderte Ecke – eine Art Schnittpunkt, an dem die Kaputten und Drogensüchtigen der Stadt zusammenkamen. Wir hatten Brote, Schokolade und süße Getränke zum Verteilen dabei.

In einem dunklen Winkel sah ich ein paar junge Frauen auf einer Mauer sitzen.

»Was machst du da?«, fragte ich eins der jungen Mädchen. Sie war nicht viel älter als ich, zwischen sechzehn und achtzehn Jahren. Die anderen schienen älter zu sein. Ihre Arme hingen schlaff, wie lange dünne Striche, an ihrem zarten Körper. Sie war völlig weggetreten. Nur kurz schaute sie auf. In ihrer Hand hielt sie eine leere Spritze.

In der Schule hatten wir den Film »Wir Kinder vom Bahnhof Zoo« gesehen. Die leidvolle Geschichte der Christiane F. hatte mich erschüttert, auch weil sie mich stark an die Geschichte meiner Eltern erinnerte. »Keine Macht den Drogen«, hatte ich daraufhin auf meine Federmappe und T-Shirts geschrieben und Sticker mit dem Logo auf dem Schulweg an Litfaßsäulen und Laternen geklebt. Am liebsten hätte ich es mit einem Megafon in die ganze Welt hinausgeschrien: »Gebt den Drogen keine Macht über euch!«

Hier stand ich nun mit meinem Schwager und meiner Schwester am Bahnhof in Hannover und sah, dass es sie wirklich gab, die Kinder vom Bahnhof Zoo. Junge Leute, die mit zerstochenen Armen in dunklen Ecken ihren Rausch ausschliefen.

Jedes Mal, wenn mein Schwager ein Essenspäckchen aus den Taschen weiterreichte, sagte er etwas Liebevolles und guckte der Person dabei in die Augen.

»Warum tut ihr das?«, fragte eine Frau, während sie ein Butterbrot nahm.

»Weil du wertvoll bist«, antwortete mein Schwager.

Daraufhin begann die Frau zu weinen und fiel meinem Schwager in die Arme. Die Antwort auf ihre Frage war so einfach.

GOTTESDIENST IM WOHNZIMMER

In unserem Haus war Leben und in unserem Wohnzimmer fanden ungewöhnliche Gottesdienste statt. Einmal kam meine Schuldirektorin vom Mädchengymnasium – eine strenge, katholische Nonne – zum Bibellesen und Kaffeetrinken vorbei.

Ein anderes Mal besuchte uns »Ice Man«, ein ehemaliger Gangsterboss aus den Staaten, der ein Buch über sein wildes Leben geschrieben hatte. Darüber, wie er vom Gangster zu einem weichherzigen Mann geworden war, weil er zu Gott gefunden hatte. Ich himmelte ihn an, weil er so groß und stark wie »Popeye« war. Nur, dass sein Haar dunkler und voller und sein Bauch etwas dicker war.

Ich erinnere mich auch noch an Kim, einen Amerikaner, der als Kriegsveteran Vietnam miterlebt hatte und nun bei uns im Wohnzimmer von seinen Erinnerungen berichtete.

Mein Papa zeigte mir den Film »The Killing Fields«. Mein Herz blutete, als ich die Aufnahmen sah. Der Film erzählt die wahre Geschichte eines Journalisten, der, zur Zeit des Kambodscha-Krieges, hautnah miterlebte und berichtete, wie tausende Kambodschaner den Säuberungsaktionen den Roten Khmer zum Opfer fielen.

Kim plagten Albträume, als er aus Vietnam zurückkam. Es brauchte eine lange Zeit, bis er wieder ruhiger schlafen konnte. Obwohl der Krieg schon viele Jahre zurücklag, konnte er kaum über seine Erlebnisse sprechen. Jetzt blickte er nach vorne, war Pastor geworden und kümmerte sich in Amerika um Menschen, die am Rande der Gesellschaft lebten. Meine Schwestern und ich besuchten ihn und seine Familie einige Jahre später in Amerika und ich sang in seiner Kirche.

Bald war unser Wohnzimmer zu klein für die vielen Leute, die nun wöchentlich kamen, denn mittlerweile traf sich eine Gruppe von etwa fünfundzwanzig jungen Leuten bei uns. Die Hausgottesdienste fanden abends statt, ich war so oft dabei, wie ich durfte. Besonders liebte ich es, wenn alle zusammen für Jesus sangen.

Der neue, helle Gottesdienstraum, den meine Eltern nun mieteten, bot Platz für viel mehr Menschen und für viel mehr Instrumente.

Eine fünfköpfige Band mit Schlagzeug, Bass und Gitarren gründete sich im Nu. Autodidakten mit Herzblut entwickelten einen rauen, schönen Sound, der zum Mitsingen anregte.

Von Klausi, dem Gitarristen und Kopf der Band, guckte ich mir Akkorde ab. Es war ein cooler Bandleader mit Cowboystiefeln und 501-Jeans. Seine Stimme hatte Ähnlichkeit mit der von Art Garfunkel. Neben seiner gut klingenden Ovation-Gitarre spielte er Klavier und Drums. Er brachte mir nicht nur Instrumente nahe, sondern auch Lebensweisheiten. Klausi wurde mir zu einer Art Mentor. Auf seiner Gitarre entstanden meine ersten Lieder.

Um Gitarre und Mundharmonika gleichzeitig spielen zu können, hatte ich meine Mundharmonika mit Tesafilm am Gitarrenkörper und manchmal an der Tischkante festgeklebt. Eine höchst anstrengende Angelegenheit, bei der ich mir oft den Hals verrenkte. Als Klausi mir zum Geburtstag ein Mundharmonikagestell schenkte, fühlte ich mich wie die weibliche Bob Dylan.

Ich nutzte die nächste Gelegenheit, die beiden Instrumente bei einem Schulauftritt auszuprobieren. Die Blicke einiger Schülerinnen und Schüler waren gravierend überrascht, nicht nur weil das Gestell wie eine riesige Zahnspange anmutete, sondern vor allem, weil auch der eine oder andere Ton ordentlich danebenging. Trotzdem fühlte ich mich mit dem Ding vor meinem Gesicht unbesiegbar, wie eine richtige Musikerin.

TALENTWETTBEWERB

Mein langhaariger Lehrer aus der Schule, der auch die Schulband betreute, in der ich neuerdings mitmachte, hatte mir vorgeschlagen, an einem Wettbewerb teilzunehmen. Sängerinnen und Sänger gaben ihre Talente zum Besten. Er hatte mich nahezu genötigt, daran teilzunehmen, weil er der festen Überzeugung war, dass ich dort einen Preis einheimsen würde.

Meine Musik nach außen zu tragen, war noch neu für mich. Sie war etwas Heiliges, etwas Inneres, das ich ab und zu mit Vertrauten oder in der Schule zu einem besonderen Anlass teilte.

Ich hatte nicht einmal eine Handvoll Lieder geschrieben und mir geradeso die Grundakkorde auf der Gitarre beigebracht. Der Gedanke, mein Inneres auf einer großen Bühne zu zeigen und dafür bewertet zu werden, machte mich nervös und gleichzeitig ließ er mich nicht los.

Ich könnte etwas covern, dann wäre es nicht ganz so persönlich, dachte ich, während ich abends beim Babysitten auf der Couch saß.

»*And I say, hey yeah yeah-eh-eh, hey yeah yeah. I said hey, what's going on?*«[33] Die Kinder schliefen, ich saß auf dem Sofa und suchte nach den passenden Akkorden. Es war im Jahr 1992, »What's Up« wurde überall im Radio gespielt. Linda Perrys Stimme, in der sich explosive Kraft und Empfindsamkeit vereinten, war wie ein raues Mahnmal für Gleichheit und Brüderlichkeit. Ein Hit, der es in sich hatte.

Das Lied ging mir nahe. Mit den Worten konnte ich mich verbinden. Sie fassten so gut zusammen, was ich fühlte, und das Lied passte zu meiner Stimme. Ich sang es ein paar Mal und entschied mich mit dem Lied der *4 Non Blondes* am Wettbewerb teilzunehmen, der in wenigen Tagen steigen sollte.

Nach ein oder zwei Nächten wurde ich unruhig über meine Entscheidung. Irgendetwas fühlte sich falsch an. *Hatte ich Gott nicht versprochen für ihn zu singen?* Eine leise Stimme in mir sagte: »*Sing ›Shine On Me‹!*«

Tief in meinem Inneren wusste ich, dass Gott meine volle Aufmerksamkeit suchte. Er drängte sich nicht auf, er erinnerte mich nur liebevoll.

Das Lied »Shine On Me« war mein persönlichstes Lied für ihn. Es war ein Flehen, ein Danken und ein Versprechen. Ich hatte das starke Empfinden, dass ich dieses Lied mit den Menschen auf dem Talentwettbewerb teilen sollte.

Als ich am Tag des Wettbewerbs mit meinem Lehrer und meinen beiden Freundinnen das Zelt betrat, wäre ich am liebsten wieder rückwärts rausgelaufen. Das Zelt war riesengroß, es roch nach Bier und überall standen und lümmelten Menschen an Biertischen, wie bei einem Dorffest.

Vorne auf dem Podest probte eine vollausgestattete Band ihren Song unter einer funkelnden Diskokugel, mit einer jungen Frontfrau in Lederklamotten, die röhrte, was das Zeug hielt. Die Bands gaben sich die Klinke in die Hand. Es hatten sich viele für die Talentshow angemeldet. Die Lichtstrahler blitzten in grellen, schnell wechselnden Farben. Nebel schoss kniehoch aus dem Hintergrund.

Ein Hit nach dem anderen fegte über die Bühne. Jeder Song ein Ohrwurm, den ich aus dem Radio kannte. Die Stimmung war erhitzt. Die Szenerie glühte dramatisch. Massenhaft Leute drängelten sich im Zelt.

Ich fühlte mich hundeelend und völlig fehl am Platz. Erst am Abend vorher hatte ich mich für »Shine On Me« entschieden und bereute es jetzt, denn hier passte das Lied nicht einen Millimeterbreit hin. Songs zum Mitsingen waren angesagt, bloß nichts zu Sentimentales.

Ich beobachte die Leute an den Tischen. *Typisch Dorf. Sind alle nur zum Saufen hier und um sich bedudeln zu lassen. Musik interessiert die doch gar nicht!* Ich hatte keine guten Gedanken.

Während des Soundchecks hatte ich noch die Möglichkeit abzuhauen. Ich guckte zu meiner Freundin rüber und griff nach meinem Gitarrenkoffer: »Ich schaff das hier nicht«, sagte ich und ging Richtung Ausgang.

»Du bleibst hier!«, rief sie mit festem Unterton.

»Aber die werden mir nicht zuhören. Ich bin die Einzige, die ganz allein auf der Bühne steht«, japste ich.

»Du darfst jetzt nicht aufgeben!«, sagte sie und legte dabei fest ihren Arm um meine Schulter.

Nun kam auch mein Lehrer dazu und redete auf mich ein, ich dürfe auf keinen Fall die Fassung verlieren, das hier wäre meine Chance.

Alles ging plötzlich sehr schnell. Mein Name ertönte. Ich wurde zur Bühne gerufen. Das Zelt war inzwischen brechend voll. Das Lampenfieber wollte mich in die Knie zwingen. Die Stimmen um mich herum wurden lauter – Leute lachten, Gläser klirrten. Ich drängelte mich durch die Menge. Meine Gedanken peitschten auf und ab.

In dem Moment, als ich die Bühne erreicht hatte, verstummte der Lärm. Alle guckten mich an.

Ich schloss meine Augen und hielt meine Gitarre fest. »Was hast du zu verlieren? Schau nicht auf die Menschen, schau auf mich. Sing für mich!«

Ich fühlte mich so schwach, und als ich zu singen begann, war ich auf einmal mit meinem Kopf im Himmel.

Als ich von der Bühne zurück zu meinem Platz ging, hörten die Menschen nicht auf zu klatschen, so bewegt waren sie.

»Es war, als wäre Gott im Raum gewesen«, raunte mir eine Frau in der Menge zu.

Mit »Shine On Me« belegte ich den zweiten Platz. Den ersten bekam die junge Frontfrau in Leder, die mit ihrer Band den Hit der *4 Non Blondes* gespielt hatte.

SHINE ON ME[34]

When I was lonely and afraid
You took my hand
And showed me Love

When my friends were gone
When I thought it's too late
You showed me Love

So shine on me
Shine on me
Shine you light
On me

Shine Jesus
Shine your everlasting light
I want to be your servant
Forever more Forever more

When I was lonely
And afraid
You took my hand
And gave me life
You gave me life

HIMMELWÄRTS

Das Fenster stand weit offen. Mein Papa und ich hörten zusammen Musik. Er lief angeregt durchs Zimmer und übersetzte die Liedtexte so laut, dass ich die Musik kaum verstand. Es war ein lustiges Unterfangen, im Besonderen wenn wir Lieder von Bob Dylan hörten, weil die Texte oft kein Ende nahmen. Eines Tages schenkte mir mein Papa einen dicken Lyrikband mit den Songs von Dylan in englischer und deutscher Sprache. Auf die erste Seite des Buches schrieb er:

Liebe Sarah,
mögen deine Herzensaugen immer auf die Highlands-Himmel gerichtet sein, wo der König wohnt.
Dein Papa

Mit der Post kam jeden Monat ein aktuelles Musikmagazin in unseren Briefkasten geflattert, das mein Papa mit Notizen und Umrandungen versah. Die besten Neuentdeckungen markierte er mit einem Ausrufezeichen.

Wenn ich nach ihm die Zeitschriften durchstöberte, wusste ich schon anhand der Randnotizen, was es interessantes Neues auf dem Musikmarkt gab.

Unsere Geschmäcker waren ähnlich, obwohl ich im Gegensatz zu ihm auch Lieder mochte, die poppiger und leichter waren. Whitney Houston zum Beispiel oder Annie Lennox.

Wir machten uns Listen von neuen Alben, die unser Interesse fanden, und gingen zusammen in Plattenläden, wo wir stundenlang über Kopfhörer Alben durchhörten. Oft liefen wir mit Stapeln voll neuer Musik nach Hause. Es machte wahnsinnig viel Spaß, die Alben gemeinsam zu hören, und war ein echtes Hobby geworden.

* * *

Bob Dylan war einer von Papas Lieblingen. Als Teenager und Heranwachsende sah ich ihn mehrmals live. Seine Konzerte waren eine große Sache für meine Schwestern und mich, denn wir waren mit seiner Musik aufgewachsen. Es war, als würden wir ihn kennen, als wäre er ein Teil unserer Familie. Vielleicht, weil mein Papa uns auf merkwürdige Weise an ihn erinnerte.

Und doch war Bob Dylan eine rätselhafte Erscheinung, aus der ich nie ganz schlau wurde. Seine Auftritte waren schwer einzuordnen. Ihn auf der Bühne zu erleben, löste Euphorie (Hochstimmung), Euphonie (Wohlklang) und Dysphorie (Gereiztheit) in mir aus.

Die Dysphorie rührte daher, dass die hartgesottenen Dylan-Fans mit ihren Cowboyhüten eigentlich immer die ersten Reihen besetzten. Dicht gedrängt zwischen angetrunkenen Mitsingenden ärgerte ich mich auf Zehenspitzen darüber, dass Bobs Stimme wieder zu gleichgültig klang und er nicht mit dem Publikum interagierte. Lied für Lied dieselbe Leier. Der Sound war gut, aber irgendwie klang jedes Lied wie das andere, und gleichzeitig klang es völlig neu. Es war erstaunlich.

Hätte ich etwas verändern können, hätte ich es radikaler gemacht. Musikalisch abwechslungsreicher, mit mehr Brüchen.

In Nashville hatte ich Dylan einmal in einem Baseballstadion gesehen, mit Willy Nelson im Vorprogramm. Das war luftiger gewesen. Unter freiem Himmel hatte das Konzert genau das vermittelt, was ich mir unter Country und Western in Amerika vorgestellt hatte. Ein Hauch von Freiheit.

Im Gewühl einer Turnhalle in Norddeutschland fiel es mir schwer, mich zu konzentrieren. Trotzdem war es ein netter Abend. Besonders Dylans Band gefiel mir. Sie war sein Rückgrat und ließ ihn, lange bevor der Vorhang fiel, in heldenhaftem Licht erstrahlen.

ELEKTRISCH

»Der Wind weht, wo er will, und du hörst sein Sausen, aber du weißt nicht, woher er kommt und wohin er geht; so ist jeder, der aus dem Geist geboren ist.«

– Jesus Christus, Johannes 3,8; ELB

In heller Aufregung hörte ich das Lied »Messiah!« von Larry Norman und spürte etwas in seiner Musik, das ich in solch einer Dimension noch nie erlebt hatte. Es war eine unerklärliche Kraft, die mich in meinem Teenagezimmer packte. Josef, der Freund meiner Eltern, hatte mit seinen Mixtapes mal wieder den richtigen Riecher gehabt.

Larry Norman war Teil der *Jesus-People-Bewegung* in Amerika, Anfang der 70er-Jahre. In einer Zeit, als viele Kirchengemeinden Rockmusik verteufelten, trug er lange Haare, Lederklamotten und machte Rock 'n' Roll für Jesus.

Er stand an der Spitze einer neuen, christlichen Strömung, die ihre Wurzeln nicht vergessen, nur reformiert hatte. Seine Musik war brandaktuell und fußte auf dem Fundament eines praktisch gelebten Glaubens. Die Idee für eins seiner bekanntesten Lieder, das zur Hymne der *Jesus-People-Bewegung* wurde: »Why Should The Devil Have All The Good Music?«, stammte im Ursprung vom Gründer der Heilsarmee, William Booth, wie Larry Norman mir einst auf einem Spaziergang erzählte.

»Solange Frauen weinen, wie sie es jetzt tun … – will ich kämpfen; solange Kinder Hunger leiden müssen, wie sie es jetzt tun – will ich kämpfen; solange Menschen ins Gefängnis müssen, rein und raus, rein und raus – will ich kämpfen; (…).«

– William Booth [35]

Mitte des 18. Jahrhunderts hatte Booth ein Theater in England besucht, wo er einem Auftritt der Sea Shanties lauschte. Die Matrosen sangen mit Inbrunst unter der Leitung eines alten Schiffskapitäns: »Sein Name sei gelobt, er macht mich frei!« Tosender Beifall. Booth bedankte sich bei dem Schiffskapitän, der jedoch kleinlaut zu verstehen gab, dass der Chor eigentlich nur das Sauflied »Champagne Charlie« umgedichtet habe, weil alle Matrosen Christen geworden waren.

»Aber warum soll der Teufel die besten Melodien haben?«, soll Booth erwidert haben. Mit der Heilsarmee gründete er daraufhin eine eigene Musikabteilung. Über 10 000 Lieder wurden dort zu

Lobliedern umgedichtet und überall in England gesungen. Hand in Hand ließ die Bewegung ihre Worte praktisch werden, indem sie Hungrige speiste und Obdachlosen Schlafplätze gab. Zu Anfang musizierten sie noch auf einem alten Kneipen-Harmonium, später kamen Trompeten, Pauken und ein ganzes Orchester dazu. Ihre Musik wurde weit über die Landesgrenzen hinaus bekannt.

Leute wie Billy, der viele Jahre Alkoholiker gewesen war und nur mit dem Trinken aufhören konnte, weil Jesus ihn berührt hatte, schlossen sich der Heilsarmee an und erzählten ihre Erlebnisse weiter. Genauso wie George, ein ehemaliger Zirkusclown, der seinem Leben ein Ende setzen wollte und durch Christus Frieden und Freude gefunden hatte.

Oft waren es einfache und ungebildete Menschen, die wie Kinder den Geschichten von Billy, George und Jesus glaubten.

Auch Larry Norman sang von dem Wanderprediger und seinen »Followern«, weil er in ihm das Leben gefunden hatte.

KAPITEL IV

**»Songs sind wie Träume,
die man wahr zu machen versucht.«**

– Bob Dylan[36]

ZUM ERSTEN MAL IM TONSTUDIO

Der alte Hof auf dem Land war an einem herrlichen Ort. Trat man nach draußen, konnte man Schafe auf Deichen grasen sehen und das Meer riechen.

Im Regieraum stand die Luft. Hinter einem fetten, analogen Mischpult saß ein uriger Typ und drückte Knöpfe. Im Aufnahmeraum standen ein Dutzend Mikrofone und ein Flügel. Martina, bei der ich Gesangsstunden nahm, hatte ihre Musikschule in das Tonstudio mitgenommen, um eine eigene CD aufzunehmen. Mich hatte sie dazu eingeladen, mein Lied »Shine On Me« einzusingen.

Der urige Typ, dem das Studio gehörte, hatte sich beim Ausbau des alten Hofes wirklich Gedanken gemacht. Man konnte sehen und hören, wie gut die Räume klangen. Schlagzeug und Gitarre konnten in unterschiedlichen Räumen aufgenommen werden. Alle Zimmer waren für ein besseres Zusammenspiel mit Fenstern versehen.

Unsere Musikschulaufnahmen klangen frisch und lebendig. Ich war voller Aufregung darüber, dass ich zum ersten Mal ein eigenes Lied aufnehmen durfte.

* * *

Ein paar Tage später klingelte das Telefon bei uns zu Hause. Ein junger Tontechniker war am Hörer und wollte mich sprechen: »Ich bin's, Jens. Erinnerst du dich?«

Ich erinnerte mich an Jens, er war Teil des Studio-Teams, das die Aufnahmen für unsere Musikschul-CD begleitet hatte.

»Dein Lied ›Shine On Me‹, das wir aufgenommen haben, gefällt mir sehr. Hast du Lust, nochmal mit weiteren Liedern vorbeizukommen?«, fragte er. »Ich würde es umsonst machen. Vielleicht kannst du mir später ein bisschen Geld für die CD-Rohlinge geben.«

Ich war völlig baff und druckste in den Hörer: »Äh, wow. Ok. Krass! Cool!« Ein Tonstudio mit diesen Möglichkeiten war ein Traum für einen sechzehnjährigen Teenager wie mich.

»Wir können die Songs auf Kassette und später noch auf CD aufnehmen, wenn du willst«, fügte er aufgeweckt hinzu.

Jens war in der Ausbildung zum Tontechniker und lebte in Ostfriesland. Er bot mir an, meine Songs mit seinen Studenten-Freunden und mir an der Gitarre im Studio einzuspielen. Er würde die Technik übernehmen und sein Freund, der urige Typ, dem das Tonstudio gehörte, würde auch mitmischen.

Ich war noch ganz am Anfang, hatte etwas mehr als eine Handvoll Lieder und noch keine Ahnung davon, was ich mit meinem Leben anstellen sollte. Doch am Horizont flackerte ein Licht, dem ich mich Schritt für Schritt näherte. Die Vernunft sagte: *»Lerne einen ordentlichen Beruf!«* Und mein Herz sagte: *»Sing!«*

EINE HANDVOLL LIEDER

Wenige Wochen später fand ich mich mit meiner Gesangslehrerin im Tonstudio wieder. Der Geruch und die Atmosphäre erinnerten mich an die Zeit mit meinen Eltern in der alternativen Teestube in Hannover. Es war gemütlich und bot Platz zum Ausprobieren. Zwischen den Songs philosophierten wir über Gott und die Welt. Dass ich in meinen Liedern über Gott sang, war Jens und den anderen, die mitspielten, nicht entgangen. Ich sang davon, dass diese Welt nicht mein letztes

Zuhause ist, dass weder Magie noch Hokuspokus, sondern Gott allein durch seinen Heiligen Geist in meinem Herzen wohnt.

Das regte zu hitzigen Konversationen an. Mit dem Studiobesitzer führte ich einige davon. Er war esoterisch interessiert und beschäftigte sich mit ausgeklügelten Ritualen. Er bewahrte Pilze und schimmelndes Gebräu in Alchemie-Flaschen und Einmachgläsern auf, die überall herumstanden, um negative Energie zu bündeln, sogar auf der Toilette.

Zwischen den Aufnahmen machte ich Spaziergänge. Die klare Luft, die vom Meer herüberwehte, machte die müden Gedanken wieder munter, denn die Studioarbeit hatte es in sich. Wir arbeiteten von morgens bis spätabends, spielten das meiste live ein und brauchten pro Lied mehrere »Takes«. Denn ich war rhythmisch mit der Gitarre nicht so sattelfest wie die anderen und konnte nur singen, wenn ich es fühlte. Oft stand mir dabei mein Kopf im Weg.

Der Schlagzeuger hatte eine riesige dunkle Lockenmähne. Wenn er spielte, stand der ganze Raum in Flammen. Der Bassist erinnerte an einen typischen Musikstudenten – blass und zurückhaltend verkrümelte er sich in einer Ecke des Aufnahmeraums und zupfte einfache, aber geschmackvolle Bassläufe. Wenn er zur Gitarre wechselte, sprang er mindestens zwei Meter über seinen Schatten und ließ raus, was er wirklich konnte – Spanish Guitar, harte Riffs und einfühlsame Mark-Knopfler-Linien.

Die Lieder, die ich in meinem Zimmer und im Treppenhaus geschrieben hatte, nahmen mit den Musikern eine völlig neue Dimension an. Noch viel größer und schöner als in meiner Vorstellungskraft.

Über die nächsten drei Jahre besuchte ich das Tonstudio in Ostfriesland immer wieder, um weitere Songs aufzunehmen. Verschiedene Freundinnen und Freunde begleiteten mich bei den Aufnahmen.

Der erste Schwung Lieder wurde von Jens auf Tape aufgenommen. Die Kassette hieß »Not Myself« und wir verschenkten sie hauptsächlich im Freundeskreis. Von da aus wurde die Kassette vielfach unter der Hand überspielt und fand ihren Weg in die Welt. Den zweiten Schwung veröffentlichten wir auf CD unter dem Namen »Shine On Me«. Eine

Plattenfirma gab es nicht, daran dachte ich noch gar nicht. Ich war einfach froh, meine Musik aufnehmen zu können, und dankbar für Leute wie Jens und Martina, die an mich glaubten.

FACES[37]

You hide behind Faces
Does that make you feel strong
You hide behind Faces
Come on let's write another song

You hide inside the house you own
You hide behind your Mobil phone
You hide behind the books you read
You hide behind philosophies

You hide behind a world that's wrong
You hide behind a Gospel song

You hide behind faces
Does that make you feel strong
You hide behind faces
Come on let's write another song

Uh-Uh-Uh

You hide behind a child in need
You hide behind the food you eat

You hide behind the love you spread
You hide behind the friends you add

You hide inside the car your drive
You hide behind your busy life

You hide behind faces
Does that make you feel strong
You hide behind faces
Come on let's write another song
Uh-Uh-Uh
F-F-F-Faces

KRANKENSCHWESTER

Bei einem Praktikum im Krankenhaus tanzte ich mit einer alten Dame vor ihrem Bett Walzer. Wir machten richtig »Remmidemmi«, wie sie es nannte. Früher in ihrer Jugend hatte sie liebend gerne gefeiert und dabei das Tanzbein geschwungen. Jetzt lag sie den ganzen Tag im Bett und sinnierte vor sich hin. Es machte mich traurig mitanzusehen, wie die Schwestern rund um die Uhr beschäftigt waren und kaum Zeit für die alte Frau blieb.

Ich liebte die Begegnung mit Menschen und wollte gerne praktisch helfen. Deshalb hatte ich mich auf den Gedanken eingelassen, Krankenschwester zu werden.

Beim Vorstellungsgespräch mit der Personalleitung fragte mich die Oberschwester nach meinen Hobbys. Ich zählte eine ganze Reihe von Dingen auf, die ich gerne machte. Nach einer Weile unterbrach sie mich und sagte: »An Ihrer Stelle würde ich etwas mit Musik machen. Mit welchem Feuer Sie davon erzählen! Sie leuchten ja richtig!« Da erst wurde mir bewusst, wie sehr Musik ein Teil von mir war, und ich begann, mich nach einer Schule für Rock- und Popmusik umzusehen.

BLUMEN UND EIN KORB

»Manchmal muss man die Augen schließen, um klarer zu sehen.«
– Arabische Weisheit

Viele Schulwege waren wir zusammen gelaufen und hatten die schönsten Gespräche, bis die Blätter von den Bäumen fielen. Dann sahen wir uns lange nicht, bis es wieder Frühling wurde. Seit wir uns das letzte Mal gesehen hatten, war kein Tag vergangen, an dem ich nicht an ihn gedacht hatte.

Ich sah ihn von der Seite an, während wir nebeneinander herliefen. Er hatte ein schönes Gesicht, pechschwarzes Haar und eine markante Nase. Seine Augen waren dunkel und klar. Heute würde ich es ihm sagen.

Die Karussells flogen an uns vorbei, Buden und Knallstände. Es roch nach süßen Mandeln und Zuckerwatte. Wir liefen über den kopfsteingepflasterten Marktplatz. Ich rückte näher an ihn heran. Es begann zu nieseln.

»Ich habe mich in dich verliebt«, sagte er, bevor ich es konnte.

Mir war schwindelig. Wieder sah ich ihn von der Seite an. Als mich sein Blick streifte, stammelte ich: »Ich mag dich auch, schon lange«, und japste nach Luft. Unsere Schritte wurden langsamer und für einen Moment schien die Zeit stillzustehen. »Bist du eigentlich richtig überzeugter Moslem?«, fragte ich zurückhaltend.

Ohne zu zögern, antwortete er: »Ja, und das werde ich bleiben. Mein Glaube bedeutet mir viel.« Nach einer kurzen Pause fragte er: »Wie ist es bei dir?«

Auch ich musste nicht lange überlegen: »Bei mir ist es wie bei dir.« Wir schwiegen für einen Moment. »Der Glaube an Gott ist mir wichtig und Jesus ist meine erste Liebe.«

Sein Blick lag nun schwer auf mir. Er nickte still und schien mich zu verstehen. Der Rummel nahm zu. Ich wollte seine Hand nehmen, aber ich konnte nicht. Wir blickten einander an und wir blickten aneinander vorbei. Wir blickten nicht in dieselbe Richtung, das wussten wir beide.

Es begann zu dämmern, die Lichter auf dem Platz wurden lebhafter. Vor den Karussells sammelten sich Gruppen junger Leute. Eine Clique von Jungs kam näher, jemand, der aussah wie sein Bruder, brüllte etwas von einer Prügelei. Ich dachte, er würde mich noch nach Hause bringen, aber er verschwand mit den Jungs und meinte, es ginge um die Ehre seiner Familie.

Ich zog mir die Kapuze ins Gesicht und lief nach Hause. Regen prasselte auf den Asphalt.

* * *

Ich freute mich auf den neuen Tag, obwohl eine traumzerrissene Nacht hinter mir lag: *Habe ich wirklich den Jungen, den ich liebe, wegen meines Glaubens drangegeben?*

Für diesen Tag hatte unser Lehrer alle ehemaligen Musikerinnen und Musiker unserer Schule eingeladen im Rahmen eines Festivals, ein Musikstück vorzutragen. Das Programm und die Aufregung waren riesig. Geprobt werden sollte am Vormittag und am Abend würde das Konzert, zu dem viele Gäste eingeladen waren, in einem großen, festlichen Saal stattfinden.

Ich wollte gerade zur Haustür rausgehen, um auf mein Fahrrad zu springen, als er klingelte. Mit einem Blumenstrauß in der Hand stand er da und lächelte verlegen. Er entschuldigte sich, dass er am Abend zuvor so schnell gegangen war und mich im Regen stehengelassen hatte. Ich lächelte bemüht zurück, doch ich konnte seine Blumen nicht annehmen.

Die halbe Nacht hatte ich wachgelegen und nachgedacht. Vielleicht war der Glaube meines Verehrers sogar stärker als meiner, denn er fastete regelmäßig und betete dreimal am Tag. Für mich war Jesus mein tiefster Freund, und ich wollte ihn mit dem, den ich liebte, teilen. Er sah Jesus als einen Propheten, ich glaubte an ihn als Gottes Sohn. Darin fanden wir keine Übereinstimmung. Einen Kompromiss einzugehen, hätte sich falsch angefühlt, auch wenn ich nachts danach gerungen hatte, eine Möglichkeit zu finden. Ich hatte sogar mit dem Gedanken gespielt, Nonne zu werden. Oder würde ich eines Tages jemanden treffen, der Jesus mit seinem ganzen Herzen liebt?

»Es tut mir leid«, sagte ich zu dem jungen Mann und zog die Tür zu, hinter der ich weinte.

Es war eine der schwersten Entscheidungen in meinem Leben, aber ich habe sie nie bereut.

VERSTECKTER BRIEF

Die Musikproben im Festsaal waren in vollem Gange. Die Pausen hatten es in sich. Wir diskutierten über Gott und die Welt. Ein junger, schlaksiger Typ gesellte sich zu meinen Schulfreundinnen, Schulfreunden und mir, hörte uns angeregt zu und mischte sich in unsere Debatten ein. Er redete von einer Fahrt nach Rom, zum Petersplatz, in einem überfüllten Bus.

Eine Klassenkameradin teilte die Programmhefte aus. Ich sollte den Abend mit zwei Liedern eröffnen.

»Komm hoch auf die Bühne und spiel mal 'nen Song!«, rief mir unser Lehrer vom Mischpult zu. Er war ein echter Tausendsassa – Musiker, Lehrer und Technikfreak.

Ich stellte mich ans Mikrofon: »Soundcheck one, two, three. Check!«

»Klingt gut«, rief er. »Und jetzt sing mal was!« Ich sang, und jemand hinter mir zupfte eine »Bass Line«. Es war derselbe Typ, der in der Pause von Rom erzählt hatte. Ich freute mich, dass er mitspielte. Meine Gitarrenakkorde und seine Bassläufe passten prima zusammen, und es war schön, nicht so allein auf der Bühne zu stehen.

»Begleitest du mich auch heute Abend beim Aufritt?«, fragte ich ihn.

»Klar, gerne!«, nickte er.

Der Auftritt war ein einziger Reinfall. So sehr hatte ich mich darauf gefreut, so oft die Lieder durchgespielt. Doch als ich mit dem Eröffnungsstück begann, hörte mir kaum jemand zu. Alle schwatzten und begrüßten sich noch. Ich spielte meine beiden Lieder und verließ resigniert die Bühne. Meine Freundin begleitete mich nach draußen. Wie eine Seifenblase war der lang ersehnte Auftritt verpufft. Ich suhlte mich in meiner Enttäuschung.

Plötzlich stand mein Verehrer wieder vor mir und legte ungefragt seine Hand auf meine Wange, um mich zu trösten.

»Bitte, fass mich nicht an!«, sagte ich und schob ihn zurück.

Ich wollte einfach nur allein sein und rannte los, bis ich ein kleines Waldstück erreicht hatte. Hinter mir im Geäst hörte ich Schritte. Er war mir gefolgt. Unter den Bäumen trafen sich unsere Blicke ein letztes Mal. Dann stürzte ich nach Hause.

Am nächsten Vormittag jobbte ich im Laden meiner Eltern. Meine Freundin hatte bei uns übernachtet.

»Wir sehen uns später«, rief ich ihr zu. Und schlagartig fiel mir ein, dass ich meine Gitarre bei dem Festival im Saal liegengelassen hatte: *Das kann doch nicht wahr sein! Wo war ich nur mit meinen Gedanken?*

Später am Nachmittag lag der Gitarrenkoffer in meinem Zimmer. Meine Freundin hatte ihn netterweise abgeholt. Langsam öffnete ich die silbernen Verschlüsse des Koffers, mit der Ahnung, dass mir jemand etwas hineingelegt hatte. Ich hob die Gitarre aus dem Koffer und fühlte über die plüschweichen Innenflächen, schließlich öffnete ich das Mittelfach: *Tatsächlich! Ein Brief an mich.* Auf mehreren eng beschriebenen Bierdeckeln hatte mir jemand eine Nachricht hinterlassen.

IM MÄNNERKNAST

»Gott führt nicht alle denselben Weg. Und vielleicht steht gerade derjenige, der meint, er wandle ganz in der Tiefe, sehr hoch in den Augen Gottes.«

– Teresa von Avila

In unserer Kleinstadt gab es drei Gefängnisse, drei Friedhöfe und eine Universität. Etwas Bezauberndes hatte die Stadt nie für mich. Nur zur Weihnachtszeit, wenn die Lichterketten an den Laternen über der großen Straße hingen und ein überschaubarer Weihnachtsmarkt das Stadtbild für ein paar Wochen in Gemütlichkeit hüllte.

In dieser Zeit, mit etwa siebzehn Jahren, besuchte ich zum ersten Mal das Männergefängnis. Der Pfarrer hatte zu Gebäck und Gesprächen mit den Gefangenen eingeladen. Über einen Kontakt in der Schule hatte er mich fragen lassen, ob ich für die Männer singen wolle.

Unzählige Male war ich auf dem Weg zur Schule an den Gefängnismauern vorbeigelaufen. An einigen Morgen hatte ich Gesichter hinter den vergitterten Fenstern erkennen können oder farbenfrohe Tücher, die jemand an die Gitterstäbe geknotet hatte. Ab und an hörte ich Rufe aus den Zimmern, auch mal ein »Moin!«, oder sah eine winkende Hand am Fenster. Einmal hatte ich sogar beobachtet, wie ein Spaziergänger einen kleinen Beutel an einer Schnur befestigte und wie jemand durch die Gitterstäbe die Schnur an der etwa sieben Meter langen Gefängnismauer zu sich hoch in die Zelle zog.

* * *

Hinter den Gefängnismauern war die Kapelle warm erleuchtet. Kerzen flackerten unter dem Holzkreuz. Viele Häftlinge waren zum Weihnachtsgottesdienst gekommen. Der Pfarrer stellte mich den Männern vor und ich sang selbst geschriebene Lieder für die Männer. Später sangen wir gemeinsam Weihnachtslieder. Es war wunderschön. Draußen fiel der erste Schnee und die Menschen organisierten ihre letzten Einkäufe für das Fest. Hinter den Mauern gab es keinen Weihnachtsrummel. Hier in der Kapelle konnte ich Gottes Liebe wahrnehmen. Sie spiegelte sich in den Gesichtern der Männer wider. Der Pfarrer sprach Worte der Hoffnung und des Trostes.

Ich hatte harte Kerle erwartet, die mit verschränkten Armen vor mir sitzen und mich kritisch beäugen würden. Doch hier saßen Männer, die meine Lieder wie ausgetrocknete Schwämme in sich aufsogen und ganz friedvoll zuhörten.

Im Anschluss tauschten wir uns bei Stollen und Kaffee über unsere Lebenswege aus. Einige ihrer Geschichten waren meiner nicht unähnlich.

LIEBESGESCHICHTE

Während meines Abiturs machte ich ein vierwöchiges Praktikum in der Musikschule meiner Lehrerin. Ich nahm Gesangsstunden, kochte Kaffee, kopierte Notenblätter und war an der Rezeption beschäftigt.

Eines Nachmittags stand der schlaksige Typ vor der Rezeption, der mich auf dem Festival am Bass begleitet hatte, um sich zum Klavierunterricht anzumelden. Ich kam gerade mit einer Kanne Kaffee aus der Küche.

»Ich wollte dir etwas wiedergeben«, sagte er zaghaft und reichte mir eine Kassette. »Shine On Me«, meine Aufnahme aus dem Studio. »Du hattest sie liegengelassen und ich habe sie eingesteckt. Es könnte sein, dass sie jetzt leiert, denn ich habe deine Lieder rauf und runter gehört«, druckste er.

Ich schnappte nach Luft, denn sein plötzliches Erscheinen brachte mich völlig aus dem Gleichgewicht. Der Brief auf den Bierdeckeln, den ich in meinem Gitarrenkoffer gefunden hatte, war von ihm gewesen. Daraufhin gab es einen Briefwechsel zwischen uns, der einige Monate anhielt, bis ich eines Tages ohne Erklärung nicht mehr zurückgeschrieben hatte. Die Worte in seinem letzten Brief hatten mich ein wenig verunsichert und vermuten lassen, dass er Gefühle für mich hegte.

Nun hatte ich ein schlechtes Gewissen. Doch der junge, fröhliche Mann schien sich gar nichts daraus zu machen. Anscheinend freute er sich einfach darüber, mich zu sehen, und meldete sich gleich für ein ganzes Jahr zum Klavierspielen an.

Fast jeden Tag kam er zum Üben. In meinen Pausen ging ich zu ihm ins Klavierzimmer und gab vor, nach Notenblättern oder Instrumenten zu suchen, dabei wollte ich eigentlich nur mit ihm reden. Wir wurden Freunde, die besten Freunde.

Später verriet er mir, dass er sich zum Klavierspielen nur angemeldet hatte, weil er mich mochte. Er begleitete mich bei meinen ersten Konzerten und schenkte mir eines Tages das Bilderbuch »Brauner Bär heiratet«. Zuerst war ich überfordert, dann sauer und dann wollte ich ihn heiraten.

Wir heirateten fünf Jahre später. Ich nannte ihn Stevi, Stevi Wonder, weil er das schönste Wunder in meinem Leben ist.

»Gewiß werde ich
noch vom Weg abkommen,
sogar manches Mal,
und vielleicht werde ich
sogar fremde Worte reden,
aber es wird nicht lange dauern!«

– Fjodor M. Dostojewski[38]

TREFFPUNKT LADEN

Es war Mitte der 90er. Wir hörten viel Musik im Laden. Beim Jeans- und Sweatshirts-Falten entdeckte ich die ersten Alben von *U2* für mich. Die Liveaufnahme des Albums »Rattle and Hum«, bei dem sich Blues und alte Gospels zu Rockhymnen vermengten, hatte es mir besonders angetan.

Wenn keine Kundschaft im Laden war, drehte ich den Lautstärkeregler ziemlich weit auf, probierte Klamotten an und tanzte vor den Spiegeln. Der Laden war ein Treffpunkt für Leute mit verschiedensten Hintergründen. Geflüchtete aus Kroatien kamen, russlanddeutsche Mütter, die ihren Jungs neue Carhartt-Hosen kauften, der türkische Gemüsehändler von gegenüber oder Gino, der originelle Italiener, der das beste Eis der Stadt machte.

An manchen Tagen steppte der Bär und manche Tage fühlten sich wie Kaugummi ohne Geschmack an. Die Spiegel waren blitzeblank geputzt, die Jeans in den Regalen mehrmals gefaltet und nach Größen sortiert, der Boden gewischt und die neue Ware längst ausgepackt. Irgendeine CD dudelte im Hintergrund, Kaugummi kauend stand ich am Ladentresen und wartete auf Kundschaft.

BEGEGNUNG MIT THUONG

Es war ein träger Nachmittag. Mit einem halbherzigen »Hallo, kann ich helfen?« kam ich hinter dem Tresen hervor und begrüßte den jungen Vietnamesen, der soeben zur Tür reingekommen war.

»Nein, danke. Ich gucke nur«, antworte er und fuhr mit seinen Fingern an den Jacken entlang, die dicht an dicht unter dem vollgestopften Jeans-Regal hingen.

Er sucht nicht wirklich nach Klamotten, er ist hier, um zu bummeln, dachte ich leicht gereizt. Am meisten ärgerten mich die Kunden, die ziellos durch unseren Laden streiften und wahllos Sachen anprobierten, nur um ein riesiges Chaos an Arbeit zu hinterlassen – ohne auch nur eine einzige Socke zu kaufen.

Dieser Mann guckte lange. Er berührte die Ware nur, ohne sie aus dem Regal zu nehmen. Er war angenehm zurückhaltend und mir daher ganz sympathisch.

»Wie geht's?«, fragte ich ihn, weil ich Lust auf Smalltalk hatte, um die Zeit schneller rumzukriegen.

Irritiert guckte er mich an. »Gut«, erwiderte er knapp.

»Das ist schön«, sagte ich, hoffend, ein Gespräch in Gang zu bringen.

Er blieb am Regal stehen und drehte sich um. »Schön, ja?«, fragte er nach.

»Ja, schön, dass es dir gut geht«, sagte ich.

Ein leichtes Aufleuchten war in seinen Augen zu erkennen. Er kam näher zum Tresen. »Ich habe studiert und nun arbeite ich hier«, sagte er.

»Hier? In dieser Stadt? Was arbeitest du?«, hakte ich nach.

Er sah mich freudig an: »Ich arbeite in einer Halle mit Hühnern.«

Der junge Mann hieß Thuong, hatte studiert, doch keine Arbeit in seinem Land gefunden, die ihn und seine alten Eltern hätte ernähren können. Deshalb war er den weiten Weg von Vietnam bis nach Europa gekommen, dankbar dafür, in einer Hühnerfabrik einen Job bekommen zu haben. Die Tag- und Nachtschichten forderten viel von seiner Energie und der Lohn war gering. Das kleine Zeitfenster, das ihm blieb, nutzte er, um Deutsch zu lernen.

Thuong besuchte mich nun häufig im Laden. Mich interessierte die Natur seines Landes und seine religiöse Prägung. Er sagte mir, dass er Hunger nach mehr im Leben habe. Arbeiten, essen und schlafen könne doch nicht alles sein. Er las gerne und war gut informiert über das Weltgeschehen. Er redete von Buddhismus und Ahnenverehrung, womit er aufgewachsen, aber keinen inneren Frieden geschlossen hatte. Er wusste wenig über das Christentum und kannte die Bibel nur vom Hörensagen, doch wollte er mehr darüber erfahren. Ich versuchte ihm zu beschreiben, an was ich glaubte. Dass Gott durch Jesus Mensch geworden war, um seiner Welt in die Augen zu blicken. Und davon, wie seine Welt ihn abgelehnt und missverstanden hatte. Ich erzählte ihm von Gottes Liebe, die keinen Menschen ausschließt und nicht von Leistung abhängt, sondern ein Geschenk der Freiheit ist.

Thuong hatte solch großen Hunger nach Gott, dass wir eines Nachmittages hinter der Ladentheke miteinander beteten. Es war ungewöhnlich für ihn, mit Gott zu sprechen, denn in den buddhistischen Lehren gibt es weder einen Schöpfergott noch ein höheres Wesen. Die Erfahrung, in einem persönlichen Gebet zu Gott zu sprechen, veränderte sein Leben, und er begann an Jesus zu glauben. Bei seinem nächsten Besuch im Laden schenkte ich Thuong eine Bibel. Wie ein Junge, der zum ersten Mal Jules Verne liest, konnte Thuong nicht aufhören in der Bibel zu lesen. Bald hatte er sie ganz durchgelesen, während ich immer noch von Kapitel zu Kapitel sprang, je nach Lust und Laune.

Stevi und Thuong verstanden sich auch gut. Frische, ausgewogene Gerichte aus der Küche Vietnams befeuerten unsere Gespräche und Freundschaft, wenn wir uns gegenseitig besuchten. In einer Zeit, die keine einfache war, weil Thuong abgeschoben werden sollte, vertraute er sich Stevi an. Er wünschte sich eine Vietnamesin zur Frau, doch seine Schichtarbeit in der Hühnerfabrik machte es fast unmöglich, jemanden kennenzulernen. Seine Abschiebung nahte. Wieder und wieder brachten wir sein Anliegen vor Gott, weil wir keine Lösungen fanden.

Dann lernte Thuong auf seiner Arbeit eine junge Frau kennen, die ihm gleich gefiel. Sie war in seinem Alter und Vietnamesin. Er hätte sie so gerne auf ein erstes Date eingeladen, aber er traute sich einfach nicht. Jedes Mal, wenn er sie sah, wollte er sie fragen, doch er schaffte es nicht. Und dann fragte sie ihn, denn auch sie hatte sich in ihn verliebt. Sie hatte die deutsche Staatsbürgerschaft und glaubte, wie er, an Jesus. Die beiden heirateten und bekamen Kinder.

Später schmuggelte Thuong Bibeln auf spannendenden Pfaden in sein Heimatland, doch das ist eine andere Geschichte.

KAPITEL V

»Ich wandle und wandle mich.«

– Rainer Maria Rilke

ERSTER PLATTENVERTRAG

Es gab so vieles, das ich lernen wollte. Ich jobbte im Laden meiner Eltern, schrieb die letzten Schulprüfungen und sang neuerdings in einem Hamburger Gospelchor. Die Zugfahrten zu den Proben, aus der Kleinstadt in die Hansestadt, waren wie ein Kinofilm auf großer Leinwand. Ein treibendes Gefühl von Freiheit kam auf, wenn Farben und Landschaften am Zugfenster vorbeieilten. Eines Abends hatte ich »Der mit dem Wolf tanzt« im Kino gesehen. Danach war ich auf meinem Drahtesel durch die Fußgängerzone unserer Kleinstadt gedüst, als galoppierte ich in unsagbarer Geschwindigkeit durch die Weiten der Prärie. So fühlten sich die Zugfahrten raus aus der Kleinstadt an, wenn die Wälder und Dörfer vorbeieilten. Unendlich weit.

* * *

Ich wurde nun häufiger mit meinen Liedern zu kleinen Auftritten eingeladen. Mit dem Gospelchor aus Hamburg machten wir sogar eine längere Tour durch Deutschland. Das war aufregend für mich. Ich lernte, im Takt zu klatschen, und wurde Teil einer Gemeinschaft von Sängerinnen und Sängern, in der jede Stimme wichtig war.

Auf dieser Tour lernte ich einen Musiker und Produzenten namens Albert kennen. Er mochte meine Stimme und fragte mich, ob ich auch eigene Lieder schreiben würde. Ich schicke ihm meine CD mit den Aufnahmen aus Ostfriesland.

Kurze Zeit später befand ich mich in seinem Tonstudio in Süddeutschland. Albert hatte mich eingeladen, eine EP, ein Minialbum, mit mir aufzunehmen. Für alles war er aufgekommen – Reise-, Studiokosten und Unterkunft. Es war wie bei Jens, dem jungen Tontechniker, der mich einige Jahre zuvor angerufen und mir angeboten hatte, meine Lieder umsonst aufzunehmen, einfach, weil er an mich glaubte. Albert war sehr organisiert und ich hatte den Eindruck, dass er einen gut durchdachten Plan verfolgte. Der Sound sollte akustisch, doch etwas moderner klingen als meine Aufnahmen aus Ostfriesland. Inspiration fanden wir in dem Musikfilm »Bandits«, den wir uns im Kino anschauten. Wir bastelten coole Beats, legten Gitarre und Klavier darüber und ich sang dazu. Die Lieder hatte ich im Vorfeld geschrieben. Es war eine ganz unkomplizierte Angelegenheit, die sehr viel Spaß brachte.

Ein Anruf erreichte mich wenige Monate später. In meinem Alltagstrott, zwischen Schule, Jobben und der Suche, wohin meine Reise gehen sollte, brachte Albert freudige Nachrichten. Alle Plattenfirmen, denen er unsere EP-Aufnahmen geschickt hatte, waren an einer Zusammenarbeit interessiert. Ich war ganz aus dem Häuschen!

Die Tür zur Musik hatte sich wie durch einen Wink vom Himmel geöffnet. Albert verhandelte mit den Plattenfirmen und ich unterzeichnete meinen ersten Vertrag.

Wir wollten es richtig gut machen. Die erste EP mit Plattenvertrag sollte super werden. Deshalb flog ich nach Amerika, um an meiner Aussprache und den Texten mit einem Co-Schreiber zu arbeiten, und ich bekam Gesangsstunden.

Zurück in Deutschland starteten die Aufnahmen in Alberts Tonstudio. Er hatte eine Band aus professionellen Musikern zusammengestellt, mit denen er schon häufiger aufgenommen hatte. Der Schlagzeuger kam aus England eingeflogen und der Gitarrist war ein wandelndes Genie. Ich legte meine Gitarre zur Seite und ließ die Band für mich spielen. Obwohl der Sound polierter klang als meine ersten Aufnahmen, empfand ich ihn erfrischend neu. Ich taufte mein erstes offizielles Album »Higher Hope« und war zufrieden.

MUSIKLAUFBAHN

Um mich herum passierte immer mehr. Fotoshootings, Pressetermine und Konzertanfragen flatterten in meinen Briefkasten. Die EP verkaufte sich gut. Ich besuchte eine Schule für Rock- und Pop-Musik in Franken und war ständig unterwegs, um Konzerte zu geben. Stevi und ich sahen uns, sooft wir konnten. Albert brachte einen Manager mit, der sich um Konzertanfragen und alles rund um meine Musik kümmerte.

In den Sommerferien flog ich nach Kansas City und nahm mit einem amerikanischen Produzenten, dessen Musik ich sehr schätzte, mein zweites Album auf. Die Plattenfirma versuchte meine Musik unters Volk zu bringen. Die erste Liveband formte sich aus Musikern, die ich an meiner Schule kennengelernt hatte. Mehr und mehr Leute aus der Kunst- und Kulturszene kamen in mein Leben, die mich auf meinem musikalischen Weg begleiteten. Einige förderten mein Talent von Herzen und ein paar schräge Vögel wollten daraus Profit schlagen.

Meine Verbindung zu Gott war jetzt, auf den Reisen durchs Land, ein spürbar starkes Band. Menschen beglücken zu können, erfüllte mich.

Nach der Schule zog ich zurück in meine Heimatstadt. Stevi und ich heirateten und bezogen ein kleines Haus in Norddeutschland. Eine Zeit der Ruhe und Zweisamkeit begann. Wir richteten unser Häuschen mit Garten ein und pflegten unsere Freundschaften.

An den Wochenenden war ich mit meiner Band unterwegs.

Gerade als es ruhiger in meinem Leben geworden war, nahm meine Musiklaufbahn wieder an Fahrt auf. Ein neues Management und ein weiteres Musiklabel klopften bei mir an. Ich wollte mein Talent nutzen, so gut ich es irgend konnte.

Das Buchen der Konzerte übernahm jetzt eine Bookingfirma. Alles wurde professioneller und von mir wurde mehr erwartet. Ich war ständig auf Achse und spielte Konzerte. Die Festivals wurden größer und die Hotels teurer. Ich schrieb meine Lieder schon länger nicht mehr allein. Bei einem Werbespot für einen beliebten TV-Sender flog mir am Strand bei untergehender Sonne ein Adler mit weit ausgestreckten Flügeln auf den Arm. Die Visagistin hatte mich ganz ordentlich zurechtgemacht. Ich trug die Haare kurz und rotblond, während ich »I Wanna Be With You« über die Weiten des Ozeans schmetterte. Das Lied stieg in die Charts ein.

WAISENHAUS IN POLEN

»Wer Gott von Angesicht zu Angesicht gegenübersteht, spricht nicht, kann nicht sprechen.«
– Mahatma Gandhi[39]

Es war nur eine Idee, beim Kaffee mit einem Freund. Mika fragte mich nach meinen Träumen.

Ich überlegte: »Ein Konzert für vernachlässigte Kinder wäre was Schönes.«

»In Polen besuchen wir Waisenhäuser mit einem Team der katholischen Kirche«, antwortete er.

Ich rührte die Milch in meinem Kaffee um. »Ein Konzert in einem Waisenhaus in Polen?«, fragte ich zögernd.

»Ja! Wir könnten ein Team von Handwerkern mitnehmen, das die Duschen und den Spielplatz des Heimes erneuert«, antwortete er.

Und so kam eins zum anderen.

Überall, auf Stühlen und Bänken, selbst auf dem Boden, saßen Kinder. Der große Saal platzte aus allen Nähten. Es roch nach alter Kleidung und Urin. Die Kinder waren mit ihren Betreuerinnen und Betreuern aus den umliegenden Waisenhäusern gekommen. Es waren Hunderte an diesem Nachmittag. Hinter der Bühne, in einem kleinen Raum, warteten meine Band und ich auf unseren Auftritt. Mika und seine Helfer stellten währenddessen Weihnachtstüten für die Kinder bereit und Stevi lief mit seiner Kamera durch die Reihen und knipste Fotos.

Ich stand auf der Bühne und sah in ein Meer von Kinderaugen. Wie wunderschön dieser Moment war. Unvergesslich. Die Band spielte toll. Die Kinder wippten und klatschen mit, obwohl sie kaum ein Wort verstanden, weil ich auf Englisch sang. Während des fast zweistündigen Konzertes half Adam, ein junger Pole, beim Übersetzen. Er übersetzte nicht nur meine Ansagen und Teile der Liedtexte, sondern machte auch die verrückten Bewegungen mit, die ich mir spontan zu den Liedern ausdachte, um die Kinder bei Laune zu halten.

Es war ein geglückter Nachmittag. Als die Kinder nach dem Konzert ihre Weihnachtstüten abholten, war die Freude vollkommen. Die kommenden Tage waren erfüllt von Besuchen in weiteren Heimen. Die Kinder im Waisenhaus waren noch in ihren Pyjamas, als wir ihnen die Weihnachtsgeschenke brachten. Ihre anfängliche Zaghaftigkeit wich langsam Freude. Meine Musiker und ich setzten uns zu ihnen in den Schlafsaal und sangen für sie. Als ich mit meinen Fäusten auf die viereckige Holzbox der Cajon trommelte, kicherten sie und fingen wild an zu springen. Die Stimmung im Zimmer war jetzt außer Rand und Band.

Nur ein kleiner Junge, der erst wenige Stunden zuvor ohne seine Eltern auf der Straße gefunden worden war, hatte seinen Kopf in den Händen vergraben. Er saß auf dem Boden und schien ganz in sich versunken zu sein. In einer Kiste entdeckte ich einen alten Plüschbären. Ich zog ihn unbemerkt heraus und schob ihn vorsichtig zu dem kleinen Jungen, der nur ab und zu wie aus einer geöffneten U-Boot-Luke zwischen seinen Händen hervorguckte. Zentimeter für Zentimeter schob ich den Bären näher zu ihm herüber und machte dabei ein ulkiges Geräusch. Ehe ich mich versah, hatte der Junge den alten Bären in seine Arme geschlossen und zog ihn fest an seine Brust. Ein Lächeln huschte über sein Gesicht und gleich darauf drückte er sein kleines Köpfchen in den weichen Bauch des Bären. Am liebsten wäre ich zu ihm gegangen, um ihn zu umarmen – aber der alte Bär war ja schon bei ihm.

* * *

Die alten Menschen, die kaum mehr laufen konnten, humpelten bis vor den Altar und beugten ihre Köpfe vor dem Ewigen, als sie das Abendmahl empfingen.

Still stützte einer den anderen. In dieser Kirche in Polen, Katowice würden meine Musiker und ich morgen unser letztes Konzert geben, bevor wir uns wieder auf den Heimweg machten. Erneut würden Hunderte von Kindern kommen und auf den hölzernen Bänken neben den Alten Platz nehmen.

NASHVILLE

»Im Walde zwei Wege boten sich mir dar und ich ging den, der weniger betreten war – und das veränderte mein Leben.«
– Robert L. Frost[40]

Wochenlang tourte ich durch Amerika, hatte einen Plattenvertrag in Nashville TN unterschrieben und mein Lied »Fire« war in den Billboard-Charts gelandet.

Ich war in eine komische Dynamik geraten. Die Reisen durchs Land, die Interviews und Auftritte brachten Spaß, belebten mich aber kaum, sondern übten einen stetig wachsenden Druck auf mich aus. Die Plattenfirma wollte mich groß rausbringen und mein US-Manager hielt wachsam seine Augen auf mir. Statt in einer eigenen Wohnung, die mir die Plattenfirma zugesagt hatte, wohnte ich im Haus meines US-Managers und seiner Frau, in einem kleinen Obergeschosszimmer.

Eines Nachmittags lud mich ein Bekannter aus Nashville zu einem Open-Air-Konzert von Bob Dylan und Willie Nelson ins Baseballstadion ein. Kurz bevor ich das Haus verließ, platzte mein Manager in mein Zimmer und schärfte mir ein, weder in der Öffentlichkeit zu rauchen noch zu trinken. »Du musst immer ein Lächeln auf den Lippen haben, denn du weißt nie, wen du triffst«, sagte er grinsend. Ich sollte den Schein wahren. Den Schein einer perfekten, christlichen Musikerin. So, wie es üblich war, im christlichen Musikbusiness in Nashville TN.

Der Konzertabend war herrlich, ich hatte sogar Emmylou Harris mit ihrer Tochter im Publikum gesehen. Ich war Fan ihrer Musik. Es tat gut, mal rauszukommen.

Gleich am nächsten Morgen lehnte mein Manager mit einem argwöhnischen Blick an meiner Zimmertür. »Du hast nicht gelächelt«, sagte er.

Ich wusste nicht, worauf er hinauswollte.

»Der Typ, mit dem du dich unterhalten hast, war von einer großen Plattenfirma!«, sagte er mit Nachdruck.

»Welcher Typ?«, fragte ich gereizt. Ich hatte nach dem Konzert mit ein paar Leuten im Gedränge gequatscht, die mein Bekannter mir vorgestellt hatte. Ich hatte nicht die leiseste Ahnung, von wem er sprach.

»Du bist zu ernst! Nimm dir ein Beispiel an Rebekka St. James!«, mahnte er.

Rebekka war ein Superstar der christlichen Musikwelt und lächelte auf jedem Bild. Ich traf sie ein paar Jahre später auf den Faröer Inseln. Es war eine schöne Begegnung, denn sie war ein wirklich freundlicher Mensch.

HEIMWEH

Stevi hatte mich kurz in Amerika besucht, musste aber zurück nach Deutschland, um Geld zu verdienen. Ich hatte kaum Einnahmen durch die Musik, obwohl ich dauernd unterwegs war – von Tennessee bis nach Michigan, Kalifornien, Minnesota und Nebraska. Die Roadtrips entlang der Küsten, durch die Rocky Mountains und am Michigan Lake waren mehr als abenteuerlich. Für die unbeschreiblichen Landschaften und inspirierenden Gespräche mit anderen Künstlerinnen und Künstlern hatte sich die Reise allemal gelohnt.

Mein US-Manager nahm mich auch mit in seine Kirche. Das war seine »Hood«. Hier trafen sich »Hans und Franz« aus der Musikbranche. Eine Mega-Church mit hunderten von Besuchern – alle gut angezogen, mit schneeweißem Lächeln. Der Chor bebte vor

Stimmgewalt, die Bühnenscheinwerfer glühten wie die Lichter von Las Vegas. Der Pastor schmetterte seine Predigt, die einen heulend in die Knie zwingen konnte. Mich nicht. Ich fühlte mich zutiefst einsam und hatte Heimweh.

»Sarah! Wir bringen dich hier ganz groß raus«, hatte mein US-Manager im Fahrstuhl eines Hotels nochmals betont. »Und du solltest dich von deinem deutschen Manager trennen!« Außerdem versuchte er mich zu überreden, expliziter von Gott zu schreiben, weil sich Worship-Alben einfach besser verkauften, wie er meinte. Wir führten ständig nervenaufreibende Diskussionen.

Zu lange wollte ich nicht hierbleiben. Die Plattenfirma und mein US-Manager waren familiär verbandelt, das machte die Sache nicht einfacher. Mein deutscher Manager kam, um mit meiner Plattenfirma zu verhandeln, die sich kaum an Abmachungen hielt. Wir suchten nach Möglichkeiten, um eher aus dem Vertrag herauszukommen. Ich hatte die Nase voll und brauchte dringend ein Taschentuch – eine Auszeit.

Der Nightliner fuhr den endlosen Highway entlang. Ich lag auf der Rückbank des Tourbusses und war unendlich müde. Die halbe Nacht hatte ich mit einem alten Musikerhelden über das Musikbusiness sinniert. Er hatte schon viel erlebt, war bei großen Plattenfirmen unter Vertrag und hatte kaum eine müde Mark gesehen. Obwohl er wie ein Ochse schuftete und sich die Alben seiner Band gut verkauft hatten. Er riet mir, mich in keine falschen Abhängigkeiten zu begeben.

»Das Wichtigste ist, sich treu zu bleiben«, brummte er, nahm einen Schluck Zero-Coke und stopfte sich die letzten Peanuts in den Mund: »Auch wenn der Weg steinig ist.«

Ich spürte, dass eine neue Straße vor mir lag, irgendwo hinter dem Regenbogen.

In einer einsamen Nacht in Nashville hatte ich das Lied »Yaweh« geschrieben.

YAWEH[41]

Words they fail me
Leave your lips Embrace me
Yaweh

All my busy rushing
It will end in nothing
Yaweh

My oh! my oh! my dream is you
My oh! my oh! my home is you
Yaweh

Gonna sing like David
Gonna preach like Paul
Gonna run like Peter
Yaweh, Yaweh

Happy are those
Who live in your chambers
Yaweh!

HEIMWEG

Es waren die letzten Tage vor meinem Rückflug nach Frankfurt. Mein deutscher Manager holte mich ab. Wir fuhren an den Stadtrand von Nashville, um eine Kirche zu besuchen, die ein Musiker leitete, der Pastor geworden war. Er kannte die christliche Musikindustrie wie seine Westentasche und hatte ein Buch darüber geschrieben, das ich kurz vor meinem Umzug nach Nashville gelesen hatte. Es war eine aufrüttelnde Lektüre, die haarsträubende Einblicke hinter die Kulissen der Musikbranche gab.

Mein deutscher Manager und ich waren mit dem Wagen in eine abgelegene Straße eingebogen. Hier gab es kein Kirchengebäude, scheinbar hatten wir uns verfahren. Nur ein länglicher Schuppen mit Wellblechdach, vor dem Kartons aufgestapelt waren, fiel in unseren Blick. Mein Manager parkte seinen Mietwagen schräg vor dem Gehöft und wir pochten an die Tür. Ein Mann mit freundlichen Augen öffnete uns gleich.

Er wusste schon von unserem Kommen und entschuldigte sich, dass er wenig Zeit hätte, weil gerade Gottesdienst in seiner kleinen Hauskirche gefeiert würde. »Ihr könnt gerne dabei sein«, sagte er und nahm uns direkt mit zum Gemeinderaum. Etwa zehn Leute saßen in einem Stuhlkreis zusammen und sangen. Jemand spielte auf einer Gitarre und eine junge Frau trommelte auf einer Bongo.

Als wir in den Raum kamen, spürte ich die Anwesenheit der Liebe Gottes. Es war unbeschreiblich. Hier war die Wärme, die ich so lange vermisst hatte. Jesus war hier, so wie er es in Matthäus 18,20 versprochen hatte: *»Denn wo zwei oder drei versammelt sind in meinem Namen, da bin ich in ihrer Mitte«* (ELB).

Ich ließ mich auf einen Stuhl sinken und konnte nichts anderes tun, als zu weinen. Von einem Moment auf den anderen brach alles aus mir heraus, was sich über die letzten Monate an Druck in mir aufgestaut hatte. Endlich konnte ich loslassen.

»Möchtet ihr, dass wir für euch beten?«, fragte ein Mann mit einer angenehmen Stimme. Ich nickte erschöpft und brachte kein Wort über die Lippen. Eine Frau mittleren Alters segnete mich. Ihre Worte waren heilsam und passten genau auf meine Situation. Sie sagte, dass alles, was ich schreiben würde, aus Gott kommen würde. Egal worüber und mit welchen Worten, weil ich in ihm und er in mir wohne. Sie betete noch andere wunderbare Dinge, die meiner Seele wohltaten.

Der Gottesdienst ging nicht lange, denn der Pastor, seine Freundinnen und Freunde hatten noch einiges zu erledigen. Kartons voller Kleidung und Lebensmittel lagen zur Austeilung bereit. Gleich würden sie auf die Straßen und Plätze zu den Obdachlosen und Straßenkids gehen, um ihnen Gutes zu tun.

Sie waren Durchreisende auf dem Weg zu etwas Größerem, das im Kleinen seinen Lauf nahm.

ZUSAMMEN

Endlich war ich wieder zu Hause, bei Stevi. Zusammen waren wir stärker. Gemeinsam wollten wir unsere Reise fortsetzen. Als wir uns kennenlernten, hatte Stevi mich bei einem meiner ersten Aufritte auf seinem Bass begleitet. Jetzt würden wir es wieder so machen. Drei Jahre tourten Stevi und ich durch Europa. Wir sahen die Faröer Inseln, Dänemark, die Niederlande, Kroatien und viele andere Länder.

Die Höhen und Tiefen des Lebens blieben uns nicht unbekannt. Tiefe Täler hatten wir durchquert, uns dabei fast verloren, um dann erneut Berge zu besteigen. Neues Liedgut war in den Rocky Mountains, auf langen Fahrten im Grand Wagoneer auf den Highways Nebraskas, beim Alleinsein mit Gott und in der Einsamkeit mit mir selbst entstanden.

Jetzt standen wir zu zweit am Ufer des Flusses. Der Strom war wild und frei. Wir hatten unser Netz zur anderen Seite ausgeworfen und wollten Menschen fischen.[42]

EIN LETZTES LIED MIT LARRY

»Manchmal bedeutet Glück, etwas nicht zu begreifen.«
– François Lelord[43]

Larry Norman, der musikalische Held meiner Jugend, war um die sechzig. Wir saßen zusammen in einem Schweizer Hotel am Mittagstisch. Larry befeuerte seine Suppe mit einer kräftigen Prise rotem Pfeffer, den er extra aus Amerika mitgebracht hatte. Ohne nachzufragen, verlieh er auch meinem Teller eine gehörige Dosis davon. Er trug eine schwarze Baskenmütze und war auch sonst schwarz gekleidet. Seine Haare waren lang und blond, wie auf den Bildern seiner frühen Schallplatten. Nur etwas feiner waren sie geworden. Ich hatte ihn mir nicht anders vorgestellt.

Die Mütze, die er trug, war ein Erbstück seiner Oma. Drei Kreuze mit roten Schmucksteinen waren auf die Stirnseite der Mütze gestickt. Großväterlich nahm er seine Mütze ab und setzte sie mir auf. Ich war bewegt von dieser Geste, die sich für mich wie eine Stabübergabe an die nächste Generation anfühlte.

»Do you have a song for me?«, fragte er mich. Mein Manager hatte wieder an alles gedacht und holte nach dem Essen eine Gitarre aus dem Kofferraum seines Wagens. Danach gingen wir zu Larry in sein Hotelzimmer und ich spielte ein Lied für ihn. Zuerst saß er leicht verschlafen auf der Kante seines Bettes. Als ich anfing zu singen, stand er auf und lief um mich herum.

»Where does this voice come from?«, fragte er irritiert. Es war kein lautes Lied, doch er vermutete irgendwo ein Mikrofon. »Is there a microphone?« Er lief nochmal um mich herum, um herauszufinden, ob die Stimme verstärkt war.

Mein einfaches Geheimnis war, dass, wenn ich beim Singen an Gott dachte, meine Stimme kraftvoll wurde. »It's the Holy Spirit«, antwortete ich andächtig.

Schon am nächsten Tag sahen wir uns wieder. Larry hatte mich zu seinem Konzert eingeladen, um ein gemeinsames Lied mit ihm zu singen. Ich lud ihn nach Berlin ein, zu einem gemeinsamen Duett für die Aufnahmen meines neuen Albums.

* * *

In Berlin trafen sich unsere Wege wieder. Durchs Straßengetümmel liefen wir zu einem Hinterhof, in dem ein Tonstudio war.

Die Ärzte hatte gerade Pause und wir konnten für einen Tag ihr kleines Studio nutzen. Wir fuhren mit dem Fahrstuhl bis unters Dach. Ich machte einen Spaß, dass es wie eine Fahrt zum Himmel sei, weil der Fahrstuhl so lange brauchte. Larry war der Einzige, der den Scherz verstand. In den Straßen war es schwül. Kein Lüftchen wehte. Drinnen im Studio drehten die Ventilatoren. Es war heiß hier oben.

Larry setzte sich direkt vor einen der Lüfter und ächzte. Die Hitze setzte ihm zu.

»Please play the song for me«, sagte er und streckte die Beine aus.

Das Lied, das ich mit ihm aufnehmen wollte, hieß »Back To The Dust«. Ich hatte es für meine Mama geschrieben, die nach einem Herzinfarkt fast gestorben wäre. Das Thema Tod war uns als Familie mit einem Mal so nahegekommen und hatte mich kaum mehr losgelassen. Nach der Operation erholte sich meine Mama wieder und fühlte sich gestärkter als vorher, weil ihr Herz wieder mit ganzer Kraft schlagen konnte.

Larry ließ sich ins Sofa fallen, er wirkte angeschlagen. Wir beteten, um Stärkung für seine Gesundheit und um Gelingen für unsere Aufnahmen – während der Ventilator kühle Luft in sein Gesicht pustete und seine feinen, blonden Haare lustig im Winde tanzen ließ.

Das Lied gefiel Larry. Es bewegte ihn. Er mochte, dass ich es für meine Mutter geschrieben hatte, und ich spürte, dass es auch etwas mit ihm zu tun hatte. »Soll ich es eher dunkler, wie Johnny Cash, oder mit der Leichtigkeit einer Judy Collins singen?«, fragte er mich.

»Eine Mischung von beidem«, sagte ich, erfreut darüber, dass er mich als Künstlerin ernst nahm. Larry Norman war durch und durch Künstler. Die Vielschichtigkeit seiner Musik ging weit über puren Rock 'n' Roll hinaus, sie war gespickt von kunstvollen Ideen und Zitaten. In meiner Jugend hatte er mir wie ein alttestamentarischer Prophet den Weg zu Christus gewiesen. Mit seinem Finger zeigte er bei seinen Konzerten nach oben und sang: »*One way, one way to heaven! Hold your hands up high. One man, free and forgiven, children of the sky!*«[44]

Wir teilten eine ähnliche musikalische Sprache und wir mussten nicht lange herumprobieren. Die Aufnahmen verliefen zügig, obwohl seine Stimme brüchiger geworden war. Er hatte Mühe, die Töne zu treffen, doch unsere Stimmen aus jung und alt harmonierten. In ihrer Zerbrochenheit erinnerte mich Larrys Stimme an die letzten Aufnahmen von Johnny Cash bei den American Recordings. Wir hatten nachmittags noch ein zweites Lied aufgenommen und ich merkte, dass Larry erschöpft war. Er sang »Walking backwards down the stairs« und er versuchte ein »Fingerpicking« auf seiner Nylon-Gitarre dazu. Ich liebte dieses Lied von ihm. Er sang es anders als auf seinem Album, schwächer, so als wäre es sein letzter Gang.

Wir gingen mit dem Produzenten, meinem Manager und Larrys Gitarristen noch etwas essen und vertraten uns die Beine. Ich hielt Larry mein kleines Diktiergerät unter die Nase, während wir draußen am Tisch auf unsere Bestellung warteten.

»Werden wir uns wiedersehen?«, fragte ich ihn.

»Ich weiß nicht, ich hätte nichts dagegen«, antwortete er amüsiert.

»Im Himmel vielleicht?«, fragte ich.

»Ja, aber nur, wenn du hier zu lange brauchst, um mich wiederzusehen«, konterte er.

»Gute Nacht«, sagte ich.

»Gute Nacht«, sagte er und steckte mir seine Pfefferdose zu, »schlaf gut!«

»Schlaf gut!«

Larry und ich wollten uns wiedersehen. In Los Angeles. Mein Manager und ich versuchten ihn nach meinem Auftritt in der *Crystal Cathedral* zu erreichen. Der Aufritt in der Glaskirche hatte mich verunsichert. So gerne wollte ich ihn fragen, was hinter dem Vorhang war. Aber er war nicht zu Hause. Larry lag bereits seit einigen Tagen im Krankenhaus und es stand nicht gut um ihn. Sein Herz und seine Lungen waren stark geschwächt. Er starb nur kurze Zeit später an Herzversagen in seinem Haus in Salem, Oregon.

Unsere beiden Lieder sollten seine letzten Aufnahmen gewesen sein.

BACK TO THE DUST[45]

Back to the dust
Back to the dust
We have no money to save
Only us, only us

Burning woods
I can see the smoke
Coming over the mountains
Like a crawling snake
My heart is in a hurry
My feet don't walk
My view is frozen

Our little house
It will burn
Before the wicked returns
Before the rain awakes
It will tremble and fall, fall

Back to the dust
Back to the dust
We have no money to save
Only us, only us

Where is your heart
Where is your heart
I know the fire
Won't tear it apart

BRIEFE AUS DER JVA

»Der Nächste ist nicht der, den ich mag. Er ist ein jeder, der mir nahe kommt – ohne Ausnahme.«
– Edith Stein

Angeklagt wegen neun Morden, verurteilt für ein ganzes Leben?

Nach einem Konzert in einer Jugendvollzugsanstalt schrieb mir eine junge Frau einen Brief. Ihr seien die Lieder nachgegangen, die ich mit meiner Band im Gefängnis gespielt hatte. Die Musik habe sie bewegt und ihr und den anderen Frauen Mut gemacht. Lange hätten sie noch davon gesprochen.

Fünf Jahre lang schrieben Michaela und ich uns Briefe. Heute schreiben wir uns Postkarten und telefonieren. Mich interessierte nicht, warum sie im Gefängnis war. Ihre Briefe waren angenehm zu lesen und es machte Spaß, sich mit ihr auszutauschen. Oft ermunterte sie mich mit ihrer reflektierten Art, geduldiger auf das Leben zu schauen. Natürlich war ich neugierig, wie ihr alltägliches Leben im Gefängnis funktionierte. Nur einmal fragte ich sie, wie lange sie noch im Gefängnis bleiben müsse. Daraufhin schrieb sie mir, dass das Urteil in ihrem Prozess »lebenslänglich, mit besonderer Schwere der Schuld« lautete. Und sie fragte mich, ob ich wissen wolle, warum sie im Gefängnis sei. Ich glaube, sie hatte Angst, dass unser Briefkontakt abbrechen würde, wenn sie mir den ganzen Grund ihrer Haft nennen würde.

»Ich bin eine mehrfache Mörderin«, schrieb sie mir eines Tages. Ich musste schlucken. Das hatte ich beim besten Willen nicht erwartet. Einen Mord ja, aber mehrere Morde? Schließlich schrieb sie mir, warum sie anfangen hatte, Menschen umzubringen. Ablehnung und Missbrauch in frühster Kindheit hatten sie als junge Frau dazu getrieben, alles gewaltsam zu ersticken, was sie an diese schrecklichen Erlebnisse erinnerte. Auch Menschen. Bei einem Telefonat sagte sie mir, dass sie als eine Serienmörderin verhaftet worden und schon zehn Jahre im geschlossenen Vollzug sei.

Wenn ich erlebt hätte, was sie erlebt hat, was hätte ich getan? Wie hätte ich reagiert? Auf diese Fragen fand ich lange keine Antwort. Nur eins wusste ich: dass meine Brieffreundin genauso von Gott geliebt war wie ich.

Sie war sich ihrer Schuld völlig bewusst, und was sie getan hatte, war eine große, kaum zu ertragende Last für sie. In ihren Briefen schrieb sie mir, dass sie sich ihre Taten selbst nicht verzeihen und dass sie nicht an eine göttliche Vergebung glauben könne. »Ich bin nicht in der Lage, eine Beziehung einzugehen, vor lauter Angst und Selbsthass. Und ständig ist da die große Sehnsucht nach Liebe«, schrieb sie.

In meinen Briefen versuchte ich ihr nahezubringen, dass die Liebe stärker als der Tod sei und deshalb keine Schuld zu groß ist. Jesus hat jedes einzelne Vergehen am Kreuz getragen und uns freigesprochen. So ähnlich schrieb ich es ihr.

Sie durchlebte dunkle Stunden, das konnte ich in ihren Briefen lesen. So sehr brauchte sie jemanden, mit dem sie reden konnte. Einen Therapieplatz zu bekommen, erwies sich als schwierig.

Monate vergingen ohne ein Lebenszeichen von ihr, doch dann erreichte mich wieder ein Brief. »Noch nie habe ich mich in meinem Leben so frei gefühlt wie jetzt«, schrieb sie. Eine Frau, die sie seit Kurzem regelmäßig besuchte, hatte ihr Gottes Liebe nahegebracht.

Michaela wurde zu einem Leuchtturm für viele Frauen. Ich spielte weitere Male bei ihr im Gefängnis und konnte mich live und in Farbe davon überzeugen, welch große Kraft die Annahme von Vergebung hat.

KAPITEL VI

**»Soviel ich lebte,
soviel will ich zum anderen Leben,
darum geht es.«**

– Pablo Neruda [46]

IDEE EINER KÜNSTLERKOMMUNITÄT

Hunderte von Konzerten lagen hinter uns. Touren im In- und Ausland. Stevi und ich sehnten uns nach einem Zuhause. Einem Zuhause für uns und andere. Wir hatten auf unseren Reisen viele verstreute Kreative kennengelernt, die wir gerne sammeln wollten, und wir sehnten uns nach einem Ruheort.

Ich hatte mich gerade von meinem langjährigen Management getrennt und spann neue Ideen. Nach einem Konzert in Dresden saßen Stevi und ich lange mit unseren Bekannten in ihrer Stadtkneipe zusammen. Wir philosophierten über unsere Zukunftsträume und merkten bald, dass wir ähnliche Ideen vom Leben hatten. Wir überlegten, wie wir auf organische Weise Kunst, Musik und Glauben zusammenbringen könnten. Arno war Musikproduzent und hatte ein eigenes Tonstudio in der Dresdner Neustadt. Wir tauschten uns über die Idee eines Bandhotels mit Studio aus, damit Musikerinnen und Musiker über längere Zeit im Studio und auch über Nacht bleiben könnten. Und wir dachten an ein Haus mit vielen Räumen zum Songsschreiben, Proben und Ruhefinden. An ein Haus, in dem wir alle gemeinsam wohnen würden. Eine Art Lebensgemeinschaft. In dieser Nacht rasten die Ideen nur so durch unseren Kopf und es tat gut, sie mit Gleichgesinnten zu sammeln.

Ein paar Wochen später rief Arno uns an. Es gäbe in der Nähe von Dresden auf dem Land ein Schloss, das interessant für unsere Sache wäre. Die Größe war klasse für eine Lebensgemeinschaft, es gab eine super Anbindung zum Bus, war nahe der Autobahn gelegen und in schönster Natur. Der Vorschlag war toll, aber wie sollten wir ein Schloss finanzieren?

Stevi und ich waren freischaffende Künstler und kamen gerade so über die Runden. Auch Arno und seine Frau Dani waren keine Millionäre, aber sie sollten einen kennenlernen. Bei einem Recording Workshop in Kanada unterhielt Arno sich mit Dave, einem kanadischen Musiker und Filmemacher, der inzwischen Millionär war, weil er mit Freunden ein cooles Computerspiel für Kids entwickelt und an Disney verkauft hatte. Dave suchte schon länger nach ungewöhnlichen Objekten in Europa. Als Arno ihm von unserer losen Idee einer Künstlerkommunität und dem Schloss erzählte, war Dave hellauf begeistert, denn er wollte wie wir Künstlerinnen und Künstler fördern.

SCHLOSSBESUCH

Dave war so angetan von unserer Idee, dass er zusammen mit seinem Sohn aus Kanada kam, um sich das Schloss anzusehen. Auch Sabine Ball, eine ältere Dame aus der Dresdner Neustadt, war gekommen, um sich unser Vorhaben anzuhören.

Der mächtige, leerstehende Bau war von außen mausgrau. Der Platz vor dem Schloss war ebenfalls karg und eintönig. Der Innenhof eine leblose Schottersteppe. Der Osten war mir als Nordlicht fremd, obwohl ich bei Konzerten in Sachsen die Herzlichkeit der Menschen schätzen gelernt hatte.

In den ehemaligen Hotelzimmern lagen überall kaputte Fernseher, Lampenschirme und Kabel. Es war dreckig und kalt in den Räumen. Mich fröstelte es. Sieben Jahre hatte das Gebäude leer gestanden. Wir liefen den langen Flur entlang und besichtigten das Untergeschoss. Sieben Jahre Leerstand hatten ihre Spuren hinterlassen. Doch der

Saal mit Deckenbemalung und dunklen Holztischen ließ erahnen, wie es hier einst, vor langer Zeit, einmal ausgesehen haben musste.

Als wir die Bibliothek betraten, leuchteten Sabines Augen, denn die hohen Regale standen noch voller Bücher. Auch in den anderen Zimmern war das wertvolle Inventar des Vorbesitzers noch erstaunlich gut erhalten, wenn man nur den Staub abwischte. Alle schienen aus dem Häuschen zu sein. Nur ich war skeptisch. Ich hatte eher von einem Dreiseiten-Hof geträumt. Ein Haus am Wasser, im Alten Land. Aber ein Schloss in Sachsen, auf dem Dorf?

Nach der Besichtigung saßen wir abends bei Arno und Dani in der Wohnung und sortierten unsere Eindrücke.

Dave war supergut gelaunt. »Und?«, fragte er. Alle schienen sich einig. Die Stimmung war gut. Ganz abgeneigt war ich auch nicht mehr. Es brauchte einfach viel Fantasie, um sich den Ort in der Zukunft auszumalen. In meiner Vorstellung sah ich ihn schon blühen und ich begann, mich auf das zu freuen, was noch nicht war. So legten wir unsere Vorhaben gemeinsam an jenem späten Abend in Gottes Hand.

»Wenn ihr bereit seid, bin ich es auch«, so ähnlich hatte Dave es gesagt.

Jedenfalls bot er uns am nächsten Morgen an, das Schloss zu kaufen. Wir dürften darin wohnen, es verwalten und gestalten. Es war unglaublich.

SABINES WOHNZIMMER

»Wandelt mit den Füßen auf der Erde, aber wohnt mit dem Herzen im Himmel.«

– Don Bosco[47]

Ein Freund hatte uns miteinander bekannt gemacht. In Sabines Wohnzimmer lag ein großer Teppich mit Blumenmustern in Rot und Blau. Auf einem runden Holztisch stand ein Glas mit Rosen und Teetassen. Über einem abgesessenen Sofa hing das Gemälde »Der Sämann« von van Gogh. Es fiel mir auf, weil ich es aus dem

Haus meiner Eltern kannte. Schon als Jugendliche hatte dieses Bild eine besondere Bedeutung für mich. Des Öfteren hatte ich über das Gleichnis vom Sämann nachgedacht – wie das kleine Senfkorn zu einem großen Gewächs wird, wenn es nur auf guten Boden fällt. Die Atmosphäre in Sabine Balls Zimmer war verwandt mit dem warmen und persönlichen Stil meines Elternhauses.

Ich besuchte Sabine einige Male und mit jedem Mal verstanden wir uns besser. Einmal saßen wir in ihrer kleinen Küche zusammen vor dem Backofen, in dem ein Hühnchen brutzelte. Auf dem Herd köchelte Gemüse. Obwohl sie ständig unterwegs war, hatte sie auch etwas sehr Häusliches. Wir sprachen über alles Mögliche, vornehmlich über Kinder, denn ich war zum ersten Mal schwanger. Sabine freute sich riesig auf das neue Leben und machte mir Mut, noch mehr Kinder in die Welt zu setzen.

Sie selbst war schon über achtzig und noch quietschfidel. Ihre Augen hatten etwas Strahlendes. *»Man trägt ja alle Alter in sich«*, hatte Astrid Lindgren gesagt. *»Manchmal schaut das eine hervor, manchmal das andere.«* [48] Sabines Herz war jung, und Pläne zu schmieden war ihr Hobby. Sie träumte von einer Verschönerung der Gefängnisse – mehr Blumen statt Beton. Die Fernseher auf den Zimmern wollte sie gegen Hörspiele tauschen, mit Mut machenden Versen, die über kleine Lautsprecher in die Zellen zu den Jugendlichen dringen sollten. Sie war viel unterwegs zu Vorträgen und hatte dem Rapper Bushido einen großmütterlichen Liebesbrief geschrieben, den sie mir vorlas. Sie brachte die Liebe Gottes zu den Menschen, wo sie nur konnte.

Wir brachen noch zu einer gemeinsamen Kurzreise auf. Mein Bauch war dick und rund und ich fühlte mich zu nichts mehr in der Lage. Aber ich wollte Sabine unbedingt zu ihrer Talkshow nach Köln begleiten. Als ich sie mit dem Auto vor ihrer Wohnung abholte, war sie nicht gut drauf. Missmutig stieg sie in meinen Wagen und sagte trocken: »Du bist zu spät!«

Ich wollte ihr nicht widersprechen, obwohl ich pünktlich war. Also schwiegen wir uns an. Ich fuhr und sie guckte aus dem Fenster. Und irgendwie war ich froh neben einer Frau zu sitzen, die wie ich ihre Macken und Kanten hatte – denn man hätte sie auch für eine Heilige halten können. Einige nannten sie »Die Mutter Teresa von Dresden«. Doch selbst Heilige straucheln. »*Tutti i santi hanno i loro difetti*«, der italienische Volksmund sagte es schon: »Alle Heiligen haben auch Fehler.« Sie sah schön aus, in ihrer schlichten, nonnenartigen Tracht. Ihre Lippen waren rot geschminkt, passend zu der Brosche – einer Rose, die sie am Tab-Kollar-Kragen ihrer Bluse befestigt hatte. Bald lächelte sie schon wieder und die muffige Wolke war verpufft.

Am Flughafen machten wir es uns auf einer Bank in der Abflughalle bequem. Ich holte uns einen Kaffee und mir eine Zeitschrift. Sabine kramte in ihrer Handtasche, während ich über die Schlagzeilen meines Magazins huschte. Sie hatte eine Bibel hervorgeholt, legte sie auf ihren Schoß und begann darin zu lesen. Hin und wieder machte sie eine kleine Pause, schloss dabei die Augen und atmete tief und ruhig, als würde sie sich auf etwas ausrichten. Sabine war längst mit ihrem Kopf über den Wolken, während ich im Klatsch und Tratsch versank. Sabine ruhte in sich. Ihr sanfter Duft passte zu ihren weichen Gesichtszügen und es tat gut, in ihrer Nähe zu sein. Nach einer Weile legte ich die Zeitschrift beiseite und zog meine eigene Bibel aus dem vollgestopften Rucksack. Schon, als ich den ersten Satz überflog, ließ meine Zerstreuung nach. Ruhe kehrte ein.

In Köln ging es rasant zu. Der Taxifahrer, der uns ins Hotel fuhr, schüttete uns sein Herz aus – denn Sabine hatte eine so schöne Art, Fragen zu stellen. Angenehme, persönliche Fragen, die häufig in tiefen Gesprächen mündeten. Die ganze Zeit über trafen wir Menschen, die sich uns im Nu öffneten.

Auf dem Rückweg zum Flughafen bat uns der Taxifahrer noch, für ihn und seine Familie zu beten.

Wie Sabine die Menschen wahrnahm und ihnen begegnete, ging mir nah. In der Dönerbude genauso wie in der Fernsehshow. Sie entdeckte das Wesentliche in den Menschen, weil sie mit liebenden Augen sah. Es war so unkompliziert, mit ihr unterwegs zu sein – permanent lernte ich von ihr.

In ihrer Biografie, die sie mir mit einer Widmung schenkte, schrieb sie: »Gott ist Liebe!«

Kurz bevor unser Flugzeug wieder in Dresden landete, sagte sie mir, dass es ihrem Herzen nicht gut ginge und wie gut ich es hätte, dass jemand wie Stevi mich gleich abholen würde, um mit mir nach Hause zu gehen. Obwohl Sabine von vielen geliebt wurde, wusste ich um ihre Einsamkeit.

Keine zwei Jahre später starb Sabine. Zu ihrer Beerdigung kamen viele Menschen aus allen Gesellschaftsschichten. Greise und Kinder warfen Rosenblätter auf ihren Sarg, während ein Cello erklang. Punks und Obdachlose, Pfarrer und Juristen standen an ihrem Grab, um ihr ein letztes Danke zu sagen.

Auf dem Nachttisch ihres Bettes, in dem sie friedlich eingeschlafen war, lag die Lektüre, die ich ihr bei einer unserer ersten Begegnungen geschenkt hatte: »Der Weg dem Lamme nach« von Georg Steinberger.

EINZUG IN EIN SCHLOSS

»Obwohl der Same des Gottesreiches klein, unsichtbar und zuweilen unbedeutsam ist, wächst er in aller Stille dank des unaufhörlichen Wirkens Gottes.«

– Papst Franziskus[49]

Ein neuer Morgen brach an. Es war im Winter und überall lag Schnee. Das Schloss sah aus, als wäre es einem Märchen entsprungen. Alle Fenster waren erleuchtet, als wir mit unserem Umzugswagen durch den Torbogen kamen. Wir durften die Ersten sein, die die alten Gemäuer belebten. Die anderen Familien würden drei Monate später einziehen. Uns wurde buchstäblich der gusseiserne Schlüssel zum Schloss anvertraut, der uns die Tür zu diesem Traum öffnete.

Nicht nur die Luft war schwanger mit neuen Ideen, sondern wir erwarteten auch unser erstes Kind. Mit drei Familien und einem Single gründeten wir eine Lebensgemeinschaft. Es gab kein ausgeklügeltes Konzept, wir lebten einfach zusammen. Unser Wunsch war es, aus gewöhnlichen Lebensformen herauszutreten, um mehr Zeit mit Kreativem zu verbringen. Die Gründung der Künstlerkommunität war zuallererst die einfache Sehnsucht nach einem Zuhause zum Teilen.

* * *

Arno richtete sein Tonstudio im Hinterhof-Gebäude des Schlosses ein und Stevi und ich wurden zum ersten Mal Eltern. Eine weitere Familie zog auf das Schloss und es gab vom ersten Tag unseres Einzugs viel Besuch. Auf einen Kaffee nach einem Spaziergang, zu einem Kurzurlaub oder für eine Musikaufnahme im Studio. Unsere kleine Gemeinschaft hatte alle Hände voll zu tun. Mehr Familien kamen hinzu und mit ihnen auch mehr Kinder.

Wir kümmerten uns mit der Hilfe von Handwerkern um die Sanierung des Schlossgebäudes, den Ausbau des Tonstudios und der anliegenden Pferdeställe. Wir richteten die Gästezimmer ein, versuchten, den Garten zu pflegen, und organisierten Musikfestivals und Seminare. Es war immer etwas in Bewegung. Im Innenhof saßen Musikerinnen und Musiker, die in der Sonne Kaffee schlürften, bevor die nächste Studiosession startete. Im Sandkasten spielten die runden Babys mit Kuchenförmchen, während Mamas und Papas mit den Musikerinnen und Musikern Kaffee tranken. Im kleinen Saal saß jemand am Flügel und ließ die Tür weit offen stehen, sodass alle von der Musik beflügelt wurden. An der Bar stand Arno am Hahn und zapfte Bier. Er lud Mamas, Papas, Musikerinnen und Musiker sowie das gesamte Studioteam auf ein Helles ein.

Gottesdienste, Familienfeste und Hochzeiten fanden im Schloss und im anliegenden Garten statt. Unsere Kommunität wurde größer und wir waren enger zusammengerückt. Mit fünf Familien lebten wir nun in Schlosswohnungen und ausgebauten Pferdeställen. Wir entdeckten, wie wertvoll das Gemeinschaftsleben in all den bunten und manchmal auch tristen Farben sein konnte.

Die Gästezimmer waren gut gebucht, spannende Bands kamen ins Studio und in der Schlossbar spielten Songwriter gemütliche Konzerte – bei Wein und Kerzenschein. Leute aus dem Dorf besuchten die Konzerte und wir lernten uns alle immer besser kennen. Irgendwann dachten wir darüber nach, mehr Menschen in unsere Gemeinschaft aufzunehmen. Für Gäste hatten wir die ehemaligen Hotelzimmer, doch für noch mehr Menschen, die langfristig bei uns leben wollten, gab es keinen Platz mehr. Glücklicherweise fand sich im Ensemble des Schlosses das ehemalige Verwaltungsgebäude, mit dem Potenzial für sechs weitere Familien.

GEMEINSCHAFTSLEBEN

Abends, als die Kleinen schliefen, trafen sich die Großen draußen am Feuer und redeten über ihren Tag. Der Himmel war an manchen dieser Nächte sternenklar und manchmal war er dunkel.

Hin und wieder hätte ich mich gerne davongestohlen, um zwischenmenschlichen Konflikten zu entgehen. Denn mit Wachstum und Nähe kamen auch Enge und Reibung. Es konnte Streit um die einfachsten Dinge geben. Wenn zwei Parteien uneinig waren, spürten das auch alle anderen. Genauso wie es alle spürten, wenn Freude und Herzlichkeit regierten.

Das Gemeinschaftsleben war eine Berg- und Talfahrt. Auch schwere Zeiten gehörten dazu. Wir mussten erfahren, dass eine gesunde Gemeinschaft nicht ohne verantwortungsvolle Leitung funktionieren kann. Diese Erkenntnis läutete einen anhaltenden Lernprozess für uns ein. Eine Charakterschule, der auch ich mich stellen wollte. Im weiteren Verlauf ergänzten geistliche Begleitung der Einzelnen und Supervision des Leitungsteams diesen Prozess.

Das gemeinschaftliche Leben ist wie eine Großfamilie, in der einander zu achten, wahrzunehmen und liebzuhaben das Wichtigste ist – auch in stürmischen Zeiten. Um miteinander zu wachsen und bei Kräften zu bleiben, braucht es aber auch Raum und Zeit für das eigene Wachstum. Eine gesunde Distanz bewirkt, dass Aufgewühltes heilen kann und Unentdecktes zum Vorschein kommt. Wie ein Maler, der immer wieder von seinem Gemälde zurücktritt, um Farben und Formen neu zu erkennen.

Das Schönste am Gemeinschaftsleben entdeckten wir, wenn unsere Fähigkeiten und Begabungen zu einem Ganzen zusammenflossen – wenn wir Konzerte organisierten, uns um Bedürftige kümmerten oder Seminare veranstalteten. Dann blühten wir.

Im Spätsommer 2022 konnten wir fünf weitere Familie in unsere Gemeinschaft aufnehmen und verdoppelten uns damit.

HOPPE HOPPE REITER

Eddie Vedder sagte einmal in einem Interview: »*People say: ›How does having kids change your writing? Do you see the world through their eyes?‹ No – you just become a faster songwriter …*«[50] In der Kleinkind- und Babyphase unserer beiden Kinder hatte ich für kaum etwas anderes mehr Zeit als für diese Kostbarkeiten.

Zweieinhalb Jahre nach unserer Tochter wurde unser Sohn Fjodor Isai geboren. Die besten Liedideen in dieser Zeit entstanden im Kinderzimmer. Sie kamen ungeplant, in Momenten, in denen ich nichts Geistreiches erwartete. Ich schrieb sogar mehr als in den Jahren, bevor wir Eltern waren. Unsere Kinder brachten die schönen Eigenschaften, die in mir steckten, noch viel mehr hervor. Natürlich brachten sie auch meine unangenehmen Seiten aufs Tablett. Das ging manchmal ganz schön ins Eingemachte.

Ohne Umwege flossen simple Melodien und Texte aufs Papier und bereiteten meinen Kindern und mir großen Spaß. Songs wie »Hoppe Hoppe Reiter«, nur auf Englisch und um einiges schneller.

RAMBLING PATH[51]

When I go I just go nowhere
Without a map without a clue
Too many thoughts get in my way
I just stay another day

Without a story in my bag
Without a song or something strong
Nothing to share nothing to count on
Leave my troubled mind behind
I just go with the western sky
I just go with the western sky

And there's a voice calling my name
From far across the ocean
It all seems way too insane
And it feels like nothing but rain

But somehow now the time has come
It's a quick and dazzling going
To a place that I don't know
and when I go I go alone

Without a story in my bag
Without a song or something strong
Nothing to share nothing to count on
I leave my troubled mind behind
I just go with the western sky
I just go with the western sky

Frei von musikalischen Verpflichtungen zu sein, war ein eigenartiges Gefühl. Alles lag offen vor mir und ich hatte überhaupt keinen Plan.

In der jahrelangen Zusammenarbeit mit Management und Plattenfirmen ging ich Kompromisse ein. Jedes Lied, das ich schrieb, jedes Album, das ich aufnahm, jeder Release, jede Tour mussten abgesprochen werden.

Ich war mir während dieser Zeit nicht untreu, aber irgendwie fremd geworden. Ich begann, mich wieder ganz neu auf die Suche nach meinen musikalischen Wurzeln zu begeben. Das Vertrauen in meine Musikalität stand auf wackeligen Beinen. Die Suche nach meinem Sound hatte viel mit der Suche nach mir selbst zu tun: *Warum mache ich immer noch Musik? Und für wen?* Ich hatte mich weiterentwickelt, aber fühlte mich noch nicht angekommen: *Ist es überhaupt möglich, jemals anzukommen?*

HÖHENFLUG

Im Flieger, hoch über den Wolken, als die Häuser langsam unter uns verschwanden, kehrte ich nochmal in Gedanken zum gestrigen Konzert zurück.

Wie Michael C. Duncan in der Verfilmung »The Green Mile« hatte er ausgesehen. In seinem blauen Overall war er mir zwischen den anderen Männern im Saal aufgefallen. Mit trommelartigen Schlägen hatte er seine breiten Hände im Rhythmus meines Songs auf seine Knie fallen lassen und dem Lied damit einen gehörigen Energieschub verpasst. Bald war der Beat in synkopenhaften Wirbeln, wie das Prasseln von Regen, auf das Stuhlpolster niedergegangen. Die anderen Insassen hatten sich nicht mehr auf ihren Stühlen halten können, waren aufgesprungen und hatten sich johlend und klatschend der Musik ergeben. Das Konzert hatte irre an Fahrt aufgenommen und die Stimmung war zum Abheben gewesen.

Die meisten Männer mussten lange Haftstrafen absitzen.

In diesem Gefängnis hatte ich nun schon zum dritten Mal gespielt und jedes Mal war es ein Freudiges Wiedersehen gewesen. Obwohl ich mir natürlich für die Männer gewünscht hätte, sie an einem anderen Ort wiederzutreffen.

Einer meiner Lieblingshäftlinge war der Küchenmann. Er war schon sehr viele Jahre in Haft und ihm war anzumerken, dass er versuchte, das Beste aus seiner Zeit zu machen. Nicht nur zauberte er den leckersten Butterkuchen, sondern er war auch sonst ganz zuckersüß – milde und freundlich. Ein gebrochener Mann, der eine faszinierende Ruhe ausstrahlte und nicht um sich selbst kreiste, sondern anderen diente.

So, wie der große, kräftige Mann, der meinem Song das Feuer gegeben hatte, blieb auch er in meiner Erinnerung.

* * *

Nach dem Gefängniskonzert war die Reise nahtlos weitergegangen. Meine Musiker hatten mich in den nächsten Bus zum Flughafen gesetzt.

Diesmal begleitete ich meine Schwester Rebekka in die Elendsviertel von Rumänien. Dort würde ich staunen, mit welcher Hingabe sie sich um die Roma-Kinder kümmerte und welch wundervolle Arbeit unter ihrer Obhut, inmitten von bitterster Armut, entstanden war. Allein war sie ins Land gegangen und hatte über Jahre die Arbeit aufgebaut. Inzwischen von einem Team unterstützt, konnte ihre Arbeit wachsen. Das »Regenbogenhaus« ist wie ein sicherer Hafen für Kinder, die Ablehnung und Gewalt erleben. Das »Lichthaus«, eine Schule, in der die ärmsten Kinder Bildung und Wertschätzung erhalten. Mit meiner Fotokamera würde ich die Projekte und Hausbesuche von *Open Hands Charity* dokumentieren und froh darüber sein, meine Tränen hinter der Linse verbergen zu können.

NEUES INSTRUMENT

»Jedes Gedicht, das dich berührt, ist wie ein Ruf,
der eine Reaktion erfordert,
und man möchte mit seiner eigenen
Geschichte antworten.«
– Leonard Cohen[52]

Der Geruch von Holz und Handarbeit stieg mir in die Nase. Erwartungsvoll öffnete ich das schwere, längliche Paket, das lange beim Zoll gelegen hatte. Es war das Geschenk eines Freundes aus Kanada.

Auftritte in Häusern und Cafés oder bei kleinen Sommerfestivals am Okanagan Lake hatten mir die kanadische Kultur noch nähergebracht. Die Musik von Neil Young, Gordon Lightfood und Leonard Cohen begleitete mich schon viele Jahre. In diesem freien, von Bergen und Wäldern durchzogenen Land, wo Bären die Straßen überquerten. Unweit der Küste fühlte ich mich heimisch und auf sonderbare Weise frei. Das Zusammenkommen mit anderen Musikerinnen und Musikern im sogenannten »Songwriter's Circle«, bei dem wir im kleinen Kreis unsere Liedfragmente – fertige und unfertige Ideen – teilten, ermutigte mich in meinen künstlerischen Prozessen.

Das Geschenk meines Freundes war eine Sonderanfertigung aus einer altehrwürdigen Gitarrenfabrik – in Form und Farbe für mich gemacht. Ich konnte mein Glück zuerst nicht begreifen. Erst, als ich die Gitarre in den Händen hielt und Töne erklingen ließ, wurde es greifbar. Beflügelt von diesem handgearbeiteten Unikat, würde ich noch viele Lieder schreiben.

REHAKLINIK

»Musik macht das Herz weich. Ganz still und ohne Gewalt macht sie die Tür zur Seele auf.«

– Sophie Scholl[53]

Es war eine Nacht voller Überraschungen.

Eine von ihnen war ein Mann mit weißem Schnauzbart und tiefliegenden Augen, der auf meiner Gitarre zupfte, nachdem ich meine Lieder beendet hatte. Die Zuhörenden blieben noch für eine weitere Stunde, nur um diesem Mann ihr Ohr zu schenken. Einem deutschen Balladeer, einem feinen Geist der 68er-Bewegung, der sein Auto für eine Gitarre verkauft hatte. Musik bedeutete ihm die Welt, doch um über die Runden zu kommen, verbrachte er seine Tage mit anderen Arbeiten. Fortwährende Rückschläge hatten dem sensiblen Gemüt so zugesetzt, dass er versuchte, mithilfe von Suchtmitteln zur Ruhe zu finden.

Niemand der Anwesenden kannte ihn. Er war einer von den Patienten der Rehaklinik, die sehr zurückgezogen waren.

Etwa vierzig Personen waren gekommen, um mein Konzert im Speisesaal zu besuchen. Wir saßen in Stuhlreihen beisammen. Ich spielte unverstärkt und erzählte kleine Episoden aus meinem Leben, und hoffte, dass auch andere etwas von sich mitteilen würden.

Ein junger Patient mit Baseballcap nahm zurückhaltend meine Gitarre und spielte im Anschluss an mein Konzert ein selbstgeschriebenes Lied. Er war schon beim Soundcheck ganz interessiert an meinem Instrument gewesen und wir hatten uns gut unterhalten. Sein Lied fand so großen Anklang, dass er noch ein weiteres sang. Von seiner anfänglichen Schüchternheit war nichts mehr zu spüren, er guckte die Leute im Saal nun viel bewusster an und versteckte die Augen nicht mehr unter seiner Kappe.

Unsere Musik brachte die Leute zusammen. Sie öffneten sich füreinander, sodass viele von ihnen über ihre Lebensumstände sprachen und auch tiefe Einblicke in ihr Inneres zuließen.

Der hagere Mann mit dem Schnauzbart war ein stiller Beobachter. Es fiel mir schwer, sein Gesicht zu lesen, und trotzdem schien es, als würde sein Geist die Schönheit unserer gemeinschaftlichen Stunde behutsam aufnehmen.

»Dich sieht man ja nicht oft!«, brach es aus seinem direkten Sitznachbarn hervor. Nun waren alle Augen auf ihn gerichtet. Auch ich war gespannt auf seine Reaktion.

Der Mann betrachtete seinen Nachbarn, dann blickte er kurz auf den Boden und räusperte sich. »Ja, ich bin gerne für mich«, gab er zur Antwort und fügte hinzu: »In meinem Zimmer, mit meinen Büchern.«

Wir kamen ins Gespräch, ich stellte ihm Fragen und er erzählte. Er redete so schön wie ein Dichter. Ich hing an seinen Lippen. Als ich ihn bat, ein Lied für uns zu singen, zögerte er nicht lange.

Er hatte eine angenehme, warme Stimme, die zu märchenhaften Waldlichtungen, Rehkitzen und Faunen entführte. Er bediente die alte Liedermachertradition und erinnerte mich deshalb an Wolf Biermann oder Gerhard Schöne, nur, dass sein Gesang viel zerbrechlicher wirkte.

Beim Abschied lud ich den grazilen Herrn in unsere Künstlerkommunität ins Tonstudio ein. »Wir müssen unbedingt deine Songs aufnehmen! Ruf mich an, wenn du deine Reha beendet hast«, sagte ich und schrieb ihm meine Nummer auf. Er erwiderte mit einem Augenzwinkern: »Ok! Ich werde gleich am Montag meine Reha abbrechen.«

Zu meinem vierzigsten Geburtstag sang er für mich noch einmal das Lied vom Rehkitz, kurz bevor er starb. Die Aufnahmen in unserem Studio konnten wir leider nicht mehr verwirklichen.

DER GROSSE MANN

»Ich liebe, das heißt, ich will, dass du bist.«

– Augustinus

Es war an einem Herbstmorgen, nachdem ich meine Tochter zur Schule gebracht hatte. Draußen war es noch frisch und Tau benetzte die Wiesen vor der Elbe, an deren Ufer ich an diesem Morgen spazieren ging. Ich lief eine gute Stunde und genoss die Ruhe. Die Stille tat gut, kaum eine Menschenseele war zu sehen.

Gerade wollte ich die Seitenstraße zu meinem Auto passieren, als ich in der Nische einer alten Mauer ein Bündel auf einer Bank liegen sah. Beim Näherkommen konnte ich einen großen schwarzen Haufen erkennen. Dort auf der Bank unter einer schwarzen Jacke lag jemand und schien zu schlafen. Die Jacke bedeckte die Person von Kopf bis Fuß. Es war kalt: *Soll ich sie schlafen lassen? Oder will Gott mich mal wieder unterbrechen?*

Ich wusste, dass es falsch wäre, einfach weiterzugehen. Also tippte ich auf den schwarzen Haufen und fragte: »Hallo? Ist jemand da?« Keine Regung. Ich versuchte es noch einmal mit einem »Hallo, möchtest du einen Kaffee?«. Ein Räuspern und Husten unter der Jacke. Eine umständliche Bewegung. Ein rabenschwarzer Haarschopf. Dann ein bärtiges, verschlafenes Gesicht. »Willst du Kaffee?«, fragte ich wieder. »*Oui, oui!*«, kam es zurück.

Nun saß er benommen vor mir. Ein großer, dunkel gekleideter Mann. Die Haare hingen ihm wild über die Augen. Seine Hände und seine Kleidung waren schmutzig. Er trug durchlöcherte Schuhe, seine Hose war ihm heruntergerutscht. Völlig durcheinander stand er auf und bedeckte sich mit seiner Jacke.

»Hast du Hunger?«, fragte ich ihn. Er schien mich nicht zu verstehen, doch das Wort Kaffee verstand er. »Komm«, sagte ich, »wir gehen Kaffee trinken und was essen!«

Er nickte scheu und gemeinsam liefen wir zum Bäcker. Der Weg war länger, als ich vermutet hatte. Ich versuchte die Zeit zu nutzen, um ein paar Informationen von ihm zu ergattern. Doch er sprach weder Deutsch noch Englisch. Bruchstückartig erfuhr ich, dass er aus Marokko kam und weder Aufenthaltsgenehmigung noch einen Pass besaß. Er wirkte traumatisiert, stand vielleicht unter Drogen und war obdachlos. Die Leute, die uns auf dem Gehweg entgegenkamen, guckten irritiert. Da erst realisierte ich, dass ich mit einem hünenhaften Fremdling unterwegs war.

Als der Riese mir beim Bäcker gegenübersaß, hungrig zwei üppig belegte Semmeln herunterschlang und verwirrt viel zu viel Zucker in seinen Kaffee schüttete, hörte ich in mir die Worte von Jesus: *»(…) was ihr einem dieser meiner geringsten Brüder getan habt, habt ihr mir getan«* (Matthäus 25,40; ELB). Da war sie wieder, diese pulsierende Liebe. Sie war so stark, dass ich jeden Augenblick genoss, den ich mit diesem Mann am Tisch sitzen durfte. Während ich den Mann anschaute und in ihm Jesus sah, kam mir der Gedanke, ihn mit zu uns aufs Schloss zu nehmen. Schließlich gab es dort jede Menge Zimmer und wir hatten immer gesagt, dass das Schloss ein Ort zum Teilen sei.

Eine warme Dusche, ein Mittagessen und ein paar Stunden Schlaf würden ihm sicherlich guttun. Ich würde jetzt nach Hause und später wieder zur Schule fahren, um unsere Kinder abzuholen. Auf dem Weg könnte ich ihn zur Bushaltestelle bringen. Ich bestellte zwei weitere Tassen Kaffee und rief Stevi an. Nachdem ich ihm erzählt hatte, was los war, fragte ich, ob ich den Marokkaner mitbringen dürfe. Stevi kannte mich. Manchmal war ich zu emotional, dann fiel es mir schwer, Grenzen zu setzen. Doch Stevi war einverstanden.

Der Mann und ich machten uns auf den Weg. Kurz bevor er zu mir ins Auto einstieg, kam mir der Gedanke: *Was ist, wenn er dich übermannt? Er ist riesig!* Sogleich musste ich daran denken, was Sabine Ball mir einmal erzählt hatte. In der Zeit, in der sie in Amerika lebte, war sie dort irgendwo in der Pampa einem Fremden begegnet, der nicht gerade freundlich ausgeschaut und nach Bier gerochen hatte. Trotzdem hatte sie ihn in ihrem Wagen mitgenommen, einfach, weil sie das Empfinden gehabt hatte, dass es richtig war. Genauso ging es mir in diesem Moment auch.

KÖNIGSSOHN

Während der Autofahrt hörten wir leise Musik. Es war eine friedliche Stimmung. Der Mann lehnte mit seinem Kopf am Fenster und schien die Landschaft, die an uns vorüberflog, zu genießen. Vor dem Schloss angekommen, guckte der Mann mich mit großen Augen an.

»Komm!«, sagte ich und führte ihn hinein. Das Treppenhaus war hell erleuchtet. Wir gingen die breite, mit rotem Teppich ausgelegte Treppe hinauf bis zum Flur, wo die Gästezimmer lagen. Auf dem langen Gang vor den Zimmern kam uns Stevi fröhlich pfeifend mit einem Putzeimer entgegen und sagte: »Willkommen! Ich habe das schönste Zimmer für dich ausgesucht und gerade saubergemacht.« Tatsächlich, das Doppelbett im schottischen Zimmer war frisch bezogen. In den Raum wehte ein sanfter Wind durch das offene Fenster.

Mir fiel ein, dass Stevie noch gute Klamotten hatte, die in irgendwelchen Kisten verstaut waren. Markenkleidung aus dem Laden meiner Eltern. Eine Levi's-Hose und ein Kapuzen-Sweat von Carhartt. Diese beiden Kleidungsstücke kamen mir in den Sinn, obwohl wir noch haufenweise anderer Klamotten übrig hatten. Der große Mann saß in seinen zerlumpten Kleidern auf einem fürstlichen Sessel und blickte um sich. Wie ein Königssohn sah er aus.

»Darf ich dir die Schuhe ausziehen?«, hörte ich mich sagen. Ich kniete mich vor ihn hin und zog ihm seine feuchten Turnschuhe aus. Der Geruch von fauligen Eiern schoss mir in die Nase, doch es ekelte mich nicht. Die Füße des Mannes waren voller offener Wunden. Vorsichtig half ich ihm, sich von den verklebten Socken zu befreien.

Stevi erklärte ihm, wie er warm duschen könne, und ich kochte schnell ein warmes Mittagessen. Sein Hunger war immer noch groß. Er verspeiste zwei große Portionen Pasta.

Als ich ein paar Stunden später an seine Tür klopfte, fand ich ihn ausgeschlafen und geduscht vor. In der frischen Kleidung sah er aus wie ein neuer Mensch. Stevis Sweatshirt und seine Hose waren wie auf ihn zugeschnitten. Er schaute an sich herunter, lächelte über das ganze Gesicht und sagte: »Ich gut, ich gut!« Mit einem Rucksack voll Proviant für seine weitere Reise brachte ich unseren Gast zur Bushaltestelle. Er winkte mir noch lange nach und strahlte dabei wie ein Honigkuchenpferd.

MARIA

»Wir müssen bereit werden, uns von Gott unterbrechen zu lassen.«
– Dietrich Bonhoeffer[54]

Geld gebe ich fast nie und an vielen Menschen gehe ich vorbei. Denn ich habe nicht immer die Kraft, Laune oder Zeit, mich bedürftigen Menschen zuzuwenden.

Maria aus Moldawien sah ich morgens in der Essener Fußgängerzone Geld sammeln. Am Abend zuvor hatte ich ein Konzert in der Stadt gespielt und war schon früh unterwegs, um meinen Gedanken nachzugehen.

Sie saß in eine dünne Decke gehüllt an der Straßenecke. Es regnete leicht. Der Wind pfiff kalt durch die Einkaufspassage. Maria rieb ihre Hände aneinander, als ich mit einem warmen Coffee-To-go-Becher an ihr vorbeilief, um gegenüber beim Biobäcker einzukehren. Ich blieb kurz vor ihr stehen und hockte mich zu ihr: »Wie heißt du?«, fragte ich die Frau, die etwa in meinem Alter war.

»Maria«, lächelte sie.

»Möchtest du Kaffee oder Tee?«, fragte ich sie.

Sie trank Tee mit Milch und viel Zucker. Wir hockten nun gemeinsam auf dem Boden und redeten miteinander. Maria wohnte eigentlich in Moldawien, dort lebten auch ihre Kinder, die bei ihrer alten Mutter waren und auf sie warteten. Regelmäßig fuhr Maria mit dem Bus nach Deutschland, um Geld für ihre Familie zu erbetteln. Zu Hause lebten sie bitterarm, weil es keine Arbeit für sie gab und ihr Mann gestorben war. Die spärliche Wohnung, die sie mit ihrer Mutter und ihren Kindern bewohnte, konnte sie nur schwer bezahlen. Und wovon sollte sie ihre Kinder ernähren? Darum bettelte sie – Tag für Tag, bei Wind und Regen.

Wir saßen nebeneinander und blickten uns lange in die Augen. Etwas verband uns. Ich fragte sie nach Jesus. Sie zeigte zum Himmel und wiederholte: »Jesus.« Wir hielten einander die Hände und segneten uns.

Als Maria und ich füreinander beteten, wusste ich, dass ich ihr mehr als eine Umarmung geben wollte. Ich lief zum Bankautomaten und gab ihr Geld für die Miete ihrer Wohnung in Moldawien und für ein Busticket nach Hause. Ob sie das Geld nach Moldawien brachte und ob ihre Geschichte wahr ist, weiß nur Gott.

Vor und nach meiner Begegnung mit Maria traf ich mindestens drei weitere Marias, die auf der Straße bettelten. Jede von ihnen faltete die Hände, zeigte auf Herz und Himmel und sprach in gebrochenem Deutsch von Jesus.

BLUME AM WEGRAND

»Die Kunst gehört keinem Land, sie stammt vom Himmel.«
– Michelangelo

Über dem Krankenhausgelände lag eine eigenartige Stimmung. Der Himmel war an diesem Tag wolkenbehangen. Verloren stand sie im Flur der Klinik. Wie ein Geist schwebte die junge Frau durch die Gänge, so leicht war sie. Ihr Gesicht war jung und schön, obgleich ihre unruhigen Augen davon ablenkten. Mein Musiker und ich irrten in den Gängen umher. Wir hatten uns verlaufen, auf der Suche nach unserem Konzertraum.

»Wir geben hier heute Abend ein Konzert. Kannst du uns sagen, wo es langgeht?«, fragte ich sie.

Das Mädchen zeigte abwesend mit ihrer schmalen Hand Richtung Fenster. »In der Kapelle, wahrscheinlich«, sagte sie kaum hörbar. Sie schien stark unter Medikamenten zu stehen.

»Danke. Kommst du auch heute Abend? Ich würde mich freuen«, versuchte ich sie zu ermuntern. Ihr Nicken wirkte unentschlossen.

Im strömenden Regen liefen mein Cellist und ich um das renovierte Hospiz zu der verwunschenen Kapelle. Als wir den Kirchenraum betraten, fiel mein Blick auf ein kleines Harmonium. Stühle standen schon in Reihen für den Abend vorbereitet. Mein Musiker hatte das Instrument auch entdeckt und begann auf ihm zu spielen. Ein warmer Klang breitete sich aus. Ich nahm meine Gitarre und wir begannen in Vorbereitung auf den Abend, über den Ort und die Menschen zu singen. Die anfänglich schwere Atmosphäre lichtete sich. Sonnenstrahlen fielen durch die bunten Kirchenfenster und malten Farben an die Wände. Für den Abend wünschte ich mir Hoffnung, besonders für die Patienten der psychiatrischen Einrichtung.

Die Plätze auf den Stühlen wurden schnell von außenstehenden Gästen belegt, sodass die Patientinnen und Patienten der Klinik ganz hinten an der Wand stehen mussten. Der Frieden im Raum hielt an. Ich sang und schloss die Augen, um mich ganz auf Gottes Gegenwart einzulassen. Die tief gestrichenen Töne des Cellos klangen mächtig. Kraftvoll unterstrichen sie die Worte, die ich sang: *»Von Ewigkeit zu Ewigkeit bist du Liebe! Von Ewigkeit zu Ewigkeit bist du Liebe!«* [55]

Still lauschte das Publikum unserer Musik. Dann hörte ich eine zweite Stimme, die meine Worte mitsang. Zunächst vermutete ich eine Reflexion meiner eigenen Stimme – ein Echo von der gegenüberliegenden Wand. Doch das Echo hatte einen anderen Klang. Ich suchte im Raum nach der engelsgleichen Stimme und fühlte mich schon ganz entrückt, als ich das Gesicht des Mädchens, das mir im Flur begegnet war, entdeckte. Es war von der Wand hervorgetreten und schaute über die Zuhörenden hinweg, direkt in meine Augen. *»Von Ewigkeit zu Ewigkeit bist du Liebe! Von Ewigkeit zu Ewigkeit bist du Liebe!«*, sang sie mit gotterfüllter Stimme. So verloren sie noch am Nachmittag gewirkt hatte, stand sie nun aufrecht und voller Kraft da.

Ein paar Jahre später erhielt ich einen Brief von ihr, in dem sie mir schrieb, dass ihr die Musik an diesem Abend so viel Hoffnung gegeben hatte, dass sie den Mut aufbringen konnte, ihr Leben wieder selbst in die Hand zu nehmen. Sie sei jetzt eine glückliche Frau.

BEFORE THE MOUNTAINS[56]

Before the mountains were born
You brought forth the earth and the world

For a thousand years in your sight
Are like a day that has just gone by
Or like a guard in the night

From everlasting to everlasting
From everlasting to everlasting
You are love

You sweep men away in the sleep of death
They are like the new grass in the morning
In the morning

Though in the morning it springs up new
By evening it is dry and withered

You turn men back to dust
You turn men back to dust
Return to dust oh son of men
Return to dust

From everlasting to everlasting
From everlasting to everlasting
You are god

Teach me to number my day aright
That I might gain a heart of wisdom
Establish the work of my hands
Establish my work through your hands

U-BAHN BERLIN

Es war schon nach Mitternacht. Die Straßenlaternen leuchteten in mattem Gelb, als meine Freundin und ich durch Berlin eilten, um unsere Bahn zu erwischen. Die Rolltreppen waren bereits außer Betrieb. Wir rannten die Stufen zur Untergrundbahn hinunter, um festzustellen, dass uns doch noch ein paar Minuten blieben.

Müde fläzten wir uns auf eine Bank und streckten die Beine aus. Ein schöner Abend lag hinter uns. Ich hatte ein Konzert gespielt und interessante Menschen kennengelernt. Das liebte ich an meinem Beruf: neue Orte und neue Menschen zu entdecken – und natürlich Musik zu machen.

Gedankenversunken starrte ich auf die Gleise, als plötzlich etwas auf uns zurollte. Ein klappriger Rollstuhl mit einem noch klappriger wirkenden Mann blieb direkt vor uns stehen. Der Mann sah völlig elend aus. Ein dicker Schlafsack bedeckte seine Beine. Sein kreideweißes Gesicht sah gespenstisch aus unter dem kalten Licht der Neonröhren. Nah rollte er an mich heran und streckte mir seine geöffneten Hände entgegen. »Hast du etwas Geld für mich?«, fragte er fordernd. Ein beißender Geruch ging von ihm aus.

Ich kramte in meiner Jackentasche und fragte ihn: »Hast du eine Bleibe, heute Nacht?«

»Das ist es ja, ich brauche noch ein paar Euro, um die Notunterkunft zu bezahlen«, jammerte er.

»Aber ist die nicht kostenlos?«, fragte ich skeptisch. Der Geruch, der von ihm ausging, war kaum zu ertragen. »Wie heißt du überhaupt?«

Er nannte mir seinen Namen und erzählte im selben Atemzug von den widrigen Umständen, in denen er sich befand. Er tat mir leid. Kurz bevor die U-Bahn kam, öffnete er seinen Schlafsack, um mir die Wunden an seinen Beinen zu zeigen, die nicht verheilen wollten. Ich steckte ihm etwas Geld zu und verabschiedete mich mit einer Umarmung. *Nur ein Trostpflaster, es hätte viel mehr sein können*, ging es mir durch den Kopf.

Meine Freundin war aufgestanden und rief: »Komm jetzt, Sarah! Wir verpassen noch die Bahn!«

Die U-Bahn-Türen öffneten sich. Der Mann im Rollstuhl und ich winkten uns, ich sprang in die Bahn und setzte mich neben meine Freundin.

»Du stinkst!«, raunzte sie mich an und drehte angeekelt ihren Kopf weg: »Du hättest ihn nicht auch noch umarmen müssen! Du kannst doch nicht die ganze Welt retten! Weißt du, wie viele Obdachlose es hier in Berlin gibt?« Sie wandte ihr Gesicht zum Fenster. Ich spürte ihre Verbitterung.

Die Bahn raste durch den Tunnel. Meine Gedanken ratterten. Ich wusste, dass ich nicht jedem helfen konnte, aber dieser Mann hatte etwas in mir bewegt.

Meine Freundin hatte ein weites Herz. Sie arbeitete in einer der größten Flüchtlingsunterkünfte in Berlin.

Der Zustand auf den Straßen, die Not an allen Ecken und Enden fräße sie auf, erklärte sie mir am nächsten Morgen beim Frühstück. Sie sei müde von all dem Leid, das sie Tag für Tag sähe, und total erschöpft. Ihr kullerten die Tränen übers Gesicht, als sie sich für ihre barsche Reaktion der letzten Nacht bei mir entschuldigte: »Weißt du, das alles überfordert mich einfach, und ich selbst bin gerade knapp bei Kasse.«

Es tat mir leid, dass ich sie, meine Freundin, so wenig wahrgenommen hatte. Immerhin hatte ich noch einen Fuffi, den ich ihr geben konnte. Manchmal gab ich auch zu Hause den Bedürfnissen meiner Familie weniger Aufmerksamkeit als der Not anderer.

KAPITEL VII

»Geborgen, und doch unterwegs …«

– Henri Nouwen[57]

BETHLEHEM

Bethlehem. Die Geburtsstadt des großen Königs. Wir standen mitten auf dem Marktplatz und sangen aus voller Kehle. Auf der Bühne des Festivals war der Strom ausgefallen. Wir nutzten diese Möglichkeit, um uns in die Menschenmenge zu mischen, wodurch das Konzert sehr persönlich wurde. Selbst für diesen einen Auftritt hätte sich die Reise gelohnt, doch mein Cellist und ich würden noch viele weitere Ort im Land besuchen. Meine Freundin aus Jerusalem war auch unter den Zuhörern. Morgen würde sie uns zu ihrem Freundeskreis nach Tel Aviv und in ein Haus auf den Ölberg mitnehmen. Sie hatte in den Häusern ihrer Freundinnen und Freunde eine ganze Reihe Konzerte für uns organisiert.

Zudem erzählte sie mir von ihren Bekannten aus Eritrea. Zum ersten Mal hörte ich Fluchtgeschichten aus Ostafrika.

In Tel Aviv machten meine Freundin, mein Cellist und ich einen kleinen Abstecher zu einem Zufluchtshaus für Mütter und Babys aus Eritrea. Die Leiterin war Zabib, eine Eritreerin Anfang dreißig, die nach Tel Aviv geflohen war und sich nun mit viel Hingabe der Kinder und Mütter ihres Volkes annahm. Zwischen Babys füttern und Windeln wechseln erzählte sie mir von ihrer Flucht.

Dass sie die Route durch die Wüste zu Fuß bewältigt hatte und den unzähligen Gefahren auf dem Weg getrotzt hatte, zeugte von ihrem starken Überlebenswillen – von einer Kraft, die sie nur hatte aufbringen können, weil sie keinen anderen Ausweg mehr gesehen hatte. In ihrem Land hatte sie wie Tausende ihrer Landsleute in Unterdrückung und Tyrannei gelebt. Diese Frau wollte ich wiedersehen. Sie hatte mich tief beeindruckt.

EIN SCHLÜSSEL

Am frühen Morgen stieg ich in Jerusalem in einen Bus, der direkt nach Tel Aviv fuhr. Um Zabib noch einmal zu sehen, musste ich einen Park durchqueren, in dem junge Eritreer auf einem Spielplatz schliefen. Sie lagen auf einer Rutsche, in einem Spielholzhaus und auf Bänken. Ich wunderte mich, dass es keine andere Bleibe für sie gab.

Zabib wartete schon vor dem Mutter-Kind-Haus und fragte mich, ob ich hungrig wäre.

»Ein bisschen«, sagte ich.

»Ok, komm mit!«, sagte sie.

Gemeinsam liefen wir die Straßen hinter den Geschäften der Stadt entlang. Auf den Gehwegen lagen ausgebreitete Decken mit gebrauchter Kleidung und Schuhen. Gemüseverkäufer priesen lautstark ihre Ware an. Die Gegend, in der wir unterwegs waren, wirkte zunehmend verarmter. Zwischen heruntergekommenen Wohneinheiten, Marktständen und leerstehenden Ladenlokalen liefen schwarze Menschen wie streunende Hunde an uns vorbei. »Heimatlos« war auf ihren Gesichtern zu lesen.

Wir waren mitten im Süden Tel Avivs, hier lebte die eritreische Community. Bewohner der Stadt nannten das Viertel »besetzte Stadt«, weil so viele Flüchtlinge in dieser Gegend untergekommen waren. Von Besatzern konnte man nur sprechen, wenn man sich nicht damit beschäftigt hatte, wer diese Menschen waren und woher sie kamen.

Ich fühlte mich geehrt, dass Zabib mich in ihre Nachbarschaft mitnahm und mir ihr Vertrauen schenkte. An einem winzigen Ladenlokal machte sie Halt. Die Tür stand offen und gab den Blick auf drei Tische, ein paar Plastikstühle und eine kleine Theke frei, hinter der eine mollige Eritreerin ihre selbstgekochten Gerichte anbot.

»Hast du schonmal *Injera* probiert?«, fragte Zabib fröhlich. Ich schüttelte den Kopf. »Nimm gerne Platz. Ich hole uns etwas zu essen«, sagte sie. Kurz darauf kam sie mit einem reichlich gefüllten Teller zurück. »Das ist *Injera*«, erklärte sie mir und zeigte auf die runden Brotfladen. »Das essen wir sehr oft in Eritrea.« Zu dem säuerlichen, schwammartigen Fladenbrot reichte sie mir eine kräftige, rote Soße aus Linsen und Zwiebeln. Es duftete nach Gewürzen aus einem anderen Land. Zabib riss kleine Stücke mit ihrer rechten Hand von dem Brot ab, das kleinen Pfannkuchen ähnelte, tunkte es mit ihren Fingern tief in die Schüssel mit der warmen Soße und stopfte es sich gekonnt in den Mund, ohne dabei zu kleckern. Ich machte es ihr nach und kleckerte. Wir aßen vom selben Teller und redeten über tiefe Angelegenheiten.

Zabib sprach mit mir über ihren langen Weg durch die Wüste, wo sie dem Tod in die Augen gesehen und hinter Felsen Verstecke gefunden hatte, die ihr das Leben retteten. So viel Elend hatte sie gesehen, dass man darüber gar nicht schreiben mag.

Friede hatte sie immer wieder auf wundersame Weise in den dunkelsten Stunden begleitet. Zabib war eine tiefgläubige Frau. Sie erzählte mir, wie sie in der Wüste gekniet hatte, um Gott anzuflehen, dass er sie ans Ziel bringen möge.

Eines Abends hatte sie den Sonnenuntergang am Ende einer Straße gesehen. Es war die langersehnte Straße gewesen, die sie vom Sinai bis nach Israel geführt hatte.

Die Begegnung mit Zabib war für mich ein Schlüssel zu einer Tür, hinter der noch viel mehr Begegnungen mit Menschen aus fremden Ländern warteten.

SING FOR SINAI

Bei einem Wohnzimmer in Tel Aviv traf ich Philemon – einen jungen Eritreer mit einer warmen Ausstrahlung. Er hatte die Musik genossen und kam, um sich zu bedanken. In den kommenden Tagen würden wir gemeinsam bei dem Festival »Sing For Sinai« in Jerusalem auf der Bühne stehen. Ich würde singen und er seine Geschichte erzählen.

An einer Hand fehlten ihm Finger. Auf der Flucht durch die Wüste Sinai war er festgehalten und in einen Raum gesperrt worden, wo man ihn gefoltert und seine Hand verstümmelt hatte, um Lösegeld von seiner Familie in Eritrea zu erpressen. Philemon war kein Einzelfall. Verbrecherbanden hielten Tausende von Flüchtlingen in Camps im Nordsinai gefangen und verlangten Geld von ihren Familien in den Herkunftsländern. Wenn die Verwandten das Geld nicht aufbrachten, drohten die schlimmsten Szenarien – Folter und Tod.

Die Geschichten waren gruselig. Ich hätte mir am liebsten die Ohren und Augen zugehalten. Genau wie bei dem Horrorfilm, von dem ich als Teenager bei einer Klassenkameradin nur Fragmente gesehen hatte, als ich zufällig in ihr Zimmer kam. Nächtelang verfolgte mich die fiktive Filmfigur. Aber die Geschichte von Philemon war keine Fiktion, sondern bittere Realität. Philemon war eine Stimme in der Wüste, die dazu aufrief, nicht wegzusehen, sondern aufzuwachen.

»Sing For Sinai« fand in einer der ältesten Kirchen in Jerusalem statt. Die Kirche war voller Menschen. Auf der Bühne war Platz für die Stimme von Philemon und anderer seiner Leidensgenossen. Regionale Künstlerinnen und Künstler spielten ergreifende Lieder. Mein Cellist und ich reihten uns in das Abendprogramm ein. Das Publikum hörte nicht nur zu, sondern spendete auch tatkräftig. Mit diesem Geld würde Philemon sich in einer deutschen Klinik einer Handtransplantation unterziehen können. Auch Zabib und ihr Zufluchtshaus würden damit unterstützt werden.

Das Benefizkonzert in Jerusalem war der Auftakt dafür, meine Stimme noch bewusster für Bedürftige zu nutzen.

»Bedenke:
Ein Stück des Weges liegt hinter dir,
ein anderes Stück hast du noch vor dir.
Wenn du verweilst, dann nur,
um dich zu stärken,
aber nicht um aufzugeben.«

– Augustinus

UNTERWEGS MIT BABU

Es war im heißen Sommer, als ich zum ersten Mal in Indien war. In der großen Stadt, die nie schläft. Babu traf ich in den schmutzigen Straßen Mumbais. Mit meinen Freundinnen und Freunden einer Menschenrechtsorganisation lief ich über den grauen Asphalt. Staub wirbelte im lodernden Licht. Auf den Wegen lagen Menschen, die hungerten. Ich musste im Zickzack laufen, um nicht über sie zu stolpern.

Der Straßenjunge Babu, etwa zwölf Jahre alt, verfolgte uns auf Schritt und Tritt. Er ließ uns nicht aus den Augen. Irgendwann drehte ich mich um, um ihm ein paar Rupien zu geben, stellte aber fest, dass ich kein Geld dabeihatte. Für einen Augenblick sah ich in sein Gesicht: *Welch eine Würde!* Die Schönheit Indiens lag wie ein Lichtstrahl auf diesem bettelarmen Jungen, der sich als Schuhputzer durchschlug, um seine Mutter und seine Schwester zu versorgen.

Das Dach seines Zuhauses war eine Eisenbahnbrücke. Jeden Tag kämpfte er ums Überleben. Solche Armut kannte ich nur aus Filmen wie »Slumdog Millionär«. Ich lief weiter, er lief hinterher. Schließlich liefen wir nebeneinander. Ich holte Geld vom Bankautomaten und gab ihm ein paar wenige Rupien. Wir stolperten weiter durch die Hitze und den Staub.

Plötzlich kamen sie wie Ameisen aus ihren Schlupflöchern – die Armen, die Kranken, die Verstoßenen.

»Wunderst du dich?«, fragte Babu und sah mir direkt in die Augen.

Ich war wie erstarrt. Menschen in Lumpen gehüllt, so arm, wie man nur arm sein kann, umringten mich und hielten ihre Hände auf. Ich hatte solche Armut noch nicht gekannt. Das Elend überwältigte mich.

»Du bist nicht Mutter Teresa, Sarah! Komm jetzt!«, rief mein Freund von der Menschenrechtsorganisation und winkte mich zum Auto.

Ich drückte Babu zum Abschied die Hand durchs offene Fenster, schenkte ihm eine Chipstüte und meine Sonnenbrille und fühlte mich dabei so armselig.

HOTELBAR MIT FERNANDEZ

»May you grow up to be righteous. May you grow up to be true. May you always know the truth And see the lights surrounding you.«

– Bob Dylan[58]

Norman Fernandez saß in einem Hotel in Mumbai, in dem meine Freundinnen und Freunde von der Menschenrechtsorganisation »International Justice Mission« (IJM) und ich für ein paar Tage untergebracht waren, und ich musste immerzu an Bubu denken.

Es war ein bewegter Tag gewesen. Wir hatten Familien getroffen, die von IJM aus moderner Sklaverei befreit worden waren.

Es tat gut, abends in der Hotelbar ein kaltes Bier zu trinken und sich von der Musik berieseln zu lassen. Norman stand hinter seinem Keyboard und sang Coversongs. Seinen schwarzen Hut tief ins Gesicht gezogen, sah er aus wie eine Mischung aus Steve Tyler und Michael Jackson. Seine Stimme wackelte leicht, war jedoch energetisch und er traf die Töne. Hin und wieder griff er auch zur Gitarre und sang alte Folksongs. Er war der »Sugar Man«, ein verkanntes Genie, dem es weder an Ausstrahlung noch an Talent fehlte. Wäre er nur zur richtigen Zeit am richtigen Ort gewesen!

Seit Jahren spielte Norman Abend für Abend in der Lobby der indischen Hotelkette, für eine warme Mahlzeit und etwas Trinkgeld. Seine schlaksige Gestalt und seine langen, schwarzen Haare ließen ihn jung erscheinen und täuschten darüber hinweg, dass er sicher schon um die sechzig war. Wir hatten gut zu Abend gegessen und saßen noch eine Weile mit unserem Team zusammen, als Norman den Klassiker »Blowin' in the Wind« sang:

»Wie viele Male schaut ein Mann hoch hinauf,
Bevor er den Himmel sieht, frei?
Ja, und wie viele Ohren benötigt ein Mann,
Bevor er kann hör'n des Menschen Schrei?

Ja, und wie viele Tote braucht er zu versteh'n,
Dass zu viele Leben geh'n vorbei?
Die Antwort, mein Freund, verweht mit dem Wind.
Die Antwort weht mit dem Wind.«[59]

Meine Freundinnen und Freunde von IJM machten mir Mut, mich zu Norman ans Mikrofon zu gesellen, um Dylans Song gemeinsam zu singen. Norman freute sich über Verstärkung und gab mir seine Gitarre, während er sich über das Keyboard beugte. Wir sangen bis in die späte Nacht. Es war befreiend, sich das Erlebte der letzten Tage von der Seele zu singen. Am nächsten Morgen beim Frühstück gab mir einer der Bediensteten des Hotels eine Plastiktüte mit zwei vergilbten Songbüchern von Bob Dylan – mit lieben Grüßen von Norman Fernandez.

DER OFFENE HIMMEL

Das Mädchenhaus lag in der Stadt Bangalore, gut abgesichert hinter dem Eisentor einer Wohnsiedlung. Niemand durfte wissen, wo es lag. Die Mädchen, die durch versteckte Ermittler aus den Fängen von Sklavenhändlern befreit worden waren, brauchten besonderen Schutz.

Schon im Treppenhaus kamen uns die jungen Frauen entgegen. Ihre Gesichter waren von Missbrauch und Gewalt gekennzeichnet und ließen sie älter aussehen, als sie waren. Unser kleines Team von IJM konnte ihnen an diesem Nachmittag bei ihren täglichen Arbeiten wie Nähen und Basteln zuschauen. Wir durften auch erleben, wie sie mithilfe einer Therapeutin durch Tanzen wieder Zugang zu ihrem Körper fanden. Ihre Jugend war ihnen von einem auf den anderen Tag geraubt worden, doch an diesem Ort war ein Stück Wiederherstellung möglich.

Wir versammelten uns in einem großen, fensterlosen Raum. Die Sozialarbeiterin erzählte uns von dem Hintergrund des Frauenhauses.

Viele der Mädchen und Frauen hatten auf dem Land und in den Bergen Indiens gelebt. Ihre Eltern hatten große Mühe gehabt, sie zu ernähren. Immer wieder waren junge Männer in die Dörfer gekommen und hatten sie mit falschen Versprechungen in die größeren Städte gelockt. Sie hatten den Mädchen ihre Liebe beteuert und ihnen gute Arbeit versprochen. Weit weg von ihren Familien hatten sie die Mädchen gebracht und jede Brücke hinter ihnen abgebrochen. Allein mit den Männern waren sie diesen daraufhin hilflos ausgeliefert gewesen. Strategisch hatten die Männer begonnen, sie zu entwürdigen, ihren Willen zu brechen und ihre Körper zu missbrauchen. Sie hatten die Mädchen zu ihrer Ware gemacht und sie dann an andere Männer weiterverkauft.

Die indischen Bordelle waren voll dieser jungen, zerbrochenen Perlen. Die Menschenrechtsorganisation IJM war einigen der Täter auf die Spur gekommen und hatte sie vor Gericht bringen können. Die Frauen waren von ihnen befreit und in Sicherheit gebracht worden.

Etwa fünfzig von ihnen saßen nun mit uns in dem großen Raum. Was hätte man diesen Mädchen sagen können, nach all dem, was sie erlebt hatten?

Jemand aus dem Team fragte nach einer Gitarre und reichte sie mir. »Sing für die Mädchen, Sarah!«, ermutigte er mich.

Umringt von jungen Frauen, saß ich zwischen ihnen auf dem Boden. Wir brauchten eine himmlische Berührung. Das Lied »The Morning After« wurde in diesem Moment lebendig: »*So wird es kommen, dass die Letzten die Ersten sind und die Ersten die Letzten*«, so steht es in der Bibel (Matthäus 20,16; NGÜ).

Es war ganz still im Raum. Während ich sang, schien es, als würden die Mädchen zurück in ihre Kindheit vor dem Raub versetzt werden und Trost empfangen. Der Himmel war für einen Moment geöffnet. Viele weinten, der Schmerz brach aus ihnen heraus und die Zuversicht, dass sie nicht vergessen waren, überwältigte sie. Ihr Weinen wurde von befreitem Lachen abgelöst, als ich sie in die Arme nahm.

Die Sozialarbeiterin sagte uns, dass schon viele Organisationen da gewesen waren, doch einen Moment wie diesen habe sie noch nie erlebt.

THE MORNING AFTER[60]

Dancing leaves around my feet
On a road so lost and winding

Moving spirit around my feet
On a road so dark and binding

Lord of the streets in my dreams
I followed you
Tonight I'll go away
On morning wings

To face a new beginning
Where the looser will be winning

Where the first will be last
And the last will be first
Where the first will be last
And the last will be first

Oh my heart they cannot take
On their road so lost and winding

No my spirit they cannot break
On their road so black and blinding

Lord of the streets in my dreams
I followed you
Tonight I'll fly away
On morning wings

To see the morning after
To hear the children's laughter

Where the first will be last
And the last will be first
Where the first will be last
And the last will be first

KAPITEL VIII

»Es gibt Reichtümer, an denen man zugrunde geht, wenn man sie nicht mit anderen teilen kann.«

– Michael Ende, *Momo*[61]

DORF BEKANNTSCHAFT

Als wir noch ganz neu in unserem Dorf in Sachsen waren, fiel mir eine alte Dame auf. Sie war um die 75 Jahre alt und trug ihr Haar hochgesteckt, sodass ihr Gesicht zum Vorschein kam. Sie war von zierlicher Statur und ging sehr aufrecht, mit geraden Schultern und zugeknöpftem Hemd. Es umgab sie eine unaufdringliche Extravaganz. Ich vermutete, dass sie nicht vom Dorf kam.

Wenn sich unsere Wege trafen, grüßte ich sie stets freundlich. Sie brachte nur ein kühles »Guten Tag« über die Lippen und schaute mich dabei nie direkt an. Ich grüßte sie trotzdem jedes Mal, wenn ich sie sah.

Wenn ich durchs Dorf ging und den kleinen Schleichweg durch die enge Gasse nahm, kam ich direkt an ihrem Gärtchen vorbei. Ein schöner, kleiner Erdenfleck – herrlich bepflanzt. Frische Kräuter und Gemüsebeete waren nach alter Manier spatentief umgegraben. Karotten, Radieschen und Zwiebeln standen fein abgesteckt in klaren Reihen im Acker. Es war unübersehbar, dass die Dame ihre Pflanzen hegte und pflegte.

An einem Nachmittagsspaziergang bei gutem Wetter, als ich mich wieder für den Schleichweg entschieden hatte, sah ich sie emsig über ihre Blumen gebeugt im Garten rackern und blieb an ihrem Zaun stehen.

»Der Garten ist eine wahre Pracht!«, sagte ich in etwa zu ihr, um ein Gespräch ins Rollen zu bringen. Die Blumen der älteren Damen leuchteten in knalligen Farben. Ich zeigte auf irgendeine Pflanze und fragte: »Was ist denn das für eine Blume?«

Ich wollte so gerne herausfinden, was sich hinter ihrer harten Schale verbarg.

Es brauchte ein paar Anläufe, bevor sich die mürrische Zurückhaltung der Dame ganz allmählich in Wohlgefallen auflöste. Eigentlich käme sie gar nicht vom Dorf, sondern aus der Hauptstadt und unsere Schlossgemeinschaft beobachte sie eher kritisch.

Ihr strenges Gesicht sah jetzt milder aus, während sie sprach. Ein Kommunitätsleben wäre nichts für sie und im Vorgarten unseres Schlosses gäbe es allerhand zu tun. Ich bestätigte, dass unser Garten pflegebedürftig sei, und versuchte keck auf andere Themen auszuweichen. Wir sprachen übers Kochen und Reisen und fanden viele Gemeinsamkeiten, zum Beispiel, dass unsere Lieblingsfernsehköchin Lea heißt und aus Luxemburg stammt.

Von nun an grüßte mich die ältere Dame bei jeder Gelegenheit.

Nachdem wir uns einmal eine längere Zeit nicht mehr gesehen hatten, begegneten wir uns eines Nachmittags im Nachbarort beim Einkauf im Dorfladen. Als sie mich sah, rief sie durch den ganzen Laden, wie sehr sie mich vermisst habe, und drückte mich freudig an ihre Brust.

DER EINKAUF

»›Die sind schon dick genug‹, sagte Michel ruhig. ›Es ist doch wohl besser, das Essen kommt dahin, wo es was nützt.‹«

– Astrid Lindgren [62]

Der Mann um die fünfzig lebte ohne Heizung und Warmwasser in einer Hütte in einem Wald in Sachsen. Schmutzig und erschöpft saß er auf einer Bank im Einkaufszentrum. Es ging auf den Winter zu.

»Wie heißt du?«, fragte ich.

»Klaus«, antwortete er.

»Sitzt du hier schon lange?«, hakte ich nach.

»Ach, schon ein bisschen«, erwiderte er scheu. »Hier ist es warm.«

»Hast du es denn nicht warm bei dir?«, fragte ich.

Er schüttelte beschämt den Kopf.

Wir luden seine ollen Plastiktüten in unseren Einkaufswagen und stapften zusammen in den Supermarkt. Klaus, meine beiden Kinder und ich. In den Regalen türmten sich die Lebensmittel. Mit großen Augen stand Klaus vor dem Regal mit den Konserven und griff eifrig nach einem Würstchenglas. Dann hielt er kurz inne und stellte das Glas zurück.

»Was ist los?«, fragte ich ihn. »Magst du keine Würstchen?«

»Doch, doch …«, er wirkte schrecklich niedergeschlagen. »Aber ich hab halt keine müde Mark in der Tasche.«

Das darf doch nicht möglich sein! Wir leben doch in einem reichen Land, dachte ich. Ich lud Klaus auf einen Einkauf ein und wollte, dass er sich alles kaufte, worauf er Hunger hatte, ohne sich dabei schlecht zu fühlen. Zögernd nahm er das Wurstglas und legte es in den Einkaufswagen, dann nahm er ein zweites und langsam füllte sich sein Wagen mit leckeren Dingen.

Als wir beim Getränkeregal nach Apfelsaft suchten, erwähnte er, dass er früher manchmal in die Kirche gegangen sei. Dort wären die Menschen auch freundlich zu ihm gewesen. Wir unterhielten uns über Jesus und wie er sich um die Erschöpften und Schwachen der Gesellschaft gekümmert hatte. Ich sagte Klaus, dass er wertvoll sei, und Klaus lächelte in sich hinein. Meine Kinder liefen sehr geduldig mit Elefantenohren neben uns her.

An der Kasse erzählte uns Klaus von einer wilden Ratte, die ihn fast jeden Abend in seiner Hütte im Wald besuche. »Sie ist auf die Minute pünktlich, wenn sie Hunger hat«, flüsterte er, »und kriegt immer die Reste meiner Konserven.«

Als ich ihn fragte, warum er so verarmt lebe, schob er den Ärmel seiner Jacke hoch und zeigte mir seinen volltätowierten Arm: »Das sind alles meine Geschichten.« Seine Stimme klang bedrückt. Namen und Jahreszahlen waren auf seinem Arm zu lesen – Herzen und

Fratzen. Mit sieben Jahren war er ins Kinderheim gekommen. Seine Kindheit war eine dunkle Grube gewesen. Gewalt zu Hause, Gefängnisaufenthalte und ein Leben auf der Straße waren nahtlos ineinander übergegangen. Viel mehr erzählte er nicht, aus Rücksicht vor meinen Kindern, die immer noch hellhörig unseren Gesprächen lauschten.

Am Mittag, bevor ich mit ihnen zum Einkaufen gefahren war, hatten wir zu Hause den Film »Als Michel das Fest für die Armen gab« geschaut.

»Mama«, stellten die Kinder fest, nachdem wir uns von Klaus verabschiedet hatten, »wir haben heute das Gleiche gemacht wie Michel!«

Auf der Rückfahrt redeten sie aufgeregt durcheinander. Der Einkauf mit Klaus erinnerte sie an das Festessen, das Michel den Armen aufgetischt hatte. Er hatte dafür die Vorratskammer seiner Eltern geplündert, um ihnen das beste Essen zu bescheren. Dabei hatte er dick aufgetragen – eine Schüssel mit Schweinswurst, eine Schüssel mit Knackwürsten, eine Schüssel mit Rosinen-Grützwurst, eine Platte mit Käsekuchen, eine Platte mit Apfelkuchen, eine Kanne mit Fruchtsaft, eine Schale mit Erdbeerkompott und noch viel, viel mehr.

Wir hatten an diesem Nachmittag dem armen Klaus ebenfalls ein leckeres Essen aus Wiener Würstchen, Salami, Brötchen, Nudeln, Puddings, Apfelsaft und Schokolade geschenkt.

HAUS FÜR GEFLÜCHTETE

»Das leerstehende Gasthaus in unserem Dorf«, sagte Stevie, »könnte ein Zufluchtsort werden.«

»Für Geflüchtete«, ergänzte ich.

2015, als viele Menschen aus anderen Ländern nach Europa strömten und um Schutz baten, renovierten wir ein altes Gasthaus in unserem Dorf. Wir wollten Menschen, wenigstens vorübergehend, wieder ein Zuhause anbieten können. Plötzlich waren überall Helfende, Freundinnen und Freunde spendeten und wir begannen zu renovieren. Erstmal zwei Wohnungen, einen Essraum und die Küche. Gemütlich sollte es werden, richtig wohnlich.

Die Nachbarschaft schenkte Möbel, Bekannte halfen beim Türenschleifen und Streichen, wir (ver)putzten, was das Zeug hielt, dekorierten die Räume mit Bildern und bunten Teppichen und räumten die Schränke ein. Auch eine Spielecke für Kinder entstand, obwohl wir noch nicht wussten, wer überhaupt kommen würde. Bis zum Tag des Einzugs wussten wir nicht, ob es elf junge Männer oder eine Großfamilie sein würde. Stevi und ich baten Gott um Menschen, mit denen wir uns verstehen würden. Menschen, die in unsere aktuelle Lebenssituation passten, denn wir hatten zwei kleine Kinder, waren berufstätig. Unser tägliches Gebet war: »Oh Gott, schenk uns eine Familie!«

* * *

Zwei Monate vor dem geplanten Einzug der Geflüchteten berief der Ortsvorsteher eine Bürgerversammlung ein. Viele in unserem Dorf waren in Unruhe über unser Vorhaben. Vertreter des Landratsamts, der Bürgermeister und wir waren zu der öffentlichen Versammlung geladen.

Es regnete Bindfäden. Vor dem Bürgerhaus hatte sich eine große Menschentraube versammelt. Heute Abend würden Stevi und ich, unterstützt von ein paar Weggefährten, im Bürgerhaus von unserem Wunsch, Menschen aufzunehmen, erzählen.

Der Saal war bis auf den letzten Platz besetzt. Nach einer kurzen Ankündigung bat der Bürgermeister Stevi nach vorne zu kommen, um sich für unser Herzensprojekt zu verantworten. Wir wollten elf Menschen aus Krieg und Not im ehemaligen Dorfgasthaus aufnehmen und uns zusammen mit unserem Freundeskreis um eine gute Integration kümmern.

Zunächst war es still, dann prasselte ein Sturm kritischer Fragen auf uns ein. Misstrauen und Angst lagen in der Luft. Es fiel mir schwer einzuschätzen, wer unserer Idee wohlgesonnen gegenüberstand.

Jemand lachte hämisch, andere guckten abweisend an uns vorbei, wieder andere saßen mit hochroten Köpfen in den Reihen. Ich spürte ihren Zorn. Zynische Kommentare über Asylanten fielen. Jemand fragte, was wir denn tun würden, wenn elf wilde Männer aus Marokko ins Haus zögen. Wieder wurde gelacht.

»Kennt ihr keine Barmherzigkeit?«, fragte ich leicht gereizt, nachdem hinter mir eine hässliche Anmerkung fiel. Die Frage, wer denn in das Haus einziehen würde, dominierte die Versammlung. Aber auch wir hatten noch keine Antwort darauf.

Ein alter Mann, der vorne am Tisch des Bürgermeisters saß, griff das Wort Barmherzigkeit noch einmal auf. Er regte an, einmal darüber nachzudenken, wie viele Verwandte aus der Großelterngeneration auch einst Flüchtlinge gewesen waren und aufgrund von Krieg Hof und Heimat verlassen mussten. Er selbst habe erlebt, als Junge mit seinen Eltern von mildtätigen Menschen beherbergt zu werden. Doch die Stimmung im Saal blieb kühl. Gott sei Dank eskalierte sie nicht.

Zwei Tage zuvor hatte die Bundeskanzlerin, keine fünf Kilometer von unserm Dorf entfernt, vor einer randalierenden Menge an einer Flüchtlingsunterkunft Stellung zur momentanen Einwanderungssituation genommen.

WILLKOMMEN AUF PERSISCH: دمآ شوخ

Das Telefon klingelte. Nur sechs Stunden vor Ankunft der Geflüchteten wurde uns mitgeteilt, wer kommen würde. Als sich schließlich die Türen des Transportes öffneten und sechs zuckersüße Kinder mit ihren erschöpften Eltern das alte Dorfgasthaus betraten, musste ich weinen. Vor Glück, dass die Familie es endlich geschafft hatte, und vor Erleichterung, dass Gott unser Gebet erhört hatte.

Mit Kaffee und selbstgebackenem Kuchen hießen wir die Großfamilie in ihrer neue Bleibe willkommen. Die Kinder liefen fröhlich im Haus umher und entdeckten die Spielecke. Stevi und ich saßen mit dem Dorfvorsteher, zwei Freundinnen und den Eltern der Großfamilie am Wohnzimmertisch und tranken Kaffee. Immer wieder fuhren Kleinbusse im Schritttempo am Haus vorbei und Nasen drückten sich an den Fenstern platt. Der Dorfvorsteher gab den Neugierigen zu verstehen, dass eine Familie in das Haus einzogen war und keine elf Männer aus Marokko, wie einige befürchtet hatten.

Wochenlang war die Familie auf der Flucht gewesen. Von Afghanistan hatte sie Tausende von Kilometern mit Bussen und zu Fuß zurückgelegt.

Aufgeregt erzählten die Eltern von dem kleinen Schlauchboot, das übers offene Meer geschaukelt war, während sie ihre Kinder festgehalten hatten – von den Lagern unter menschenunwürdigen Bedingungen und von dem eigentlichen Grund ihrer Flucht. Die Taliban, die mit ihren Gräueltaten das ganze Land in Angst und Schrecken versetzten, hatten den Bruder des Familienvaters und ihre unmittelbaren Nachbarinnen und Nachbarn grausam ermordet. Dies bewog die Familie letztlich dazu, ihrer geliebten Heimat »Lebwohl« zu sagen.

Drei Monate waren sie nach ihrer Ankunft in Deutschland in einem Aufnahmelager gewesen, bis sie in unser Dorf gebracht wurden. »Wie lange dürfen wir bleiben?«, fragte der Vater uns.

»In diesem Haus könnt ihr bleiben, solange ihr wollt«, antwortete Stevi ihm.

In den darauffolgenden Nächten schlief er bei der afghanischen Familie, denn in den aktuellen Nachrichten wurde vermehrt von brennenden Flüchtlingsunterkünften berichtet.

DESERT MAN[63]

He is tumbling through the desert
Between rocks and sand he hides
His mouth is dry his feet are bleeding
For tomorrow he might be dead

For the Heart Oh the Heart
Knows the path knows the meaning of it all
Knows when we rise or fall
La, la, la, la, la, la

She is hiding in the mountains
The baby in her arms she cannot feed
Afraid of the dark she keeps on running
For tomorrow she might be there

For the Heart Oh the Heart
Knows the path knows the meaning of it all
Knows it when we rise or fall
Knows the meaning of it all
knows when we rise or fall
La, la, la, la, la, la

He's on a boat lost in the ocean
A boat too small to save them all
Waves are high storm is raging
For tomorrow they might be gone

For the Heart Oh the Heart
Knows the path knows the meaning of it all
Knows when we rise or fall
La, la, la, la, la, la

UMARMUNGEN STATT ZUGABE

»Man muss Gott beim Herzen zu packen verstehen: Das ist seine schwache Seite.«

– Therese von Lisieux

Mein Kopf war voller Lieder.

Ich konnte wieder im Gefängnis spielen und meine Brieffreundin Michaela zum Kaffeetrinken treffen. Bei unserem Wiedersehen erfüllte ihr Lachen den ganzen Raum. Keine der etwa hundertachtzig Frauen war schon so lange im Gefängnis wie sie. Trotz ihrer langen Haftstrafe war sie wie ein Leuchtturm. Viele Frauen kamen mit ihren Problemen zu ihr, weil sie sich bei ihr aufgehoben und verstanden fühlten. Wir waren seit mehr als fünf Jahren im Briefkontakt. Seit meinem ersten Konzert in der Justizvollzugsanstalt, das sie besucht hatte.

Mein Cellist und ich spielten an diesem Nachmittag in der Kapelle. Viele Frauen hatten sich aufgemacht und versammelten sich in den Bänken. Sie wirkten nervös, irgendwie zerrüttet, als wären sie nicht ganz bei der Sache.

Michaela hatte mir von der Drogenproblematik berichtet, die im Gefängnis alltäglich war. Sie sagte, dass einige der Frauen billige Drogen wie Crystal Meth konsumieren würden, eine der gefährlichsten Substanzen, die extrem abhängig mache. »Es schießt dir das Gehirn weg!«, sagte sie. Sie selbst hatte nie Drogen genommen, doch täglich sah sie den körperlichen und psychischen Verfall, dem die Frauen ausgesetzt waren. »Es ist unerträglich!«, sagte sie. »Diese Droge zerstört einfach alles!« Am Anfang ihrer Haftzeit sei das noch anders gewesen. Der Drogenkonsum hätte stark zugenommen.

Während unseres Konzertes fiel mir auf, dass ein Großteil der etwa vierzig Frauen sehr mager und erschöpft aussah. Es war nicht einfach, ihre Aufmerksamkeit zu gewinnen, doch ich versuchte, mich, so gut ich konnte, in sie hineinzufühlen, ohne mich von der lethargischen Stimmung beirren zu lassen.

Neben meinen Liedern erzählte ich viel Persönliches, das in ihnen zu resonieren schien. Als löse sich ein Knoten, fingen einige der Frauen an zu tanzen. Andere hielten ihren Schmerz nicht länger zurück und begannen, während unserer Musik hemmungslos zu weinen. Weitere blieben in den Bänken sitzen und waren ganz still geworden. Frieden war spürbar.

Statt einer musikalischen Zugabe bat ich ihnen eine Umarmung an. Etwa dreißig Zuhörerinnen kamen nach vorne und ließen sich von mir in den Arm nehmen. Für einen Moment konnte ich jede einzelne Frau nach ihrem Namen fragen und für sie und ihre Kinder, von denen sie mir erzählten, beten. Es waren wunderbare Momente, wie sie auch in den alten Psalmen beschrieben werden: *»Er heilt, die zerbrochenen Herzens sind, er verbindet ihre Wunden« Psalm 147,3; ELB.*

HELAS FAMILIE

»Es ist leicht, weit entfernte Menschen zu lieben. Es ist aber nicht immer leicht, diejenigen zu lieben, die gleich neben uns wohnen.«
– Mutter Teresa [64]

Am Supermarktregal versuchten wir uns mit Händen und Füßen zu verständigen. Das junge Paar verwechselte Salz mit Zucker. Ich wollte noch kurz ein paar Sachen für meine Reise am nächsten Tag besorgen. Die junge Mutter war hochschwanger und das bunte Kopftuch umarmte ihr hübsches Gesicht. Sie trug ein langes Kleid, das farblich zu ihrem Kopftuch passte. Ihr Mann hatte freundliche, dunkle Augen. Vergeblich versuchte er, seine Kinder im Zaum zu halten, die wild durch die Gänge sprangen. Die Familie war erst seit kurzer Zeit in Deutschland, sprach noch kein Wort Deutsch und hatte viele Fragen. Wir tauschten Nummern aus und ich bot ihnen an, mich bei ihnen zu melden, sobald ich von meiner Reise nach Albanien zurück sei.

Einige Wochen später begleitete ich eine befreundete Flüchtlingsfamilie zu einem Termin beim Jobcenter. Ich stand mit einigen arabischen Männern in der Raucherecke, als ich den jungen Syrer erkannte, den ich mit seiner Frau und seiner Menge Kinder im Supermarkt getroffen hatte. Wir guckten uns an und nahmen beide zeitgleich unser Handy, um uns gegenseitig unsere Telefonnummer zu zeigen.

Gleich am nächsten Tag besuchte ich die Familie zusammen mit meinen Kindern. Ihre Wohnung war schön hell und geräumig, es fehlten nur noch ein paar Möbel. Während die Kinder sich vergnügten, tranken wir schwarzen Tee mit sehr viel Zucker und lernten uns mithilfe von Händen, Füßen und Handyübersetzer besser kennen. Ich besuchte die Familie nun öfter, denn Hela konnte Unterstützung gebrauchen. Trotz Sprachbarriere waren wir einander nah.

Hela beherrschte die syrische Küche wie keine andere Syrerin, die ich kannte. Ihre Kochkünste waren wirklich ganz außergewöhnlich. Die Gerichte, die sie für unsere beiden Familien zubereitete, waren mit viel Zeit und Aufwand verbunden. Das Kochen für uns, trotz fortgeschrittener Schwangerschaft, war ihre Art, Dankbarkeit auszudrücken. Ich mochte ihr feines, sanftmütiges Wesen.

DER HAUSMEISTER

Fast immer, wenn ich Hela und ihre Familie in ihrer Sozialwohnung, unweit von Dresden, besuchte, war der Hausmeister in der Nähe. Er war von kräftiger Statur mit finsterer Miene. Ständig beschwerte er sich lautstark über den Dreck, den »die Asylanten« machten. Irgendwie war er omnipräsent.

»Baby, Baby!«, rief Helas Mann freudig durchs Telefon. Sie erwarteten ihr fünftes Kind.

»Ja, ich komme!«, rief ich, lief die Treppen des Schlosses hinunter und sprang ins Auto.

Hela und ihr Mann kamen mir schon mit gepackten Taschen entgegen. Stöhnend ließ Hela sich auf den Beifahrersitz fallen.

Der Hausmeister saß mit seinem Kollegen auf einer Bank im Hof und beobachtete uns aus nächster Nähe.

»Na, alles gut?«, fragte ich leicht verstimmt durch das halboffene Fenster.

»Nee, nix gut! Die Frau is schon wieder schwanger, oder was?«, argwöhnte er. Sein weiteres Geschwall verdrängte ich, denn wir hatten keine Zeit zu verlieren. *Nur gut, dass Hela kein Deutsch versteht*, dachte ich, doch ihre Augen verrieten etwas Anderes.

Als ich ihre Hand bei der Geburt ihres Sohnes hielt, war sie tapfer. Trotz der Schmerzen schrie sie nicht ein einziges Mal.

* * *

Die Geburt war gut und schnell verlaufen. Am Tag der Entlassung fuhr ich mit Hela und ihrem Säugling nach Hause. Wir hatten gerade im Innenhof hinter ihrem Wohnhaus geparkt, als Helas Mann uns schon freudestrahlend entgegenlief – dicht gefolgt von dem Hausmeister. Noch während wir die Autotür öffneten, begann ein Gewitter loszubrechen. Der Hausmeister schrie Hela und ihren Mann in Grund und Boden, weil die Kinder angeblich wieder einmal ihre Fahrräder liegengelassen hatten und die Mülltrennung eine einzige Katastrophe sei.

Ich holte tief Luft, um die Ruhe zu bewahren. In deutlichem Tonfall gab ich ihm zu verstehen, dass wir ein neugeborenes Baby bei uns hätten und er sofort mit dem Geschrei aufhören solle.

Breitbeinig stand er vor uns.

Helas Mann versuchte sich als Schutzschild zwischen ihn und mich zu stellen. Erstaunlicherweise hatte ich in diesem Augenblick keine Angst vor dem wutentbrannten Riesen, sondern fand Worte, die ihn aufhorchen ließen. Ich erklärte ihm, warum Helas Familie aus Syrien hatte fliehen müssen. Schweigend hörte er zu.

Um sein Anliegen der dysfunktionalen Mülltrennung zu berücksichtigen, brachte ich ihm Verständnis entgegen, denn er hatte ja Recht. Doch versuchte ich ihm ebenso zu verdeutlichen, dass viele es einfach nicht besser wüssten, weil sie das Trennen von Müll aus ihrer Heimat nicht gewohnt waren.

»Dort liegt der Müll an jeder Straßenecke«, muffelte er in sich hinein und begann, von seinem letzten Urlaub in der Türkei zu erzählen.

»Wir brauchen hier einfach mehr Geduld und eine regelmäßige, freundliche Erinnerung – dann werden unsere neuen Mitbürgerinnen und Mitbürger bestimmt lernen, wie Mülltrennung funktioniert«, legte ich altklug nach.

Der Hausmeister taute auf: »Bei mir auf Arbeit gibt's 'n' Russen, aber das is'n ganz Feiner! Auf den is Verlass, hundertprozentig!« Dann kam er wieder auf seine Urlaube in der Türkei zurück und fing richtig an zu plaudern.

Ich konnte noch einmal über das Schicksal der syrischen Familie sprechen. Er wirkte nun verständnisvoller, auch wenn er mir nicht zustimmte. Hela und ihr Mann waren längst zu ihren Kindern ins Haus gegangen, um das neue Familienmitglied zu bestaunen.

Zwei Tage später besuchte ich Helas Familie erneut. Wieder stand der Hausmeister im Flur und fragte ganz unverblümt: »Warum tun Sie das?«

Ich stand mit zwei Tüten voller Babyklamotten vor ihm. »Ich weiß nicht, einfach so«, antwortete ich leicht überrumpelt.

»Sind Sie ein Gutmensch, oder was?«, legte er nach.

XHOANAS ABSCHIEBUNG

»Hoffnung ist nicht die Überzeugung, dass etwas gut ausgeht, sondern die Gewissheit, dass etwas Sinn hat, egal wie es ausgeht.«

– Václav Havel [65]

Wir hatten uns bei einem Kaffeetrinken im Pfarrhaus des Nachbardorfes kennengelernt. Xhoana und ihre drei Kinder kamen aus Albanien und wohnten erst seit wenigen Tagen in einer Sozialwohnung, ein paar Straßen vom Pfarrhaus entfernt. Stevi und ich mochten Xhoana schon, als wir sie zum ersten Mal sahen. Auch unsere Kinder verstanden sich gleich miteinander. Fortan trafen wir uns mindestens ein Mal in der Woche auf Spielplätzen und tranken Kaffee. Zwischen uns entwickelte sich eine Freundschaft.

Fast zwei Jahre waren seit unserer ersten Begegnung vergangen. Xhoanas große Tochter und ihr Sohn besuchten die Schule und die Kleinste den Kindergarten. Sie sprachen mittlerweile gut Deutsch.

Xhoanas Mutter war Albanerin, ihr Vater Roma.

Roma heißt auf Deutsch »Mensch«. Roma andersherum gelesen ergibt »amor«. Xhoana ist ein Herzmensch.

Schon mit dreizehn war sie mit einem Roma verheiratet worden, von dem sie inzwischen getrennt war. Seither lebte sie in Ausgrenzung. Ihr Leben lang hatte sie nach einem Zuhause gesucht. An die Grenzen der Stadt gedrängt hatte sie mit vielen anderen Roma-Familien in Baracken, nah an der Obdachlosigkeit, gehaust.

Xhoana war eine außerordentlich fleißige Frau. Ihre Wohnung war immer sauberer und aufgeräumter als unsere, wenn ich sie besuchte. In Albanien hatte sie jede Möglichkeit genutzt, um auf Märkten zu arbeiten oder für andere zu putzen. Doch es hatte kaum Jobs für sie gegeben. Oft hatte sie für das tägliche Brot ihrer Familie betteln müssen.

Als wir eines Nachmittags mit unseren Kindern unterwegs zum Spielplatz waren, läuteten die Kirchenglocken gegenüber des Pfarrhauses. Xhoana wurde ganz still. Vor einer Kirche in Griechenland hatte sie, noch wenige Jahre zuvor, um Almosen gebeten. Und ihren Sohn Kleo, der etwa vier Jahre alt war, zum Betteln angestiftet. Sie schämte sich nun dafür und schüttelte resigniert den Kopf.

Selbst in Griechenland hatte sie keine Bleibe für sich und die Kinder gefunden und wieder nach Albanien in ihr altes Roma-Umfeld zurückkehren müssen.

Doch eines Tages hatte sie so viel Geld gesammelt, dass sie dafür ein Busticket kaufen konnte. Ein Ticket nach Deutschland, für sich und ihre Kinder.

Als ich mit Xhoana für ihr letztes Gespräch vor ihrer Abschiebung zur Ausländerbehörde nach Chemnitz fuhr, saßen wir mit jungen und alten Menschen aus vielen Ländern im Warteraum. Manches Interview ließ noch einen winzigen Türspalt Hoffnung schimmern. Auch für Xhoana, denn sie war in ihrem Land nicht nur bitterer Armut ausgesetzt, sondern erlebte auch Verfolgung aufgrund einer alten familiären Schuld, die noch nicht beglichen war. Mit einer guten Anwältin versuchten wir Xhoana und ihren Kindern das Bleiben in Deutschland zu ermöglichen. Doch es gelang uns nicht.

Glücklicherweise entschied sich Xhoana für eine freiwillige Ausreise. Statt innerhalb einer Woche Hals über Kopf das Land verlassen zu müssen oder nachts von der Polizei aus dem Bett geklingelt zu werden, gab ihr diese Entscheidung Zeit, in Ruhe zu packen und sich von uns und ihrer Nachbarschaft verabschieden zu können.

BLICK AUFS HANDY

Ich stand in der Küche und kochte Spaghetti bolognese. Xhoana und ihre Kinder waren zu Besuch. Unsere Kinder wuselten fröhlich durch die Wohnung, als Xhoana besorgt auf ihr Handy guckte. »Sarah, guck!«, sie hielt mir das Handy dicht vor die Nase. Das Nudelwasser sprudelte.

»Was denn?«, ich verstand nicht gleich.

»Das da!«, sie zeigte auf eine eingefallene Hütte.

»Ja, und?«, fragte ich.

»Ich habe Angst!«, ihr standen die Tränen in den Augen. »Das, nicht gut!«

Xhoana wollte nicht zurück an den Ort, der sie so viele Jahre hatte verzweifeln lassen. Das Roma-Dorf am Rande ihrer Stadt. »Es wird alles gut«, versuchte ich sie zu beruhigen: »Jetzt bist du hier und gleich essen wir zusammen.« Ich ließ ein Stoßgebet los, während ich den Knoblauch in kleine Stücke schnitt.

Seit Wochen war Xhoana in tiefer Sorge über ihre Zukunft. Sie litt unter depressiven Verstimmungen und Magenschmerzen. Schon in wenigen Tagen würde sie mit ihren Kindern im Bus sitzen. Zurück nach Albanien. Zurück in die Armut.

Erschöpft scrollte Xhoana durch Bilder und Videos, die ihre Ausweglosigkeit noch auswegloser erscheinen ließen. »Bitte leg doch das Handy weg!«, sagte ich bestimmt. Ich hatte genug von all den Schreckensnachrichten, die jeden Tag im Radio, Fernsehen oder per Handy zu hören waren. Auch ich war müde. Xhoana war im Wohnzimmer verschwunden. Das Essen war fast fertig. Nebenan hörte ich die Kinder lachen.

»Sarah, guck!«, Xhoana stand wieder mit dem Handy in der Küche. »Guck! Ich liebe!«, sagte sie und zeigte strahlend auf ein Video.

Jetzt kamen die Kinder dazu und blickten wie gebannt auf den Film. »Jesus!«, sagte Xhoana und zog mich zu sich. »Jesus gut!« Sie weinte, während sie das Handy hielt. Es war der Jesus-Film von 1979, den ich zum ersten Mal als Teenager gesehen hatte. Hier redete Jesus sogar auf Albanisch. Ich konnte es nicht glauben. Zwischen all den traurigen Bildern war plötzlich dieser Film aufgetaucht und Xhoanas Kummer verschwand in Sekundenschnelle.

Zwischen Lachen, Weinen und Abendbrot bat Xhoana Jesus, dass er bei ihr wohnen solle – in ihrem Herzen. Die Art, wie er mit den Menschen sprach und sie wahrnahm, rührte sie zu Tränen. Zusammen mit allen Kindern knieten wir auf dem Boden unseres Wohnzimmers, um Jesus zu uns einzuladen.

Hoffnung zog wieder ein.

* * *

Das alte Ehepaar aus der Nachbarschaft stand weinend an den Gleisen. Xhoanas Kinder waren oft bei ihnen gewesen. Sie hatten sie lieb, wie ihre eigenen Enkel.

Kleo, dem ältesten Sohn von Xhoana, steckte ich bei unserem Abschied meine Mundharmonika zu.

»Wenn ich auf der Mundharmonika spiele, dann hörst du mich, auch wenn ich wieder in Albanien bin«, sagte er noch, kurz bevor sich der Zug in Bewegung setzte.

»Ja, abends, wenn der Mond scheint, werde ich auf dich warten«, versprach ich ihm.

* * *

Der Gedanke an die alte, ausweglose Situation, in der Xhoana und ihre Kinder nun wieder steckten, hielt mich wach. Ihr neues Zuhause war ein Bretterverschlag, zwischen Müllbergen und Zäunen. *Es muss doch einen Ausweg für diese Familie geben!*

Stevi machte mir Mut. Wir hatten gerade erst einen Verein gegründet, um Geflüchteten besser helfen zu können. »Kopf hoch!«, sagte er. »Das ist ein Fall fürs Refugeeum.«

Bei unserem nächsten Gespräch über Skype konnte ich Xhoana sagen, dass sie sich nach einem Zimmer für sich und ihre Kinder umsehen solle, weil wir versuchen würden, Geld für Essen und Unterkunft zu organisieren.

Bei unserem Abschied hatte ich Xhoana und ihren Kindern versprochen, sie in Albanien zu besuchen. Schon bald war es an der Zeit, meinem Versprechen nachzukommen.

ROADTRIP ALBANIEN

»Ein Versprechen ist ein Versprechen.«
– Forrest Gump[66]

Mein vierzigster Geburtstag war ein herrliches Fest. Viele meiner besten Freundinnen und Freunde waren gekommen und unterstützten meinen Wunsch, einen Roadtrip nach Albanien zu machen.

Gut einen Monat später, mitten im Sommer, packte ich meine Taschen für die Reise. Wir fuhren zu dritt, mit meiner Tochter, im Wagen meiner Freundin. Sie liebte es zu fahren und ihr Orientierungssinn war im Gegensatz zu meinem eins a. Ich genoss es, aus dem Fenster zu gucken und dabei Musik zu hören. Meine Tochter Pekka-Lu saß auf der Rückbank, durchforstete Comics und malte Bilder. Sie freute sich genau wie ich auf das Wiedersehen mit Xhoana und ihren Kindern.

Herbe Landschaften zogen an uns vorbei. Dunkelgrüne Tannenwälder reihten sich an vorbeifliegende Landstriche – monumentale Hänge, kantige Felsen. Kleine Bergdörfer leuchteten am Fuße der Giganten. Wir fuhren auf staubverwehten Straßen, bis hin zum ersehnten Meer. Wie der Himmel lag es in fließendem Blau vor uns.

Nach der Übernachtung in einer alten Hafenstadt, der Hauptstadt Dalmatiens, ging es gleich nach Sonnenaufgang weiter. Wir ließen den Ozean hinter uns und fuhren bis zur Mittagszeit, bevor wir die erste Pause einlegten. Wir parkten unseren Wagen auf einem Plateau. Eine Welt aus Seen erschloss sich uns, in der winzige, grüne Inseln aus dem Wasser ragten.

Die Luft an diesem Morgen war klar und rein. Ich fühlte mich gesund und hellwach für ein neues Abenteuer.

* * *

Es regnete.

Unsere Unterkunft war nur wenige Minuten von der albanischen Grenze entfernt. Kurz nachdem wir das Gepäck in unserem Zimmer verstaut hatten, klingelte mein Handy. Es war Xhoana, die draußen vor der Unterkunft schon auf uns wartete.

»*Faleminderit shumë* (danke auf Albanisch), dass ihr gekommen seid!«, rief sie voller Freude, als sie Pekka-Lu und mich sah, und flog uns in die Arme. Die Umarmung von Kleo und seinen beiden Geschwistern war genauso herzlich. Es war wundervoll, dass wir uns wiederhatten.

Die Straßen waren voller Pfützen. Eng aneinandergehakt liefen wir durch den Sommerregen in Richtung Stadt. Auf dem Streifzug durch ihre alte Heimat betrachtete ich meine Freundin. Sie hatte abgenommen und wirkte erschöpft. Ihr Strahlen war noch nicht verschwunden, aber matter geworden. Nach einer kleinen Stärkung in einer Pizzeria sagte Xhoana heiter, so wie ich es aus Deutschland kannte: »Morgen mache ich euch *Burek* (gefüllten Blätterteig)!«

Als wir ihr an diesem Abend ins Roma-Dorf folgten, war es schon dunkel. Eine Horde Kinder rannten uns entgegen, alte Frauen und gaffende Männer umringten uns. Hunde kläfften und irgendwo krächzte ein Hahn. Jeder wollte uns seine Baracke zeigen.

Es nieselte. Drinnen in den Hütten aus Holz und Wellblech war es gemütlich. Xhoana brachte uns in die Behausung einer Verwandten, in der sie übergangsweise lebte. Wir setzten uns auf einen Berg aus Matratzen, über die eine Decke ausgebreitet war. In einem kleinen Ofen brannte ein Feuerchen und überall lagen Teppiche. Das Zimmer glich einer kuscheligen Höhle. Hier hätte ich gerne die Nacht verbracht, doch war es sicherer in unserer Unterkunft, vor allem, weil ich meine kleine Tochter dabeihatte. Morgen würde Xhoana draußen vor der Baracke auf dem Steinofen *Burek* für uns machen und uns ihren großen, bunten Roma-Clan vorstellen.

ENGEL IN MEINER STADT

Hand in Hand liefen meine sechsjährige Tochter und ich durch die verwinkelten Gassen der albanischen Kleinstadt. Die Sonne brannte heiß.

Im Eingang eines Hinterhofes suchten wir uns ein schattiges Plätzchen. Eine alte Dame stand im Türrahmen und bat uns mit einer einladenden Handbewegung zu sich ins Wohnzimmer. In einem Lehnsessel saß ein faltiger Mann mit weißgrauem Haar und blätterte in einer Zeitung. Munter zwinkerte er uns über den Rand seiner Brille zu und lud uns ein, auf dem Sofa am Kaffeetisch Platz zu nehmen. Zwei rundliche ältere Damen saßen ebenfalls am Tisch und aßen Kuchen. Wir quetschten uns zwischen sie in die Kissen. Die alten Herrschaften blickten uns warmherzig an, so als hätten sie uns zum Kaffeekranz erwartet.

Unsere Gastgeberin ging zum Kühlschrank und kam kurz darauf mit großen Gläsern voll Eis und Sahne zurück. Dazu reichte sie uns kalte Getränke.

Satt und zufrieden gingen meine Tochter und ich wieder unseres Weges. Auf der Straße zu unserer Unterkunft sahen wir eine Bettlerin.

Meine Tochter zog mich am Arm: »Wir können nicht jedem helfen, Mama. Komm jetzt!«, sagte sie müde, und ich folgte ihr.

* * *

Einige Stunden später trafen wir unsere Freundin Xhoana an einer Kirche, deren Gottesdienst wir besuchen wollten. Ausgelassen sprangen unsere Kinder über die Plätze der Altstadt, die an diesem heißen Nachmittag wie leergefegt waren. Ein paar streunende Hunde schnüffelten herum.

Auf den Stufen des Marktplatzes saß ein alter Mann und döste in der Sonne. Vor ihm lag ein Hut mit ein paar Münzen.

Lachend gesellten sich meine Tochter und Xhoanas Kinder zu dem Mann und setzten sich neben ihn auf die Steintreppe.

»Mama«, ganz außer Atmen kam meine Tochter zurückgelaufen. »Da ist ein armer Mann. Können wir ihm etwas geben?«, bestürmte sie mich. Ich kramte ein paar *Lek* aus meiner Tasche und steckte ihr die Münzen zu. Nicht mehr wert als ein Euro. Überglücklich, etwas geben zu können, lief Pekka-Lu zu dem alten Mann und öffnete ihm ihre kleine Hand.

Mit lauter Stimme, sodass es über den ganzen Platz schallte, rief er: »Es sind Engel in meine Stadt gekommen!«

DAS STRASSENMÄDCHEN

»Aber aus Kindern werden Königinnen.«

– Rainer Maria Rilke[67]

Draußen am Tisch des Restaurants spielten unsere Kinder Karten. Sprudelnde Getränke mit langen Strohhalmen wurden gebracht. Xhoana und ich unterhielten uns mit einer Albanerin, der ich schon aus Deutschland geschrieben hatte.

Wohlwissend, dass sie und ihr Mann in einer Kirche aktiv waren, hatte ich ihr von den schweren Lebensumständen meiner Freundin berichtet. Ich war auf der Suche nach Menschen mit einem Herz für Roma. Nachmittags hatten wir einen schönen Gottesdienst ihrer albanischen Kirchengemeinde besucht. Xhoanas Kinder hatten kräftig in die ergreifenden Loblieder eingestimmt.

Unweit unseres Tisches tauchte plötzlich ein Mädchen in zerrissenen Kleidern auf. Es war von Kopf bis Fuß schmutzig und suchte unsere Nähe. Kurz bevor es unseren Tisch erreichte, wurde es von einem Kellner des Restaurants mit harscher Handbewegung fortgejagt. Das Kind lief davon und versteckte sich hinter einer Abfalltonne.

Ich fragte die albanische Frau der Kirchgemeinde, ob wir das Kind zu uns an den Tisch einladen könnten. Sie fand das keine gute Idee. Doch auch unsere Kinder hatten das Mädchen längst bemerkt und hielten mit ihr Blickkontakt.

Wie kann ich dieses arme Kind wegstoßen? Keinen Bissen würde ich herunterbringen, ging es mir durch den Kopf. Die Kinder und ich verbündeten uns und winkten das Mädchen zu uns herüber. Verunsichert lugte es hinter der Mülltonne hervor und kam mit zaghaften Schritten näher. Wie ein verängstigtes Rehkitz stand es vor dem Restaurant. »Komm zu uns!«, riefen die Kinder auf Albanisch und machten den Stuhl neben sich frei.

Als der Kellner unsere Teller an den Tisch brachte, musste er auch das Mädchen bedienen. Es hatte großen Hunger. Orangefarbener Sprudel, dicke Pommes, Salat und Eiscreme zum Nachtisch. Die Kinder aßen sich kugelrund und beim anschließenden Kartenspiel sahnte das Mädchen ordentlich ab.

Die Pastorin wechselte kein Wort mit dem Kind. Im Laufe unseres Gespräches stellte sich heraus, dass auch meine Hoffnung, Xhoana und die Kinder ihrer Fürsorge anvertrauen zu können, nicht erfüllt werden würde. Selbst in der Kirche schien es schwer zu sein, Menschen mit einem Herz für Roma zu finden.

Plötzlich kreuzte eine Frau von unheimlicher Gestalt auf. Als sie das Mädchen bei uns sitzen sah, verfinsterte sich ihre Miene. Mit einem gellenden Schrei rief sie es zu sich. Das Mädchen sprang wie vom Blitz getroffen auf und lief, ohne sich noch einmal umzudrehen, hinter der Frau her.

Der Tag neigte sich dem Ende zu. Xhoana und ich gingen noch eine Spazierrunde mit unseren Kindern. Aus der Nähe ertönte Musik. Knallige Lichter leuchteten am Firmament. Diskobeats durchbrachen die Abendluft und schon bewegten wir uns im Getümmel eines Jahrmarkts.

Plötzlich tauchte wieder das Mädchen auf. Jauchzend lief es uns in die Arme. »Einen Moment!«, rief es und war sogleich wieder verschwunden.

Ein paar Minuten später stand das Mädchen wieder strahlend vor uns: »Für euch!«, jubilierte sie und verteilte Papiertüten voller Süßigkeiten an unsere Kinder. Alles, was sie am gesamten Tag erbettelt hatte, musste sie für uns drangegeben haben.

Hüpfend und pfeifend liefen wir an diesem Abend nach Hause.

»Alles ist lebendig in Dir.«

– Charles Dickens[68]

XHOANAS SCHRITTE

In der kleinen Stadt Pogradec, im Südosten Albaniens, am Ufer des Ohridsees, gab es eine besondere Schule. Eine Schule für die ärmsten Kinder des Landes, die auch Roma-Kinder annahm. Nach einem Besuch und einigen Gesprächen mit der leitenden Sozialarbeiterin konnte ich Xhoana die frohe Nachricht überbringen, dass ihren Kindern ein Platz in der Schule ermöglicht werden würde. Sie und ihre Kinder würden auch soziale Betreuung, medizinische Vorsorge und regelmäßige Mahlzeiten bekommen. Xhoana war glücklich, aber gleichzeitig in Sorge. Denn die Schule bedeutete einen erneuten Umzug. Sie hatte kein Geld für eine Wohnung und ihre Roma-Verwandtschaft hatte starken Einfluss auf sie. Sich von ihnen freizustrampeln, bedeutete einen radikalen Schritt zu gehen, der Xhoana noch einmal viel Kraft abverlangen sollte.

* * *

Einige Monate waren vergangen. Meine Tochter und ich waren längst wieder in Deutschland. Unser Leben ging weiter. Xhoana und ich telefonierten oft. Sie tat sich schwer mit dem Umzug nach Pogradec. Das Einzige, was ich aus der Entfernung tun konnte, war, für Xhoana und ihre Kinder zu beten. Mitten in den Vorbereitungen für ein weiteres Projekt für Geflüchtete klingelte das Telefon.

Xhoana hatte sich aufgemacht, um ihren Kindern eine bessere Zukunft zu ermöglichen. Wir fanden eine kleine Wohnung in Pogradec für sie, die wir von unserem frisch gegründeten Verein »Refugeeum« bezahlen konnten. Ihre drei Kinder besuchten nun endlich wieder die Schule, bekamen dort regelmäßig zu essen und machten Tagesausflüge.

Ich besuchte die Familie noch ein weiteres Mal in Albanien. Xhoana und ich organisierten ihre Wohnungseinrichtung, besorgten Herd und Kühlschrank und machten schöne Unternehmungen. Wir pflückten Blumen am Ohridsee und fuhren mit dem Fahrrad über die Grenze bis nach Mazedonien. Morgens setzte ich mich neben rauchende Männer ins Straßencafé, trank türkischen Kaffee und schrieb Notizen. An unserem letzten Tage begleitete ich ihre Kinder in die Schule. Der Schuldirektor hatte mich eingeladen, Lieder zu singen, und stellte mich seinem Team vor. Die Schule war ein sicherer, schöner Ort. Hier gab es keine Grenzen zwischen Arm und Reich und ihre Herkunft spielte keine Rolle.

SUPERMARKT

Ich war spät dran. Normalerweise erledigte ich meine Einkäufe vormittags, diesmal war es kurz vor zwanzig Uhr. Ein paar wenige Menschen schoben ihre Einkaufswagen durch die Gänge. Vorne an der Kasse stand ein rundlicher Typ, der seine Einkäufe aufs Band donnerte. Zwei verwahrlost wirkende Kinder hielten sich an seinem Einkaufswagen fest und rollten überdreht mit den Augen. Ein mittelgroßer Mann in Jogginghose schob seine Schnapsflaschen hinterher. Ich visierte das Kühlregal an.

Eine Frau mit strähnigen Haaren lief leichtfüßig an mir vorbei. Jemand wühlte fluchend in der Gefriertruhe. Sonst waren die Gänge so gut wie leer. Das kalte Licht der Neonröhren flackerte wie in einer futuristischen Vision.

Nachdem der Einkauf erledigt war, hievte ich die vollen Papiertüten in den Kofferraum meines Wagens. Leere Pfandflaschen fielen mir entgegen. Erneut betrat ich den Supermarkt. Während ich die Flaschen in den Schlund des Automaten legte, fiel mir eine Frau auf. Wie in Zeitlupe sah ich ihre Hand, die gerade nach einer Brötchentüte griff. Form und Farbe ihrer Hand erinnerten mich an die meiner Freundin aus Albanien. Ich drückte den Rest der Plastikflaschen in den Leergutapparat und zog den Bon.

Die Frau stand immer noch am Brotregal. Ich ging zu ihr und reichte ihr meinen Pfandbon. Verdutzt guckte sie mich an. Ich fragte sie, ob sie das Geld gebrauchen könne. Sie nickte und nahm den Bon. Für einen Moment konnte ich in ihre Augen schauen.

»Woher kommst du?«, fragte ich sie.

»Aus Ungarn«, erwiderte sie.

»Du hast viel erlebt und dein Herz ist schwer?« Mit fragendem Blick sah ich sie an.

»Ja«, seufzte sie lethargisch.

»Gott hat dich nicht vergessen«, sagte ich und umarmte sie. Sie ließ die Umarmung zu. Einige Sekunden vergingen. Es war schon skurril, mitten im Supermarkt eine wildfremde Frau zu umarmen.

Mit einem Lächeln löste sie sich aus der Umarmung und fragte mich: »Bist du von den Zeugen Jehovas?«

»Nein«, sagte ich mit einem Zwinkern. »Ich bin ein Engel«, und schwebte davon.

HINGEHÖREN

»Freundschaft, das ist wie Heimat.«

– Kurt Tucholsky[69]

Zusammen mit meinem Bekannten, der sich in Sachsen um die Koordination der Integrationsarbeit kümmerte, besuchte ich ein Flüchtlingsheim in Pirna und im Anschluss eine Flüchtlings-WG in Heidenau. Mit meiner Gitarre im Gepäck freute ich mich, für die Männer und Frauen zu singen. In diesem Heim wohnten etwa 120 Menschen aus fünf Nationen.

Wir saßen an mehreren Tischen, die wir zu einer langen Tafel zusammengeschoben hatten. Die anfängliche Befangenheit wich fröhlichem Getrommel, als ich zu spielen begann. Fünf Nationen fanden durch die Musik zusammen. Einige begannen, Lieder aus ihrer Heimat zu zeigen. Das Singen in der Muttersprache war ein Schlüssel zu ihrer Seele. Besonders meine Liebeslieder schienen sie zu beruhigen. Viele waren durch Angst und Gewalt traumatisiert.

In vertrauensvollen Gesprächen teilten sie mir ihre Verzweiflung mit – über die Verlorenheit in den Heimen. Über die Verdorbenheit und Verrohung elternloser Teenager. Über die Einsamkeit in einem fremden Land. Sich selbst überlassen zu sein, weit weg von zu Hause, schmerzte sie zutiefst. Wie soll auch ein Mensch getrennt von seiner Familie blühen?

Ein paar Tage später bekamen Stevi und ich einen Anruf von einem verzweifelten Afghanen, der uns aus einem Flüchtlingsheim anrief und um Hilfe bat. Er habe keine Kraft mehr, sagte er. In dem Heim würden unerträgliche Zustände herrschen. Er fragte, ob wir ihm und zwei seiner Leidensgenossen Unterschlupf gewähren könnten.

Wir luden die drei Afghanen zu uns zum Mittagessen ein und lauschten betroffen ihren Fluchtgeschichten. Einer von ihnen war bei seiner Flucht aus dem Fenster gestürzt und hatte sich schwer verletzt. Nun saßen wir gemeinsam auf unserem Sofa und beteten für seinen Rücken. Der andere litt unter schweren Depressionen, weil seine Familie in Lebensgefahr war, doch er nicht zu ihr konnte, weil er selbst auf der Todesliste der Taliban stand. Aus dieser intensiven Begegnung entstanden tiefe Freundschaften und ein kleines, neues Familienprojekt.

In Dresden fanden wir eine Wohnung, die meine Schwester Esther und ich für die drei Perser heimelig einrichteten. Als Stevi und ich an der Pforte der Flüchtlingsunterkunft nach den Afghanen fragten, um sie abzuholen, kamen sie uns schon freudig mit gepackten Taschen entgegen. Von hier aus starteten die drei in ein selbstbestimmtes, eigenständiges Leben. Nur die bald drohende Abschiebung war wie ein düsterer Schatten über ihnen, der dank einer kompetenten Anwältin vertrieben werden konnte. Für zwei von ihnen konnte sie ein dauerhaftes Bleiberecht erwirken.

ZUFLUCHTSORT

Nun war das große, verwohnte Haus, das uns jemand im Nachbardorf zur Verfügung stellte, wieder einzugsfähig. Wir hatten es angemietet, damit Flüchtlinge darin unterkommen sollten. Die Böden waren verlegt, die Wände gestrichen und die Bäder geputzt. Bettbezüge und Oberdecken lagen frisch gewaschen in den Schränken. Die Betten waren aufgebaut, Teppiche entstaubt und ausgerollt. Das

Geschirr war sortiert und die Zimmer waren so eingerichtet, dass wir am liebsten selbst eingezogen wären.

Diesmal war es ein echter Kraftakt für Stevi und mich gewesen, weil wir den größten Teil der Arbeiten im Haus allein hatten bewerkstelligen müssen. Neben unserem ohnehin schon vollen Leben war dieses Haus ein ganz schön mächtiges Projekt gewesen. Doch die Aussicht, einer großen Familie, die Flucht und Krieg hinter sich hatte, einen Zufluchtsort geben zu können, hatte uns die nötige Motivation gegeben, das Projekt zu Ende zu bringen. Wir hatten einfach ein Familienprojekt daraus gemacht. Wir waren mit unseren Kindern zum Baumarkt gefahren – mit langen Kuchenpausen – und hatten uns Stück für Stück durch die To-do-Listen gewuselt. Zwischendurch waren doch noch ein paar junge Iraner gekommen, um die Wände zu streichen und Möbel zu rücken. Und eine Freundin hatte den finalen Frühlingsputz erledigt.

WILLKOMMEN AUF ARABISCH: سلام SALĀM

Das Haus hatte einen riesengroßen Garten. Zwischen den handwerklichen Arbeiten hatte ich dort manchmal auf einer Bank unter dem Birnbaum gesessen und Gott meine Sorgen abgegeben. *Hatten Stevi und ich uns mit diesem weiteren Projekt übernommen?*

Wieder wussten wir nicht, wer kommen würde. Außerdem war der Einzugstermin schon mehrmals verschoben worden und wir bezahlten die Miete für das Haus zunächst aus eigener Tasche. Ich bat Gott wieder um eine Familie mit Kindern, denn dafür war das Anwesen wie geschaffen.

Mit Blumen und Zitronenkuchen standen Stevi, unsere Kinder und ich an der Straße vor dem Haus und warteten auf die Gäste. Es würde eine Familie sein. Diese Nachricht hatten wir erst am Abend zuvor voller Erleichterung entgegengenommen. Eine Familie aus Syrien. Drei Frauen, ein fünfzehnjähriger Junge und sieben kleine, lebhafte Kinder sprangen aus dem Bus. Mit einer freudigen Umarmung luden wir die Familie, die erst vor vier Wochen nach Deutschland gekommen war, ins Haus ein.

Den weiten Weg von Syrien hatten die Frauen und Kinder allein zurückgelegt. Ihren Männern war schon zwei Jahre vor ihnen die Flucht nach Deutschland gelungen. Sie waren in verschiedenen Flüchtlingsunterkünften in anderen Bundesländern untergebracht.

Die dunkelhaarigen Kinder flitzten durch das geräumige Haus und ließen sich kichernd auf die weichen Betten fallen, während ihre Mütter neugierig jeden Raum inspizierten. Der älteste Junge bekam ein eigenes Zimmer.

»Können wir hierbleiben?«, fragte er uns.

»Ja«, nickten wir.

Am langen Esstisch bei Tee und Kuchen gab es allerhand Praktisches zu klären. Per Appübersetzer versuchten wir uns zu verständigen – wie Herd, Toaster und Waschmaschine funktionierten oder wer in welchem Zimmer schlafen sollte und wo die nächste Bushaltestelle zu finden sei. Stevi heftete unsere Telefonnummer an den Kühlschrank und erklärte, dass wir gleich nebenan im Nachbardorf wohnten und jederzeit per Telefon erreichbar seien.

Bei unserem Besuch ein paar Tage später schaukelten unsere Kinder vergnügt mit den syrischen Neuankömmlingen im Garten. Auch der Nachbarsjunge kam, um mit dem Ältesten Bälle zu kicken. Bei den Apfelbäumen hinten auf der Wiese gackerten Hühner. Die Frauen hatten Decken auf dem Gras ausgebreitet und servierten Stevi und mir unseren ersten Mate-Tee. Beim Abschied lehnte der kleine Ammar am Türrahmen und fragte, ob wir morgen wiederkämen.

FAMILIENZUSAMMENFÜHRUNG

»Aber ich liebe deine Füße nur, weil sie auf der Erde und im Wind und auf dem Wasser wandelten; bis sie mich gefunden haben.«

– Pablo Neruda[70]

Arabisches Temperament. Laute Kinder. Herzlich lachende Frauen. Köstliche Gerichte und zuckersüßer Tee. Das Haus lebte. Die Bude bebte.

Stevi und ich trauten unseren Augen nicht. Nun saßen auch die Männer Chai trinkend und rauchend im Gras hinterm Haus. Ohne Absprache waren sie direkt aus den Flüchtlingsunterkünften zu ihren Frauen und Kindern gefahren, die sie seit mehr als zwei Jahren nicht gesehen hatten. Eine wundervolle Familienzusammenführung fand statt.

Wir beherbergten jetzt drei Familien aus Syrien. Ähnlich wie mit den Frauen hatten Stevi und ich auch zu den Männern gleich eine Verbindung. Wir mochten uns einfach und wollten uns besser kennenlernen.

Drei Familien mit Kind und Kegel wollten nun unter einem Dach leben. Und das musste koordiniert werden, denn die Männer konnten nicht einfach bleiben. Sie waren noch in Flüchtlingsheimen in verschiedenen Bundesländern registriert.

Es war ein mühevoller Weg mit vielen bürokratischen Hürden, bis die Familienzusammenführung auch rechtlich funktionierte. Darum kümmerte sich Stevi. Als wir endlich das Go bekamen, dass die ganze Familie wieder zusammenleben dürfe, war das ein unbeschreibliches Glück.

»Das Haus und der Garten geben uns Ruhe. Es ist wie eine Zuflucht nach Jahren von Angst«, sagte uns einer der Väter, als wir beim gemeinsamen Essen traditionell im Kreis auf dem Teppich saßen. Er erklärte, dass die Kinder und auch er selbst oft bei den kleinsten Geräuschen zusammenschrecken würden, aus Angst, es könne eine Granate sein. Doch hier würden sie wieder anfangen, sich sicher zu fühlen.

Die Besuche bei den Familien waren wohltuend, obwohl wir nicht nur einfache Themen wälzten. Fatima, die jüngste der Frauen, hatte ihre Zwillinge auf der Flucht, in einem Krankenhaus in Serbien, zur Welt gebracht. Beinahe wären die Frauen und Kinder von der Polizei festgehalten worden, doch sie waren ausgebüchst. Kurz nach Fatimas Entbindung waren sie der Polizei davongerannt.

In einem offiziellen Interview erzählten unsere drei syrischen Freundinnen zum ersten Mal die Geschichte ihrer lebensgefährlichen Flucht. Von Syrien über das Ägäische Meer. Eine engagierte Reporterin, Josie Le Blond, hatte Stevi und mich kontaktiert und gefragt, ob sie uns zum Interview treffen könne.

Die Familien lebten ein gutes Jahr zusammen in dem Haus. Danach halfen wir ihnen dabei, eigene Wohnungen zu finden.

DROHBRIEFE

Es war spät geworden. Meine Familie und ich waren zum Essen bei unseren syrischen Freundinnen und Freunden gewesen. Es war ein gemütlicher Abend mit reichlich Tee und Zuckerspeisen in ihrer neuen Wohnung gewesen. Wir hatten zusammen Fernsehen geschaut. Die Wahlergebnisse der Landtagswahlen. Mir war die Kinnlade heruntergeklappt – fast dreißig Prozent meiner Nachbarschaft hatte für die Partei gestimmt, die keine *Alternative für Deutschland* ist.

Schlagartig erinnerte ich mich an die drei Drohbriefe, mit hässlichen, fremdenfeindlichen Behauptungen, die in unserem Briefkasten aufgetaucht waren, als wir im Jahr 2015 angefangen hatten, uns für Flüchtlinge starkzumachen. Mir kamen die abweisenden Blicke und die verachtungsvollen Sprüche im Supermarkt in den Sinn, als ich mit unserer Familie aus Syrien eingekauft hatte. Ich erinnerte mich wieder an die Frau, die meiner syrischen Freundin und mir bei unserem ersten Spaziergang durchs Dorf vor die Füße gespuckt und uns mit hochrotem Kopf angeschrien hatte. Und ich dachte an die Bürgerversammlung in unserem Dorf, vor der wir uns hatten rechtfertigen müssen, weil wir Geflüchtete aufnehmen wollten. Und diese Partei, deren Kandidaten jetzt im Bundestag mitbestimmen wollten, die vor der Entstehung von Mischvölkern in Europa warnte. Merkel warfen sie eine Flutung Deutschlands mit illegalen Einwanderern aus rückständigen Kulturen vor. Ausgerechnet diese Partei wurde von so vielen in unserem Land gewählt, sogar von denen, die sich Christen nannten. Ich wollte es verstehen, aber ich konnte nicht.

Als ich nach dem abendlichen Besuch mit hängendem Kopf durch die Straßen der sächsischen Kleinstadt lief, fiel mir ein Karton mit

Büchern auf, den jemand vor seine Haustür zum Mitnehmen gestellt hatte. Wahllos zog ich ein kleines Büchlein heraus. »Ausgewählte Kostbarkeiten« von Martin Luther King.

Ist das die Antwort auf meine Fragen?

Im matten Licht der Straßenlaterne las ich: ...

»Tatsächlich ist alles Leben miteinander verbunden. Alle Menschen sind in ein Netz der Gegenseitigkeit verwoben. Was den einen unmittelbar betrifft, betrifft den anderen mittelbar. Wir haben gelernt, wie die Vögel zu fliegen und wie die Fische zu schwimmen. Aber wir haben die einfache Kunst nicht erlernt, als Brüder zu leben. Wollen wir schöpferisch und sinnvoll leben, so muss sich die Sorge um uns selbst mit der Sorge für unseren Mitmenschen verbinden. Mehr als je zuvor sind Menschen aller Rassen und Völker aufgerufen, nachbarschaftlich zu leben. Immer besteht die Gefahr, dass wir die Mittel, durch die wir leben, an die Stelle des Sinns treten lassen, für den wir leben. Wir müssen Enttäuschungen hinnehmen, aber wir dürfen niemals die Hoffnung aufgeben.

Wer liebt, der hat den Schlüssel zur letzten Wahrheit gefunden; wer hasst, steht vor dem Nichts.« [71]

KAPITEL IX

»Gott ist so groß,
dass ihm das Kleinste nicht zu klein ist.«

– Dietrich Bonhoeffer[72]

FAMILIENABSPRACHEN

Bevor ich ein neues Projekt beginne, frage ich Gott und meine Familie. Vor jeder Reise sitzen wir zusammen, um zu überlegen und zu besprechen, ob und wie lange die Reise stattfinden kann.

Ein Dreivierteljahr nachdem ich zum ersten Mal die Lager für Geflüchtete in Griechenland besucht hatte, fragte ich Fjodor und Pekka-Lu, die inzwischen sechs und neun Jahre alt waren, ob ich ein zweites Mal nach Griechenland reisen dürfe. Diesmal würde ich am liebsten zehn Tage bleiben, also fast doppelt so lang wie bei meinem ersten Besuch. Ich erklärte ihnen, dass ich die kurdischen Frauen und Kinder, die ich kennengelernt hatte, gerne wiedersehen würde. Sie überlegten nicht lange.

»Du bist eine tolle Mama und die anderen Kinder brauchen auch eine Mama wie dich!«, sagten sie. »Wir können auch mal zehn Tage auf dich verzichten.« Mein sechsjähriger Sohn umarmte mich und sagte: »Mama, es ist gut, dass du wieder dorthin gehst, obwohl es schwer für mich ist. Aber es ist gut, wenn du den Menschen hilfst.«

Am Morgen meiner Abreise lag eine Postkarte auf unserem Esstisch, auf die mit Tesafilm zwei mal zwei Euro und ein Cent geklebt waren. Das gesamte Taschengeld unserer Tochter. Auf die Karte war mit Buntstiften ein Haus voller Kinder gemalt, eine Schublade voller Geschenke und Mama Sarah mit Dutt und Heiligenschein.

Beim Abschied drückten mir beide noch ihre besten Spielzeugkreisel in die Hand mit den Worten: »Hier, Mama, unsere schnellsten ›Spinner‹ für die Kinder im Camp. Grüß sie von uns!«

Was für feine Wesen Kinder sein können.

Bei einer Einladung, die ich wenige Jahre später nach Kenia bekam, reagierten sie ganz anders. »Mama, wir wollen nicht, dass du dahinfliegst!«, sagten beide vehement.

Ich sprach mit Stevi und legte auch Gott das Reiseangebot hin.

Die innere Ruhe war noch nicht eingekehrt. Erst als wir uns mit dem Ehepaar ausgetauscht hatten, das mich zu der Reise eingeladen hatte, kam etwas Gelassenheit auf.

Ich versuchte alles, damit sich die Kinder mit dem Gedanken meiner Reise anfreunden würden. Es sei doch cool, wenn Mama nach Afrika fliege, um in Gefängnissen für traurige, arme Menschen zu singen. Doch sie ließen sich nicht umstimmen.

Abends, während der Tagesschau, kamen beide mit reservierter Miene in unser Zimmer und reichten mir stumm einen Zettel. Ich musste kurz lachen, als ich die Worte überflog, aber nahm sie doch ernst: »Mama, fahr nicht nach Afrika! Wir haben ein ungutes Gefühl. Wir haben das Gefühl, dass das Flugzeug abstürzt. Bitte fliege nicht!!! von P.+F.«

Ich flog nicht nach Afrika. Noch nicht.

10 TAGE FLÜCHTLINGSLAGER

»Man sollte nicht ängstlich fragen: Was wird und kann noch kommen? Sondern sagen: Ich bin gespannt, was Gott noch mit mir vorhat.«

– Selma Lagerlöf[73]

Als die Balkanroute geschlossen wurde, lag ich oft wach und fragte mich, was wohl mit den Menschen geschieht, die immer noch auf der Flucht sind und nicht mehr die Grenze überqueren können. Was war mit denen, die im Wald und an Straßenrändern vor Europas

Grenzen schliefen? Ich las von menschenunwürdigen Lagern, fühlte mich ohnmächtig und betete immer wieder zu Gott, dass er doch helfen möge. Doch dann spielte er mir den Ball wieder zu. *Ich bin ein Mensch mit starken Händen und Füßen und einem starken Mann an meiner Seite. Ich müsste nur losgehen,* kam es mir in den Sinn.

Kurz darauf traf ich nach einem Konzert eine junge Frau, die mir erzählte, dass sie gerade ein Flüchtlingslager besucht hatte und sich dort die Frauen in ihrem Arm ausgeweint hätten – und wie sie wieder Hoffnung geschöpft hatten. Die Kraft in dieser jungen Frau und ihre Liebe für Gott und Mitmenschen bewegte mich.

Ein paar Wochen nach unserer Begegnung rief ich sie an, um zu fragen, wann sie das nächste Mal geflüchtete Menschen besuchen würde. Mein Mann und meine Kinder ermutigten mich, meinem inneren Drängen zu folgen. So kam es, dass Isa und ich einen Flug nach Athen buchten, um von dort in ein abgelegenes Flüchtlingslager aufzubrechen. Sie hatte etwas Ansteckendes, das Neugier in mir weckte. Isa war mir ein Vorbild, denn ihr war kein Weg zu weit und keine Situation zu unbequem, um Menschen in Not zu helfen.

DAS WIEDERSEHEN

Noch hoch in der Luft saß ein junger Eritreer neben mir.

»Möchtest du?«, sonnig lächelnd hielt er mir eine gefüllte Hand Sultaninen entgegen.

»Oh, danke. Das ist nett von dir«, umständlich pickte ich die Rosinen aus seiner Handfläche. »Und, wo geht die Reise hin?«, fragte ich, während ich die getrockneten Trauben in mich hineinmümmelte.

»Nach Athen. Ich werde meine Verlobte treffen«, antwortete der junge Mann freudig. Schon seit geraumer Zeit sei er in Deutschland, in Kassel, und arbeite für eine Autofirma. Heute sei der große Tag, auf den er all die Jahre gewartet habe. Denn er habe seine Verlobte, die wie er aus Eritrea stammte, ein halbes Jahrzehnt nicht gesehen. Beide waren monatelang auf der Flucht gewesen. Doch hatten sie getrennt fliehen müssen, weil sie zu wenig Geld gehabt hatten. Deshalb war er zuerst aufgebrochen, um das Unbekannte zu erkunden und Geld für ihre Flucht zu verdienen. Die Fluchtroute war über viele Grenzen verlaufen.

Der Eritreer zählte mir all die Länder auf, die er passiert hatte. In der Wüste sei es besonders hart gewesen. Überall hatten Gefahren gelauert. Die Sorge um seine Freundin brachte ihn fast um den Verstand.

Er erzählte mir von den dunklen Machenschaften der Schlepper, die den Flüchtlingen das letzte Geld aus der Tasche zogen, um sie dann im Nirgendwo auszusetzen, statt sie an das langersehnte Ziel zu bringen.

»Wie kommst du vom Flughafen in die Stadt?«, fragte ich meinen Sitznachbarn.

»Mit dem Taxi«, antwortete er.

»Willst du bei uns mitfahren? Wir könnten dich in der Innenstadt von Athen rauslassen, und wir könnten noch Blumen für deine Verlobte besorgen.«

Er strahlte: »Wirklich? Wow! Ja, das wäre toll!«

An der Gepäckausgabe dauerte es länger. Isa und ich kamen ins Gespräch mit einem jungen Syrer, der in Deutschland lebte und seinen Onkel in Athen besuchen wollte.

»Was macht ihr in Griechenland?«, fragte er uns interessiert.

»Wir sind auf dem Weg zu Menschen, die in Flüchtlingslagern leben. Wir wollen sie einfach besuchen«, erklärten wir.

Er war begeistert. Es wäre so unkompliziert, was wir vorhätten. »Vielleicht kann ich auch vorbeikommen und in einem Camp mit einem Arabisch-Deutsch Kurs helfen?«, bot er in supergutem Deutsch an.

Isa und ich holten das Mietauto. Mit quietschenden Reifen hielten wir direkt vor einem kleinen, griechischen Blumenladen und fanden die schönsten Blumen der Stadt. Der junge Eritreer lief aufgeregt im Laden hin und her. Per Handy versuchte er den Treffpunkt zu finden, dem ihm seine Freundin geschickt hatte. Wir cruisten etwa zwei Stunden durch die Stadt. Ungewiss, wo und ob wir jemals ankommen würden, erreichten wir den »Amerikanischen Platz«, mitten in Athen.

»Das ist sie!«, rief unser Freund und zeigte mit wild wedelnden Armen auf eine der beiden schwarzen Frauen, die an einem Schaufenster lehnten. Wir parkten unser Auto seitlich auf dem Gehweg. Der junge Eritreer lief mit schnellen Schritten seiner Liebsten entgegen. Die roten Rosen flogen wie flatternde Herzen vor ihm her. Ihre Umarmung war innig und ergriff mich mehr als jedes Liebesdrama, das ich gesehen hatte – besser noch als »Dirty Dancing«.

Voller Glück stellte uns der junge Mann seine Auserwählte vor. Wir machten Selfies und zur Feier des Tages lud er uns zu Kaffee und Muffins in ein Straßencafé ein. Wir saßen an runden Plastiktischen, tranken Kaffee aus Pappbechern und hörten Geschichten aus fernen Ländern. Beim Abschied beteten wir gemeinsam für unsere weiteren Reisen und segneten das junge Paar.

HAUSBESUCH IN ATHEN

»Noch will das alte unsre Herzen quälen,
noch drückt uns böser Tage schwere Last,
Ach Herr, gibt unsern aufgeschreckten Seelen
das Heil, für das Du uns geschaffen hast.«
– Dietrich Bonhoeffer in »Von guten Mächten«[74]

Freudig zogen meine Freundin und ich unseres Weges. Nur ein paar Straßen weiter wartete schon die nächste Begegnung. An der Wohnungstür eines mehrstöckigen Hauses blieben wir stehen. Orangenbäume säumten die Straße und es duftete nach Sommer in Athen.

Wir klingelten. Eine Frau mittleren Alters guckte zaghaft durch den Türspalt. Als sie Isa sah, huschte ein Lächeln über ihr Gesicht, und sie öffnete uns die Tür. Im Hausflur war es dunkel. Ihr kleiner Sohn versteckte sich scheu hinter ihrem gewandartigen Kleid. Zwei junge Frauen, die Töchter der Frau, kamen die Treppen heruntergeeilt. Leichte Kopftücher umrahmten ihre feinen Gesichter.

»Kommt rein!«, riefen sie fröhlich und baten uns in ihre Wohnung.

Die zwei Zimmer der Familie waren klein und sehr einfach eingerichtet. Wir nahmen gemeinsam auf einem Teppich Platz. Auf einem silbernen Tablett servierten sie uns schwarzen Tee. Die Töchter sprachen gut Englisch und halfen ihrer Mutter, uns zu verstehen. Durch das Glas ihrer Brille, die provisorisch zusammengeklebt war, schaute ich in die nachdenklichen Augen der Frau. Ich spürte die Last, die sie aus ihrer Heimat Afghanistan mitgebracht hatte. Sie war mit ihren beiden Töchtern und ihrem jungen Sohn geflüchtet, nachdem ihr Mann eines Nachts verschwunden war. Die Taliban, die das Land regierten, hatten sie und ihren Mann gewarnt, weil sie als Lehrerin und Lehrer auch Mädchen unterrichtet hatten. Beide waren zudem heimlich aktiv für Frauen und Mädchen in ihrem Land gewesen und hatten für deren Rechte gekämpft, indem sie Flugblätter geschrieben und verteilt hatten.

In der kleinen Wohnung in Athen erzählten die Töchter uns, dass sie seit acht Monaten auf ein Lebenszeichen ihres Vaters hofften. Nachdem er in der Dunkelheit der Nacht entführt worden war, waren auch sie in ihrem Land nicht mehr sicher gewesen.

Müde rieb sich ihre Mutter die Augen unter der Brille, während der Kleine wie ein Flummi auf dem Bett auf und ab hüpfte. Ihr größter Wunsch, sagten uns die schönen Töchter, sei es, wieder zur Schule gehen zu können – wie einst in Afghanistan. Ihr Leben hatte gut begonnen. Sie hatten frei und friedlich gelebt – in einem Haushalt, in dem laut diskutiert und nachgedacht werden durfte. Sie hatten gute Schulbildung genossen. Ihr Traum war es noch immer zu studieren. Doch selbst hier in Athen fühlten sie sich nicht sicher.

Nachdem wir für ein paar Stunden Leid und Freude miteinander geteilt hatten, hielten wir uns an den Händen und baten Gott gemeinsam um neue Hoffnung. In Griechenland wurde das Osterfest gefeiert.

EIN MÄDCHEN AUS MOSUL

Eida trafen wir beim Wäschewaschen vor den Wohncontainern eines griechischen Übergangslagers. Sie lächelte überrascht, als wir sie fragten, ob sie Lust habe, uns zum Tee einzuladen. Ihr Mann begrüßte uns freundlich in ihrer Behausung und zeigte uns direkt Fotos von ihrem zerstörten Haus in Mosul. Er sprach von Dschihadisten, die ihn und seine Familie hatten umbringen wollen, und fasste dabei immer wieder an seinen Rücken.

Wir tranken Tee aus verschlissenen Porzellantassen, während die Kinder der Familie bei uns saßen und malten. Screvel, die älteste Tochter, war zwölf Jahre alt. Sie sprach gut Englisch, übersetzte ihre Eltern und gab uns Einblicke in ihre Geschichte.

Plötzlich war ich mitten in Mosul.

»Sie waren überall. Die schwarz gekleideten Männer verprügelten alles, was sie zu fassen bekamen. Sie schlugen auf den Rücken meines Vaters. Immer wieder. Dann hörte ich Explosionen bei unserem Haus. ›Wir müssen hier raus!‹ schrie ich und zog meine Schwester hinter mir her.« Screvels Blick war starr.

»Auf allen vieren kroch mein Vater durch den Nebel. Überall lagen Scherben und Steine. Schüsse fielen und die Wände bebten. Mein Vater wollte uns retten – die Männer waren hinter uns her –, aber sein Rückgrat war gebrochen. Er hatte kaum noch Kraft. Sie schlugen auch meine Mutter und mich wollten sie mitnehmen. Alles war schwarz und blutig.« Screvel atmete tief aus. Die Teetasse in ihrer Hand zitterte. »Und dann kam mein Vater in letzter Sekunde und riss uns an den Händen aus dem Haus. Wir rannten um unser Leben. Raus aus der Stadt zu den Feldern.«

Erst hier, in diesem kleinen Zimmer des Flüchtlingscamps, schien sie zu realisieren, dass sie es tatsächlich geschafft hatten, dem Grauen zu entfliehen.

Ich legte meinen Arm um Screvels Schulter. Sie atmete schwer. Ihre Mutter hatte sich aufs Bett gelegt. Meine Freundin Isa streichelte über ihren Rücken.

Die Familie gehörte zur religiösen Minderheit, die sich ans Jesidentum anlehnt. Im Camp fühlte Screvel sich von einigen Moslems ausgeschlossen. »Ich habe das Gefühl, nirgendwo richtig dazuzugehören«, sagte sie mir. Niedergeschlagen führte sie weiter aus, dass jemand ihre Zeichnungen, auf denen Symbole mit Kreuzen zu sehen waren, aus ihrem Schrank gestohlen hatte.

In der Nacht habe sie viele Träume, sie würde sich nicht sicher fühlen. »Der Schlaf ist ein ständiges Aufwachen in Angst. Man nennt das Trauma, sagte man uns hier im Camp.«

Und dann zeigte Screvel mir ihre Zeichnungen – wunderschöne, farbenfrohe Portraits. Zum ersten Mal sah ich sie lachen. Vergnügt glitten ihre Finger über das Papier. Für einen Moment war sie unbeschwert, wie es sich für einen Teenager gehört.

»Meine Mama isst kaum, ihr Kopf schmerzt so sehr, dass sie den Druck an einigen Tagen nicht mehr aushalten kann und nur noch weinend und gekrümmt im Bett liegt. Wegen der Schläge der Dschihadisten brauchte mein Vater sehr lange, bis er wieder richtig laufen konnte. Doch nun kann er seine Bandagen abnehmen.« Screvels Blick wurde wieder schwermütig.

Ich wollte sie auf andere Gedanken bringen und setzte mich neben sie auf den Boden, um gemeinsam mit ihr zu zeichnen. Im Nu skizzierte sie die Gesichter nach, die ich in einfachen Strichen heruntergekritzelt hatte. Eine ganze Traube von Kindern versammelte sich nun um uns, um sich Tricks fürs Zeichnen abzuholen.

Wir waren noch lange zusammen. Meine Freundin Isa saß immer noch bei Screvels Mutter am Bett und hielt ihre Hand.

Ich nahm meine Gitarre und sang leise mein Lied: »*Where the first will be last, and the last will be first.*«[75]

Die Kinder rückten näher zusammen, Screvel kam zur Ruhe – neben ihrem Vater lehnte sie friedvoll an der Wand.

Später am Nachmittag waren Screvel und ich noch einmal allein. Wir holten Eis und setzten uns ins Gras vor dem Container.

»Ich weiß gar nicht, wohin ich gehöre. Aber ich weiß, dass es einen Grund geben muss, warum ich überlebt habe«, sagte sie. »Viele Mädchen meines Alters sind in unserem Land verkauft und versklavt worden.«

Ich fragte sie, was das Malen für sie bedeute.

»Wenn ich zeichne, vergesse ich diese Welt. Dann wird es ganz ruhig in meinem Kopf. Ich höre auf, mir Sorgen zu machen und über morgen nachzudenken. Wenn das weiße Zeichenblatt vor mir liegt, sehe ich eine neue, weiße Welt.«

»Inneres Beten
ist Verweilen bei
einem Freund,
mit dem wir oft allein
zusammenkommen,
einfach um bei ihm zu sein,
weil wir sicher wissen,
dass er uns liebt.«

– Teresa von Avila

ZEICHNUNG EINES JUNGEN

»Lieber, Gott, mach aus mir einen Vogel,
damit ich von hier wegfliegen kann. Weit, weit weg.«
– Jenny in »Forrest Gump«[76]

In einer kleinen griechischen Hafenstadt gab es eine weitere Flüchtlingsunterkunft. Zusammen mit einer Kirchengemeinde hatten wir einen besonderen Nachmittag für die Kinder organisiert. Der Andrang war groß. Es gab Süßes, Spiele und einen Disney-Film.

Zwei ältere Jungs, zwischen zwölf und vierzehn, fielen mir auf. Sie trugen abgerissene Kleidung und hingen auf den Sofas rum. Sie sahen so mitgenommen aus wie nach einer langen Reise und begannen gelangweilt, die Kleineren zu piesacken. Ich ging zu ihnen und versuchte, sie auf neue Gedanken zu bringen. Die Sprachbarriere war nicht ohne, doch irgendwie verständigten wir uns. In meiner Leinentasche hatte ich fast immer etwas zum Schreiben dabei – Notizbuch und Stifte.

Ich setzte mich an einen Tisch und forderte die Jungs auf, sich zu mir zu setzen. »Kommt, wir zeichnen was!«, bot ich ihnen an.

Widerwillig trotteten sie zu mir an den Tisch und guckten skeptisch auf die Zeichenunterlagen, die ich vor ihnen ausgebreitet hatte.

»Hier«, ich reichte ihnen einen Stift.

Der größere Junge lachte und gab den Stift an seinen Freund weiter.

»Kommt«, sagte ich noch einmal und begann irgendetwas zu zeichnen.

Jetzt wurden beide neugierig und setzten sich neben mich. Ich malte wie immer ein Gesicht. Der Jüngere nahm den Stift und führte ihn langsam über das Papier. Sein Freund, der etwas Englisch sprach, kommentierte seine Zeichnung. Ich konnte eine Straße und Autos erkennen.

»*Daesh!*«, sagte er. Schwarze Flaggen waren zu erkennen und eine Wagenkolonne. »Bum! Bum!«, jetzt zeichnete der Junge Männer in schwarzer Kleidung. »*Daesh*!«, sagte sein älterer Freund. »Bum! Bum!«, Schüsse flogen aus den Gewehren.

»Das habt ihr gesehen?«, frage ich.

»Ja«, nickte er und formte seine Hände zu Pistolen. Die Zeichenstriche wurden schneller und heftiger. Aus den Gewehrkolben kam Feuer.

»Wo ist eure Mama und euer Papa?«, wollte ich von ihnen wissen.

»Wir sind allein gekommen, mit unserer Tante«, der ältere Junge wirkte auf einmal ganz klein und schwach.

Behutsam legte ich meine Hand auf seinen Rücken.

»Ich habe Schmerzen«, sagte er und zeigte auf seine Arm- und Kniegelenke.

Gottes Liebe nahm Raum. Der Jüngere hatte die Zeichnung vom Krieg umgeblättert und begann, einen Vogel auf einem Ast zu malen.

»Freiheit«, schrieb der Große in syrischen Lettern auf den Rand des Papiers: »Der Vogel singt von Freiheit.« Der Junge lächelte und bestaunte seine Skizze.

Und ich bestaunte diese beiden Kinder, die ein Zeichen dafür waren, dass Hoffnung auch im tiefsten Grauen existiert.

DER ENGE RAUM

Schon nach wenigen Tagen im Flüchtlingscamp überkam mich eine große Erschöpfung. Ich fühlte mich ohnmächtig im Angesicht von so viel Leid.

Die Grenzen waren verschlossen und fast alle Menschen, die ich im Camp kennenlernte, hatten ihre Pässe während der Flucht verloren oder verkauft. Für sie gab es kein Vor und kein Zurück. Familien lebten getrennt voneinander. Viele ihrer Angehörigen waren noch im Kriegsgebiet. Und in der griechischen Hafenstadt sah man die Flüchtlinge nicht gern. Die Regierung bezahlte das Camp nicht mehr, duldete es nur noch, keiner wusste, wann sie es schließen würde.

Die kurdische Gemeinschaft versuchte täglich mit großer Anstrengung, für Essen und andere lebenswichtige Dinge aufzukommen.

Hier im Camp lebten Menschen teilweise schon seit Monaten, einige sogar seit Jahren, in überfüllten, feuchten Zimmern.

Die Gebäude bestanden aus mehreren dunklen Fluren, von denen kleine Zimmer mit Türen oder Vorhängen abgingen. Einige Zimmer waren so nass und von Schimmel befallen, dass keiner dort wohnen wollte. Trotzdem mussten sie genutzt werden, weil es sonst an Platz fehlte. Die sanitären Anlagen waren deutlich in die Jahre gekommen und es gab nur drei Gemeinschaftsbäder für etwa dreihundert Menschen.

Die Toiletten bestanden aus Löchern im Boden und waren völlig verdreckt, obwohl sie ständig geputzt wurden. In den Fensterrahmen fehlte die Verglasung, sodass die Tauben, die in den Rahmen nisteten, den Bewohnerinnen und Bewohnern beim Zähneputzen über den Kopf flogen und ihre Exkremente überall im Bad hinterließen.

Der Innenhof des Camps war ein einfacher Hof aus Asphalt – Grau in Grau. Einige Mauern waren mit kräftigen Farben besprüht – Partei-Gekritzel und Peace-Zeichen. Der Aufenthaltsraum war am gemütlichsten. Kleine Holztische standen darin, viele Bücher und eine Theke mit Barhockern, an der man süßen, heißen Chai-Tee bekam. Poster von kurdischen Freiheitskämpfern kürten die Wände, einige waren mit Goldrahmen versehen. Ein in die Jahre gekommener Fernseher lief durchgängig, zeigte Musikclips in den Bergen Kurdistans und politische Talkrunden. Der Zigarettenqualm stand bis unter die Decke. Hier saßen Frauen, Kinder und rauchende Männer, die Demonstrationen in Athen für die Freiheit ihres Volkes organisierten. Die meisten Kurden in diesem Camp kamen aus Syrien und der Türkei.

Für die vielen Kinder, die im Camp lebten, fehlte es an Spielmöglichkeiten, der Platz im Zentrum reichte gerade für Ballspiele.

Hinter jedem Vorhang wartete eine weitere traurige Geschichte.

ERSCHÖPFUNG

»Wie der See sich Tropfen um Tropfen auffüllt, so nährt jede Minute echten Gebetes die Seele.«
– Mahatma Gandhi[77]

Ich sah mich in dem kleinen Zimmer um. Dunja bot meiner Freundin und mir Tee an. In einer Ecke lag eine Matratze, auf der ihr Sohn spielte. Stühle gab es nicht. Ich setzte mich auf einen der Teppiche und guckte auf die kahle Wand. Hier war es so trostlos. Einer der Campbewohner hatte mich vor Dunja gewarnt. Die Frau sei gemütskrank und leide unter starken Depressionen.

Dunja saß blass vor uns und kramte ein Foto aus ihrer Handtasche, das sie und ihren Mann bei ihrer Hochzeit zeigte. »Schön seht ihr aus!«, versuchte ich sie etwas aufzuheitern. Doch sie war durch und durch traurig, als hätte ihr jemand einen viel zu schweren Mantel umgelegt. Ihr Mann war im Gefängnis, unschuldig, wie sie beteuerte. Seit zwei Jahren wartete sie auf seine Rückkehr. Ich hielt es in dem engen Zimmer kaum aus und musste raus, um Luft zu schnappen.

Nachdem ich Dunjas Zimmer verlassen hatte, lief ich durch die Gassen der Hafenstadt und rief Stevi an. »Es ist zu viel für mich. Die Frauen sind so hoffnungslos und ich habe nichts, was ich ihnen geben kann.« Ich schüttete ihm mein Herz aus: »Kannst du bitte für mich und uns beten?« Es tat so gut, dass er da war. Er war immer für mich da, wenn ich auf Reisen war.

* * *

Die Neonröhre im Zimmer blieb jede Nacht an, weil sich einige der Frauen fürchteten. Eine junge Kurdin hatte mit mir ihr Bett getauscht. Sie schlief oben im Hochbett, ich durfte unten liegen, um dem grellen Licht zu entgehen.

Müde zog ich die Bettdecke über meine Ohren, um noch ein paar Minuten zu ruhen, doch in meinem Kopf ging es schon drunter und drüber. Alle schliefen noch. Leise packte ich meine Sachen und verschwand ins Bad, wo die Tauben gurrten. Ich putzte meine Zähne und betrachtete mein Gesicht im zersprungenen Spiegel. *Was für ein Leben!*

Ich war nur ein paar Tage hier, während andere Monate und Jahre in diesem runtergekommenen Loch verbrachten. Eine Taube flog dicht an mir vorbei. Ich fluchte, stopfte angewidert Handtuch und Zahnbürste in meinen Rucksack und machte mich auf den Weg Richtung Altstadt, um meinen morgendlichen Cappuccino zu trinken.

Jeden Morgen wachte ich mit handtellergroßen Augenringen auf, trank starken Kaffee und machte Spaziergänge – lange bevor das Camp erwachte.

Als ich wieder zurückkam, waren alle auf den Beinen. Die Frauen waren emsig mit den Frühstücksvorbereitungen beschäftigt und freuten sich riesig über das frische Gemüse und die Backwaren, die ich dazulegte. Jeder trug bei, was er gerade hatte. An diesem Morgen gab es Spiegeleier, frischen Humus, Tomaten und Petersilie vom Markt, Sesamringe und saftiges Obst. Die Gemeinschaft der kurdischen Frauen war einladend. Nie fühlte ich mich unwillkommen oder fremd bei ihnen. Nur mit meinen engsten Freundinnen zu Hause konnte ich so lachen wie mit ihnen. Wir waren bodenlos albern.

DUNJA SIEHT JESUS

Es war schon Nachmittag, als Isa mir auf dem Hof des Flüchtlingscamps aufgeregt entgegenkam: »Hast du schon gehört? Heute Nacht hat Dunja ihn gesehen!«

Schnellen Schrittes liefen wir zu Dunja, um uns zu vergewissern, was tatsächlich vor sich gegangen war.

»Er stand an meinem Bett«, sagte sie auf Kurdisch.

»Und dann?«, fragte ich neugierig.

»Er sagte nichts. Er stand nur da und hielt ein Zepter in seiner Hand«, Dunjas Augen leuchteten und Tränen liefen ihre Wangen hinunter: »Mohammed, der Meister, ist noch nie im Schlaf zu mir gekommen.

Aber heute Nacht stand Jesus, der Herr, an meinem Bett und ich wachte zum Geläut von Kirchenglocken auf. Frieden durchströmte mich.«

In der gleichen Nacht war Jesus auch einer anderen Frau begegnet, die im selben Flur, nur zwei Zimmer weiter, lebte. »Während ich schlief, kam Jesus zu mir und schrieb mit seinem Finger auf mein Kopfkissen. Sein Gesicht war voller Licht. Im selben Moment verschwanden meine Sorgen«, erzählte die Frau.

Am nächsten Tag, auf dem Weg zum Strand, berichtete Dunja einigen Frauen mit großer Freude, dass Jesus selbst sie besucht hatte. Ein Mädchen schaute sie erstaunt an und sagte: »Mir ist Jesus auch im Traum erschienen.«

ISA MESIH GLEICH LIEBE

»Ich habe Sprüche von Plato und Cicero gelesen, die weise und schön waren. Aber bei keinem habe ich gelesen: Kommt her zu mir alle, die ihr mühselig und beladen seid.«

– Augustinus

Eines Abends schauten meine Freundin Isa und ich mit einigen Frauen im Flüchtlingscamp einen Film. Es gab sogar Chips, Schokolade und Popcorn.

Wir quetschten uns auf die einfachen Stahlbetten, mit denen jedes Zimmer ausgestattet war, und kuschelten uns in Decken und Mäntel. Wie von Hühnern auf der Stange hörte man unser fröhliches Gegacker. Meine Freundin hatte einen Film über Jesus von Nazareth mitgebracht, auf den viele der Frauen neugierig waren. Die meisten kannten die Geschichte von ihrem Propheten Mohammed, den Allah zu ihnen gesandt hatte. Andere wiederum waren mit den Lehren von Marx und Lenin vertraut und politisch aktiv. Die Lehren des Christentums waren ihnen noch neu. Wir schauten den Film auf Arabisch mit türkischem Untertitel. Obwohl ich kein Wort verstand, war ich Feuer und Flamme, denn ich kannte den Film noch aus meiner Teeniezeit. Jesus war noch immer meine größte Liebe.

Es war schon spät. Fast alle waren während des Films eingeschlafen. Meine Freundin war in das Nebenzimmer zu einer Gruppe anderer Frauen gegangen.

Nur noch zwei junge Studentinnen saßen mit mir auf dem Bett. Sie unterhielten sich auf Kurdisch, als die Abschlussmusik erklang. Die Worte verstand ich nicht, doch ihre Gesten sprachen Bände.

Bei meinem ersten Besuch im Lager hatten mir die beiden erzählt, dass sie unabhängig voneinander geflohen waren, nachdem sie an Universitäten in der Türkei studiert hatten. Gelegentlich hatten sie für die Gleichstellung der Kurden demonstriert. Viele Freundinnen, Freunde und Angehörige waren in Nacht- und Nebelaktionen verhaftet worden. Manche hatten lange Gefängnisstrafen bekommen. Als auch sie auf dem Radar der türkischen Polizei aufgetaucht waren, hatten sich beide entschlossen zu fliehen.

Auf der Flucht nach Griechenland hatten sich die jungen Frauen kennengelernt und mit anderen Kurdinnen Leid und ein Zimmer geteilt.

Als ich sie das erste Mal im Camp besucht hatte, wirkten die Mädchen müde und matt. Sie vermissten ihre Familien. Doch zurück in die Türkei zu gehen, hätte ihre sofortige Verhaftung bedeutet.

Beide waren freiheitsliebende Künstlerinnen, deshalb verstanden wir uns so gut.

Auch dieses Mal hatten wir schon viel Zeit miteinander verbracht: Wir zeichneten, machten Musik, gingen ins Café und ans Meer. Am Wasser, draußen am kleinen Fischerhafen, sangen meine Freundinnen kurdische Lieder. Ihre Klagelieder rührten mich an. So wie einst auf dem Berg der Seligpreisungen verkündet worden war: »*Glückselig die Sanftmütigen, denn sie werden das Land erben. Glückselig, die nach der Gerechtigkeit hungern und dürsten, denn sie werden gesättigt werden*« (Matthäus 5,5-6; ELB).

* * *

Nach dem Abspann des Films versuchten wir uns per Handyübersetzer zu unterhalten. Die beiden Frauen reflektierten erstaunt, was sie gesehen hatten: »Jesus war auch ein Flüchtling und sogar noch ärmer als wir.«

Eine der beiden malte mit ihren Händen ein großes Herz in die Luft und umarmte sich mit einer überschwänglichen Geste selbst. Sie wiederholte den Namen *Isa*. Erst nach einer Weile begriff ich, dass *Isa* »Jesus« auf Kurdisch bedeutet.

»*Isa* und Sarah sind Liebe, und *Isa Mesih* ist Jesus«, sagte sie begeistert und machte uns mit Händen und Füßen deutlich, dass wir wie Jesus handeln würden.

Am Tag zuvor hatte mir die junge Frau noch zu verstehen gegeben, dass sie Atheistin sei. Und jetzt strahlte sie, als sie den Namen *Isa Mesih!* sagte.

Wir drei knieten uns in dieser Nacht auf den Boden der Flüchtlingsunterkunft und beteten zu *Isa Mesih*, dem Sohn Gottes. Wir baten ihn, unser Herz und unser Leben ganz zu erfüllen.

Tags darauf bei einem Spaziergang kehrte ich mit einer der Frauen in einer griechisch-orthodoxen Kirche ein.

»Möchtest du etwas singen?«, fragte ich sie. »Ein kurdisches Lied?«

Unsicher schaute sie sich um: »Wirklich, darf ich hier singen? Auf Kurdisch?«

Ich lächelte und nickte. Als sie in der alten Kirche zu singen begann, liefen uns beiden die Tränen. So wohltuend war ihre Stimme.

Und schließlich sangen wir gemeinsam das Lied des ehemaligen Sklavenhändlers John Newton: »*Amazing grace, how sweet the sound ...*«[78]

STARKE NEVROS

»Wir werden uns an dem Ort treffen, an dem es keine Dunkelheit gibt.«
– George Orwell[79]

Nevros war eine der Frauen, die mir wie durch die Linse einer Kamera auffiel. Mit einem Wäschekorb stand sie am Vorhang ihres Zimmers der Flüchtlingsunterkunft. Sie war schön und aus ihren Augen sprach das Ringen nach Freiheit – zwischen Aufhellung und Dunkelheit. Ich hörte sie Lieder alter Sängerinnen und Sänger singen, die vor ihrer Zeit auf bergigen Anhöhen gelebt hatten. Folkloristische Melodien, die von der Stärke ihres Volkes zeugten.

Das winzige Zimmer, in dem ich sie besuchte, teilte sie mit ihren vier Kindern. Ihr kleinster Sohn war erst wenige Monate alt. Wir saßen auf dem Fußboden und ich hielt ihr Baby in meinen Armen, während Nevros für uns sang. Ein kurdisches Lied. Die Frauen, die mit im Zimmer waren, senkten ihre Gesichter in ihre Tücher und weinten. Sie kannten das Lied, das Nevros in ihrer Muttersprache sang. Sie gab es an uns weiter, wie eine geheime Botschaft, in der sie das Schicksal ihres ältesten Sohnes verarbeitete, der plötzlich am helllichten Tag verschwunden war und erst nach zwei Jahren gebrochen wieder heimgekehrt war. Er trug ein schweres Geheimnis, von dem er nicht sprechen konnte.

Der Krieg hatte auch vor ihrem Zuhause nicht Halt gemacht. Die Kinder waren in Gefahr und Nevros' Mann hatte ihr Gewalt angetan. So hatte die lange Odyssee begonnen, mit ihren Söhnen nach Europa zu fliehen.

* * *

Meine Freundin und ich hatten einige der Frauen im Camp zum Essen eingeladen. Eigentlich hatten die Frauen uns eingeladen, denn sie hatten uns bekocht. Es gab Reis, selbstgemachten Joghurt, verschiedene Gemüsesorten und Hähnchen mit Zitrone und gerösteten Mandeln. Wir saßen wie bei einem ausgelassenen Picknick in der Unterkunft auf dem Boden und schnatterten und erfreuten uns an dem köstlichen Essen.

Auch Nevros saß bei uns, bis sie einen Anruf auf ihrem Handy erhielt. Aufgewühlt lief sie im Zimmer umher. Ich vernahm eine harsche Männerstimme, die ihr Anweisungen zu geben schien. Ihr kleiner Sohn begann auf meinem Arm zu weinen. Nach etwa zehn Minuten war das Telefonat beendet.

Ein Schlepper hatte sie angerufen, um ihr die nächste Etappe ihrer Fluchtroute mitzuteilen. Früh am nächsten Morgen würde sie mit ihren Kindern einen Bus nach Athen nehmen, um sich von dort über die Balkanroute bis nach Europa durchzuschlagen. Ihr Endziel war Deutschland.

Der Kühlschrank in Nevros' winzig kleinem Zimmer war gähnend leer. Sie benötige dringend Babymilch für ihren Sohn, sagte sie mir.

Mit Lebensmitteln und Babynahrung kam ich vom Einkauf zurück. Über das bunt bestickte Portemonnaie mit dem goldenen Reißverschluss freute sie sich ganz besonders. Ich konnte es sogar mit etwas Geld befüllen, das mir Freundinnen und Freunde aus Deutschland für die Frauen im Camp mitgegeben hatten.

Im Morgengrauen packten wir ihre wenigen Sachen. Müde lächelnd machten wir ein letztes Handybild – Nevros hatte kaum geschlafen. Ich bot ihr meinen Trolley an, aber sie schüttelte den Kopf und versuchte mir zu erklären, dass die Rollen des Koffers zu laut seien. Überall gäbe es Kontrollen und man dürfe keinen Laut von sich geben, weil sie mit ihren Söhnen heimlich über die Grenzen kommen müsse. Die Taschen platzten aus allen Nähten. Ihre Jungs trugen zwei Pullover und Hosen übereinander – Mützen und Schals. Der Säugling lag in eine Decke gehüllt in einer Trage, dessen Riemen gerissen war. Nevros hatte das bunt bestickte Portemonnaie fest unter ihre Bluse gesteckt. Voll bepackt mit Rucksack, Beuteln und der Babytrage unterm Arm machten wir uns auf den Weg zum Busbahnhof. Einige Flüchtlingsfrauen begleiteten uns noch bis zum Ausgang der Unterkunft, mit Tränen verabschiedeten sie sich.

Der Bus kam pünktlich. Die Kinder kletterten mit ihrer Mama in die letzte Reihe. Lange nahmen wir uns in den Arm. Nevros hatte meine Nummer und ich ihre. Ich hoffte sehr, sie wiederzusehen. Dort, wo es keine Dunkelheit mehr gibt.

FLUCHTROUTE PER HANDY

Nevros und ihre Söhne durchquerten Länder – flüchteten über Berge und das Meer. Statt Zuflucht zu finden, wurden sie immer wieder von der Polizei festgehalten. Während ihrer Flucht schickte sie mir Bilder aus Wäldern in Bosnien, in denen sie nachts mit ihren Jungs im Dickicht schlief. Tagelang hatten sie kaum etwas zu essen, tranken Wasser aus Pfützen und Flüssen. Manchmal konnten wir ihr Geld schicken und wir beteten, was das Zeug hielt. Übers Handy schickte sie uns die Standorte, wo sie gerade waren. Stevi und ich kontaktierten Bekannte, die in der Nähe ihrer Route wohnten, doch niemand wollte etwas für sie tun. Es sei illegal, Flüchtlinge ohne Pass zu beherbergen.

Dann riss unser Kontakt für mehrere Tage ab. Ich konnte sie einfach nicht mehr erreichen.

Verlaufen in einem eigentlich unpassierbaren Grenzabschnitt fand sie durch dichtes Waldgebiet ihren Weg, bis sie schließlich – eines Nachts – völlig erschöpft mit ihren Söhnen die deutsche Grenze überquerten konnte.

Nevros und ihre Familie leben in Sicherheit. Ich besuchte sie mit unseren Kindern und sang Lieder mit ihr, bei einem meiner Konzerte. Unser Konzert hält bis heute an.

Dieses Lied beginnt mit dem Gesang von Nevros. Es handelt von Menschen, die ich getroffen habe, die ihre Heimat aufgrund von Krieg verlassen mussten, obwohl ihr Land für sie das schönste der Welt ist.

IN MY COUNTRY[80]

In my country
I conquered the highest mountain
Travelled the wind in the tall green gras
I dreamt of peace in the midst of crowded streets
Held the hand of my true love deep

In my country
I shared my home with a stranger
I picked the fruit from the garden of my father's land
We lived in peace through generations
A Kurdish song for my family

Voice from the sea
Voice from the sky
Who's gonna be free
Who's gonna be free

In my country
My love and I had many children
Our home was a house under olive trees
We lived in peace through generations
from Lebanon to Greater Syria

Voice from the sea
Voice from the sky
Who's gonna be free
Who's gonna be free

**»Ziehe dich ab und an
von dem zurück,
womit du dich beschäftigst.«**

– Bernhard von Clairvaux

KAPITEL X

»Versuchen,
in allen Dingen,
dem Vorbild Jesu nachzufolgen.«

– William Gibson Sloan[81]

SCHNAPPSCHUSS

Zehn Tage Flüchtlingscamp lagen hinter mir. Ich flanierte durch die Fußgängerzone, in meinen Gedanken noch immer bei den kurdischen Frauen. Als ich die Bank kurz vor dem Springbrunnen passierte, erinnerte ich mich an eine Szene, die ich hier vor ein paar Jahren erlebt hatte …

Es war irgendwann im späten Herbst. Ich war mit meiner kleinen Tochter in die Stadt gefahren. Die Bäume hatten ihre Blätter verloren und standen kahl in der langen Allee. Noch waren wenige Menschen auf den Beinen. Ich zog mir den Schal über die Nase und hielt meine Tochter eng bei mir, um sie zu wärmen.

»Guck mal! Da liegt jemand«, sagte ich zu ihr und zeigte auf eine Straßenbank in der Fußgängerzone. Der Morgennebel stand noch tief, während in den Schaufenstern allmählich die Lichter angingen. Auf der Bank lag tatsächlich ein üppiges Bündel. Eine Frau, eingerollt in ihre Jacke. Junge und alte Leute liefen an ihr vorbei. Sie hatte Mütze und Kapuze tief ins Gesicht gezogen und schien zu schlafen.

»Komm!«, sagte ich und zog meine Tochter hinter mir her. »Wir holen Kaffee!«

Der Geruch von frischen Backwaren wehte uns durch die offene Ladentür entgegen und die Welt wirkte so in Ordnung.

Mit Brötchentüten und Heißgetränken gingen wir zurück zu der Frau, die mittlerweile aufgewacht war.

»Guten Morgen. Möchtest du Kaffee und ein Brötchen?«, fragte ich.

»Oh, gerne!«, frohlockte sie mit rauer Stimme und rutschte etwas zur Seite, um uns Platz zu machen. Wir frühstückten zusammen. Solange das Wetter wie heute bliebe, könne sie noch draußen schlafen, und nach einem so schönen Start in den Tag habe sie sowieso gute Laune, schnackte sie munter drauflos. Doch dabei sah sie ganz verfroren aus. Meine kleine Tochter wollte weiter und zog mich am Ärmel.

Auf der gegenüberliegenden Straßenseite beobachtete uns eine junge Frau mit ihrer Kamera. Unsere Blicke streiften sich und sie kam auf uns zu. »Danke für eure Inspiration! Ich will zukünftig weniger an Menschen vorbeilaufen, sondern öfter stehenbleiben und nachfragen«, sagte sie und fragte, ob sie ein Portrait von meiner Tochter und mir machen könne.

Als sie mir das Foto per Mail schickte, schrieb sie, dass Jesus ihr Vorbild sei und wir sie an ihn erinnert hätten.

KINDER AUS ALEPPO

»Es gibt viele Gedanken, die schon immer da waren, und die plötzlich neu werden.«
– Fjodor M. Dostojewski

Ich saß auf meinem Sofa und scrollte durch irgendwelche Posts von irgendwelchen Leuten, die ich nicht kannte, und vertat meine Zeit. Ich überflog einen Beitrag aus Aleppo, in dem jemand um Hilfe für Mütter und Kinder bat. Aleppo, einst eine Perle Syriens, war zu einem der schlimmsten Kriegsschauplätze des Landes geworden.

Knapp schrieb ich eine Zeile unter den Post, um mein Gewissen zu beruhigen: »Wie kann ich helfen?« Nur wenige Minuten später antwortete mir ein junger Mann: »Guten Morgen. Danke für dein Interesse. Mein Freund und ich helfen Kindern und Witwen in Aleppo. Wir sind keine Organisation, nur Freunde, die in ihrem Land helfen wollen.« Der junge Mann aus Aleppo hieß Shadi.

Wir schrieben kurz hin und her und verabredeten uns schließlich zum Telefonieren.

Die Nachrichten über Aleppos Verwüstung gingen mir näher, als ich gedacht hätte.

Bei einem Bombenangriff in Aleppo war Shadis ganze Familie, samt Eltern und Geschwistern, ums Leben gekommen – in einem Moment. Nur er hatte überlebt. In den Sekunden der Explosion war er nicht zu Hause, sondern an der Universität in Damaskus gewesen. Am frühen Morgen hatte ihn der Anruf seines Freundes Abdullah erreicht, der ihm die traurige Nachricht vom Tod seiner Familie mitgeteilt hatte. Von jeglichem Lebensmut verlassen, war Shadi aus seiner Heimat geflohen. Vorerst war er in Griechenland gestrandet, wo er begonnen hatte denen zu helfen, die wie er alles verloren hatten. Im Besonderen nahm er sich der Frauen und Kinder in Flüchtlingslagern an. Wenn er etwas Geld hatte, schickte er es nach Aleppo zu seinem Freund Abdullah, der sich dort um Witwen und ihre Kinder kümmerte. Inzwischen hatte sein Weg Shadi bis nach Frankreich geführt.

Wir telefonierten nun regelmäßig. Gepackt von seiner Leidenschaft für all diejenigen, die im Syrienkrieg zurückgeblieben waren, traf ich ihn in einem Café in Frankfurt. Wir stellten uns die Frage, wie eine Musikerin und ein angehender Koch vor Ort in Syrien etwas bewegen könnten.

Zunächst skypten wir mit Shadis Freund Abdullah und waren plötzlich live in Aleppo. Abdullah zeigte uns per Handy ein paar Seitenstraßen. Ich konnte Ruinen erkennen und Kinder, die in den Ruinen nach Essen suchten. Ich sprach mit einigen Witwen, während Shadi übersetzte. Die Liebe Gottes war spürbar, sogar über Skype konnte man sie empfangen. Bei unserem Treffen holte Shadi ein kleines Kreuz aus einem schwarzen Lederetui hervor – ein Erinnerungsstück seiner Eltern, das er aufbewahrt hatte. Wie kostbar der Moment, als er mir dieses Kreuz schenkte und wir zusammen beteten. Wir legten unsere Pläne Gott hin, denn wir hatten nicht viel, außer ein paar verrückter Ideen und 300 Euro. Wie die fünf Brote und zwei Fische, die Jesus auf wundersame Weise vermehrte, baten wir Gott, uns genügend zu geben, damit viele, viele Menschen satt würden.

Wie ein Strom an Zuwendung, der nicht abreißt, können wir schon seit mehreren Jahren Witwen ein Zuhause geben und ihre Kinder wieder zur Schule schicken – Öfen in Flüchtlingscamps mit Holz befeuern und Lebensmittel für Hunderte Bedürftige austeilen. Dank eines Teams von Helfenden, das vor Ort aktiv ist, können Shadi und ich diese Projekte koordinieren. Manchmal staune ich, was aus einem kleinen Samen erwachsen kann. Obwohl ich nur bei Konzerten und in den sozialen Medien auf unsere Projekte aufmerksam mache, vervielfachte sich das überschaubare Startkapital bereits hundertfach. Wir nennen diese Arbeit: »Refugeeum Syrien« (Zufluchtsort Syrien).

GREGORY DER TROUBADOR

Aus der Ferne hörten wir Musik. Jemand spielte Flöte. Ich dachte an meine ersten Versuche auf der Blockflöte. Meine Tochter und ich folgten der Musik durch die belebten Passagen. Ein kleiner, tänzelnder Mann stand inmitten der Fußgängerzone. Kaum jemand schenkte ihm Gehör, obwohl er aus Leibeskräften pustete. Es war nichts vom »Indian Summer« zu spüren. Kein Panflöten-Gesäusel, das sich süßlich über uns ergoss. Dieses Instrument war geheimnisvoller. Es war der schönste Flötenklang, den ich jemals gehört hatte.

Bei der nächsten Atempause lächelte uns der kleine Mann zu.

»Das ist ein wunderschönes Instrument«, sagte ich und zeigte auf das Holzstückchen.

»Danke«, er verneigte sich leicht. »Die Flöte kommt von meiner Oma. Sie hat lange auf dem Dachboden gelegen, bis ich sie eines Tages gefunden habe«, erzählte er.

Wir sprachen in einem Mischmasch aus Deutsch und Englisch. Die kleine Holzflöte war sein Glück. Mit ihr reiste er durch ganz Europa und verdiente das Geld für seine Frau und Kinder in der Ukraine.

Ich erzählte ihm von dem Ort mit den vielen Musikinstrumenten, an dem wir lebten. Er war ganz Ohr. Ich fragte ihn, wo er diese Nacht schlafen würde. Er redete von einem Hostel und zeigte mit großen Armbewegungen, dass der Weg dorthin weit sei. Nachts, wenn es finster würde, habe er Angst, verdeutlichte er mit der Mimik eines weinenden Clowns.

»Wie heißt du eigentlich?«, fragte ich ihn.

»Ich bin Gregory. Aber für euch bin ich Greg«, lächelte er.

»Möchtest du mit zu uns kommen?«, platzte es aus mir heraus.

Greg nickte.

»Aber, warte, ich muss erst meinen Mann fragen, ok?«, sagte ich, rief Stevi an und erzählte ihm von dem heiteren *Troubadour* (Künstler). Stevi freute sich und auch meine Tochter Pekks gab ihr Go. Gemeinsam liefen wir zum Auto, um Gregs Sachen aus dem Hostel zu holen.

Greg lebte von der Hand in den Mund. Von den kargen Einnahmen, die er auf der Straße verdiente, ging viel Geld in die Übernachtungen.

Ich begleitete ihn zur Rezeption der Unterkunft. Es roch nach Bier und Gras. Hinter dem dunklen Tresen hockte eine Frau mit Dreadlocks. In der Ecke des Raums stand ein Klavier, auf dem ein dickes, staubiges Buch lag. Eine uralte Bibel. Greg faltete zum Spaß seine Hände und zeigte auf die Bibel. Die Frau guckte mürrisch vom Tresen auf. Wir erklärten ihr zügig, dass Greg von jetzt an keine Übernachtung mehr in dem Hostel brauche, zahlten und verschwanden.

Draußen war es dämmrig geworden. Vor dem Hostel sah es aus wie in einem New Yorker Hinterhof. Bierflaschen lagen auf den Gehsteigen, zwielichtige Gestalten lehnten an der Mauer und starrten.

»Nichts wie weg hier«, flüsterte ich und sprang mit Greg zu den anderen in den Wagen. Im Auto sagte Greg, dass er Christ sei und in den letzten Tagen vor lauter Angst ganz viel gebetet habe.

GREG WILL NICHT WEG

Greg und Stevi mochten sich auf Anhieb, auch unsere Kinder hatten gleich einen Draht zu ihm. Genauso schnell, wie ich zur Stelle war, war ich auch schon wieder weg. Im Fall des kleines Troubadours erledigte Stevi die meiste Beziehungsarbeit. Greg redete viel und war in heller Begeisterung über die Instrumente in unserem Haus, die er alle spielen konnte. Er war ein fröhlicher Kerl und äußerst intensiv.

Am Sonntagnachmittag luden wir unseren Freundeskreis ein und Greg spielte uns auf der Flöte seiner Oma ein Hauskonzert. Es war faszinierend, wie viele Töne er aus dem winzigen Instrument holte und dabei flink und koboldhaft durchs Zimmer hüpfte. Er beschenkte uns mit seinem ganzen Wesen.

Doch meine Gastfreundschaft kam bald an ihre Grenzen. Schon nach wenigen Tagen ging mir der hibbelige Ukrainer mächtig auf den Keks. Greg hingegen schien sich wohlzufühlen und zog seinen Aufenthalt in die Länge. Stevi hatte nichts dagegen. Nach einer kaugummiartigen Woche zog es ihn endlich wieder auf die Straße, denn er war

Musiker und Weltenbummler. Am Abend vor seiner Abreise frage er Stevi nach Geld. Stevi, großherzig wie er war, gab ihm gerne, ohne es zurückzuverlangen.

Ich hingegen ärgerte mich und dachte: *Greg hat doch schon so viel von uns bekommen*, und zählte innerlich auf, was wir alles für ihn getan hatten. *Außerdem verdient er doch Geld durchs Flötespielen*, dachte ich gereizt. Ich war froh, wieder in meinen Alltag abtauchen zu können. Paradoxerweise vermisste ich Greg nach einer Weile und schämte mich für meine Kleinlichkeit. Stevi erreichte Greg erst wieder, als Krieg in der Ukraine ausbrach.

EIN LETZTES LIED FÜR MANNI

»One day I will find the right words, and they will be simple.«
– Jack Kerouac[82]

Manni war mein Freund. Er lebte im Dorf nebenan und jeder in der Nachbarschaft kannte ihn. Zehn Jahre lang sah ich ihn fast täglich über unseren Hof schlendern. Er war eine echte Erscheinung mit seinen langen weißgrauen Haaren, einem ebenso grau zerzausten Bart und einem ganz eigenen Klamottenstil. Er war der hippste aller Hippies. Zur Weihnachtszeit, wenn die Tage länger wurden, trug er eine rote Zipfelmütze, die sich bewegte und die, wenn man daran zog, mit einem sprach. Dann sah Manni aus wie der Nikolaus. Ich glaube, er war genauso großzügig und trug das Herz am richtigen Fleck. Manni hatte eine bewegte Geschichte. Aufgewachsen in Sachen hatte er wegen politischer Uneinigkeiten in Bautzen im Gefängnis gesessen und es dort sehr schwer gehabt.

Sein Leben zeigte viele Brüche. Er trank zu viel und sein Sohn fehlte ihm. Die Frau war über alle Berge. Seine Wohnung war verwahrlost und trotzdem urgemütlich. Unzählige Stofftiere fanden auf seinem Sofa Platz, auch »Pittiplatsch« gehörte dazu. An der vergilbten Tapete in seinem Wohnzimmer hingen Fotos von seiner Familie. Bilder, die ihm viel bedeuteten, es hing dort alles, was er liebte, besonders Frauen und Autos. Im Eckschrank einer alten Holzvitrine stand ein Sammelsurium von Matchbox Autos und an der Tür zu seinem Schlafzimmer hefteten Briefe und Grüße von weniger als einer Handvoll Freundinnen und Freunden. Er guckte gerne Fernsehen, war immer gut informiert und liebte Märchenfilme.

Rechts neben seinem Fernsehtisch stand ein Kreuz aus vergoldetem Messing, an dem er jeden Abend vor dem Zubettgehen betete. Er glaube an das Leben danach. An ein Leben ohne Schmerz und Tränen. Manchmal sprachen wir über den Himmel, denn wir ahnten, dass die Tage von Mannis Leben gezählt waren.

An einem warmen Sommerabend nahmen wir uns ein letztes Mal in den Arm. Es war ein Fest in seinem Dorf gewesen und wir trafen uns im Bierzelt, weil ich ihm ein Lied widmen wollte. Er hatte direkt vor der Bühne gesessen und geweint, als ich für ihn »Light Oh! Light!« sang.

Für das Musikvideo dieses Liedes besuchten ein Freund und ich Menschen mit der Kamera, die uns wichtig waren, um zu zeigen, wie und wo sie leben. Auch einen Ausschnitt aus Mannis Leben konnten wir dokumentieren. Er liebte dieses Video und war stolz, Teil davon zu sein.

Nur wenige Monate später überquerte Manni den Fluss ins verheißene Land.

THE
KINKS

VINCENT AUF DER STRASSE

»Oh, ich bin mutig, ich bin frisch, ich wandere, wandere, und wenn es tausend Jahre währen sollen.«
– Fjodor M. Dostojewski

Auf einem Bildschirm loderte ein Feuerchen und samtweiche Kissen bedeckten das Federbett des herrschaftlichen Zimmers. Es war viel zu warm. Ich ärgerte mich, weil die Heizung so modern war, dass ich sie nicht regulieren konnte. Nachdem ich mich reichlich am Frühstücksbuffet erquickt hatte, machte ich mich auf den Weg zum Bahnhof. Das Hotel war nur wenige Minuten vom Berliner Hauptbahnhof entfernt. Der Boden war vereist. Es hatte zu schneien begonnen. Ich trug das falsche Schuhwerk und hielt mich an meinem Trolley fest, um nicht auszurutschen. Zu meiner Linken, unter einer Betonüberdachung, lagen durchnässte Pappen auf dem Boden. *Ob da nachts Leute schlafen?* Ein paar Schritte weiter fiel mir ein lila Schlafsack auf, der leer zu sein schien.

Vorsichtshalber blieb ich stehen, stellte meinen Rollkoffer ab und streckte kurz meine Hand nach dem Schlafsack aus. *Oh, doch nicht so leer wie erhofft!*, dachte ich.

Noch einmal pikste ich leicht mit meinem Zeigefinger in den lila Haufen. Auf dem kalten Boden regte sich etwas. »Hallo?«, fragte ich.

»Hallo!«, sagte es zurück. Unter dem Schlafsack kam ein zerzauster, blonder Haarschopf zum Vorschein. Ein junges, freundliches Gesicht schaute mich an. Ein warmes Lächeln, viel zu dünn bekleidet.

»Ist dir nicht kalt?«, fragte ich den jungen Mann.

»Es geht schon, es geht schon!«, antwortete er mit fröhlicher Stimme.

Sein Körper war schmal und seine Zähne etwas schief. Seine Haut war blass und voller Sommersprossen. Seine Augen waren blau und leuchtend. Es steckte Leben in ihm.

»Brauchst du etwas?«, fragte ich den Mann. »Kaffee, oder warmen Tee?«

»Ja, später«, sagte er und mummelte sich wieder in seine Behausung.

Ich steckte ihm etwas Geld zu und fragte: »Möchtest du meine Jacke? Es ist sehr kalt.«

»Es geht, es geht«, sagte er und bedankte sich.

»Alles Gute!«, verabschiedete ich mich und strich über den lila Polyesterschlafsack.

»Für dich auch!«, sagte er und lächelte.

Mit leichtem Gepäck und beschwerten Herzens ging ich meines Weges. Was für ein Gegensatz. Unsere warmherzige Begegnung und die eisige Kälte.

»Deinen Mantel!«, hörte ich es sagen. Meine Schritte wurden langsamer. Und wieder sagte die Stimme in mir: *»Deinen Mantel!«* Ich blieb stehen. Unter meinem langen Wollmantel trug ich einen dicken Pullover. Für die paar Meter zum Bahnhof würde der Pulli reichen und dann wäre ich schon im beheizten Zug.

Ich drehte mich auf dem Absatz um und ging erneut zu dem lila Schlafsack: »Hallo!«

»Hallo!«, kam es freundlich zurück.

»Ich denke, dir ist kalt, und ich möchte dir meinen Mantel geben. Er ist sehr warm und eigentlich für Männer. Probier mal an!«, purzelte es aus mir heraus.

Der junge Mann streifte den Schlafsack ab und setzte sich auf. Ich legte meinen Mantel um seine Schultern.

»Das ist schön warm!«, sagte er strahlend.

»Jetzt probier mal ganz an«, forderte ich ihn auf.

Er schlüpfte ganz in die große Jacke und breitete seine Arme aus, als würde er fliegen. Die Jacke passte zu ihm und der junge Blonde erinnerte mich in diesem Moment an Jonathan, den großen Bruder von Krümel, der den Drachen besiegte, weil sein Herz so schön war.

»Wie heißt du?«, fragte ich ihn.

»Vincent«, sagte er. »Vincent aus Lettland.« Dabei sah er aus wie ein Schafhirte. Neben ihm lag eine dunkelbraune Stoffpuppe, die genau wie er ein Lächeln auf dem Gesicht trug.

»Wer ist das?«, fragte ich ihn.

»Das ist Ali, AAAli«, sagte er mit einer starken Betonung auf dem A, »eine arabische Puppe.« Vincent guckte Ali an und sagte zu der Puppe: »AAAli, sieh mal! Ich habe eine neue Jacke.« Dann kuschelte sich Vincent samt Wollmantel mit Ali im Arm wieder in seinen lila Schlafsack und schloss seine Augen.

Bald ist Weihnachten, dachte ich und lief glücklich zum Bahnhof.

**»Bewahre dir in allen Dingen
die Freiheit des Geistes und sieh zu,
wohin er dich führt.«**

– Augustinus

SARAHS GARTEN

Das Leben auf dem Land hatte seinen ganz eigenen Rhythmus. Die Gemeinschaft war ein wunderbarer Ort gegen Einsamkeit. Meine Familie und ich lebten nun schon seit mehr als zwölf Jahren in einer Kommunität im Dorf auf einem Schloss, umgeben von Feldern und Obstplantagen. Im Frühling war es hier besonders schön, weil die Natur so prächtig und bunt war. Im Sommer waren die vielen Kinder mit ihren Familien oft draußen. Wir grillten und trafen uns abends am Lagerfeuer. Künstlerinnen und Künstler saßen in unserem Innenhof, und wenn man wollte, konnte man sich immer und überall dazugesellen. Über die Jahre von Fülle und wachsendem Trubel sehnte ich mich vermehrt nach Stille und dem Alleinsein.

In den Ferien besuchte ich meine Schwester. Wir saßen oft in ihrem Garten und ließen die Seele baumeln.

Zurück im Gewusel der Gemeinschaft bat ich Gott auch für mich um einen kleinen Garten. Am liebsten nur zwei Straßen weit weg, damit ich mit meiner Tasse Kaffee hinüberlaufen könnte.

Bei einem Spaziergang durchs Dorf, nur wenige Wochen später, sprach mich der Ortsvorsteher an und sagte: »Sarah, ich hörte, du suchst einen Garten?« Ich war überrascht, weil mir gesagt worden war, dass es keine freien Gärtchen mehr in der Umgebung gäbe.

Ich folgte ihm bis ans Ende einer Sackgasse, in die ich schon viele Male zuvor eingebogen war. Neben einer dichtbewachsenen Hecke stieß er ein hölzernes Tor auf.

Einen Moment lang stand ich im Garten meiner Kindheit. Bienen summten, das Gras stand hoch und es roch nach Kamille und würzigen Blumen.

»Dieser Garten ist noch frei«, hörte ich ihn sagen. Bewegt von Gottes zarter Fürsorge stand ich noch eine ganze Weile da und betrachtete das kleine Eden.

Ich besorgte mir allerhand Samen und begann den Garten anzulegen. Zuerst lärmten die Gedanken noch, doch bald schon konnte ich das Summen und Singen der Wiese vernehmen. Deshalb ließ ich sie stehen, damit möglichst viele Tiere darin Platz fänden.

Im Sonnenlicht des ersten Frühlings entdeckte ich, wie Krokusse, Schneeglöckchen und Winter Aconites ihre Köpfchen reckten. Eine kleine Feldmaus beäugte mich kritisch beim Beackern meines ersten Gemüsebeetes und auf riesenhaften Rhabarberblättern tanzten winzige Käfer Tango.

Es blühte immerzu etwas in meinem Garten. Die Pflanzen machten, was sie wollten, und über Nacht passierten Wunder. Mein Garten war eine Welt für sich. Sie mochte eingeschränkt und klein wirken, doch war sie unendlich in ihrer Farbenpracht, in ihrer Lebendigkeit unergründlich. Ich wuchs mit meinem Garten und pflückte die Tage.

KAPITEL XI

»Ich bekomme jedes Mal Angst, dass ich irgendwie lange Geschichten erzähle, plötzlich den Faden verliere und nicht mehr weiß, wovon ich rede.«

– Neil Young[83]

AMONG 10 000

Tag und Nacht im Studio. An zehn langen Tagen hatten meine Band und ich neunzehn Songs eingespielt und aufgenommen. Was für eine Erfahrung! Ich würde noch lange davon zehren.

Am ersten Tag probierten wir mit zwei großartigen Tontechnikern den Sound an der alten Neve Console, Pre-Amps, Röhrenverstärker und allerlei weiterem Zeug. Während Janik sein Schlagzeug aufbaute und Moritz verschiedene Bässe probierte, richtete ich mir in einer Ecke des Regieraums ein kleines Wohnzimmer mit Sofa, Büchern und Familienbildern ein, um richtig anzukommen. Unser Plan war es, so viel wie möglich live einzuspielen. Unsere erste Session startete mit dem Song »1 Way Track«, den ich erst wenige Tage zuvor geschrieben hatte und eigentlich als »Hidden Track« für das Album gedacht hatte. Wir setzten die Kopfhörer auf und begannen zu spielen. Moritz hatte sich für einen Fender-Bass entschieden und Janiks Drum-Sound klang super. Der Rhythmus war genau richtig. Ohne Anstrengung konnte ich mich mit meiner Akustikgitarre und Stimme in den Sound legen. Nach nur wenigen »Takes« war der Song im Kasten.

Andere Songs waren mühseliger und dauerten Stunden. Man muss einfach dranbleiben und darf nicht lockerlassen. Ich bin überzeugt, dass es den »goldenen Take« gibt, den Moment, in dem alles zusammenkommt. Während der Aufnahmen las ich Neil Youngs Biografie.

Nicht nur wir mühten uns ab, den passenden Sound zu finden, auch er und seine Band suchten immer wieder aufs Neue danach.

»Es brauchte viele Versuche und dauerte bis in die Morgenstunden, aber schließlich hatten wir den Take«, schrieb Neil in seiner Biografie.[84]

In den ersten vier Tage spielten Moritz, Janik und ich die Hälfte des Albums ein, dann gab es einen fliegenden Wechsel. Dave gesellte sich an den Drums zu uns, Karsten brachte seine Pedal-Steel mit und David kam mit einer weiteren Akustikgitarre und seinem Banjo dazu. In einer schönen Nachtsession nahmen wir »Scary Mountain« und im Anschluss »Shadow Of A Mountain« auf.

Zwei Berge waren erklommen.

LIGHT OH! LIGHT[85]

You shine for the beggar
in dark empty streets

You shine for the woman
who sells her body while
her soul bleeds

Light oh Light
Light of the world
Light oh Light
Light in the dark

You shine into the ruins
of a cold lonely heart

You shine for the widow
who lost her man in a war
with no end

Light oh Light
Light of the world
Light oh Light
Light in the dark

You shine for the children
lost in the doorways
where bombs still fall

WIEDER AUF TOUR

Es war stark, wie die Lieder vom neuen Album live mit ganzer Band klangen. Nach einer langen Pause waren wir endlich wieder zusammen unterwegs.

An jedem Abend spielten wir so, als wäre es unser letzter. Wir inhalierten jeden Ton. Das Publikum schien genauso sehnsüchtig. Wir schüttelten den Staub der letzten Monate von uns ab. Es war unglaublich. Nach anderthalb Jahren der Abstinenz konnten wir als Band wieder live spielen. Gemeinsam in einem Raum Musik zu erleben, diese Atmosphäre war einzigartig und durch nichts ersetzbar.

Besonders in anstrengenden Zeiten wie diesen war Nahrung für die Seele doch unverzichtbar. Und es war wunderbar zu erleben, wie wieder Freude und Lebendigkeit mit unseren Konzerten einzogen. Wie ein neuer Frühling lag die Straße vor uns. Die Monate der Pandemie waren an keinem von uns spurlos vorübergegangen. Einige meiner Künstlerfreundinnen und -freunde waren kurz davor, ihren Beruf zu wechseln. Die Zeit war hart für freischaffende Kreative. Ich drehte die Musik im Tourbus voll auf und fühlte mich wie in meinen Zwanzigern. Ein Wechsel von Farben und Düften strömte durchs offene Fenster. »Twenty One«[86], die Stimme von Dolores O'Riordan ließ mich fliegen.

Plötzlich galoppierten Pat Garrett und Billy the Kid an uns vorbei.

Staub und Luftküsse flogen.

Billy drehte mir sein wettergegerbtes Gesicht zu und rief: »Nimm's nicht so schwer, kleine Lady. Enjoy and seize the day!«

Meine Fantasie schlug Purzelbäume.

Die Tour mit »meinen Jungs« hatte mich wieder wachgerüttelt und mir einen ordentlichen Schub gegeben. Ich wollte die Trübsal der Pandemie hinter mir lassen. Dabei half mir frühmorgens der Blick auf hoffnungsvolle Verse aus der Bibel und weniger das Radio und soziale Medien: »*Deshalb sorgt euch nicht um morgen, denn jeder Tag bringt seine eigenen Belastungen. Die Sorgen von heute sind für heute genug*« (Lukas 6,34; NLB).

EINE BOTSCHAFT

»Der dich gemacht hat, weiß auch, was er mit dir machen will.«
– Augustinus

Ich zog mich für letzte Vorbereitungen in einem Zimmer über dem Café zurück und kämpfte mit destruktiven Gedanken. Es fiel mir schwer, nach langer Pause wieder auf die Bühne zu gehen.

Der Konzertraum war bis auf den letzten Platz gefüllt. Gleich zu Beginn meines ersten Liedes fiepten die Lautsprecher so laut, dass sich alle im Raum die Ohren zuhielten. Ich unterbrach mein Lied und versuchte, dabei so gelassen wie möglich zu wirken. Nach einer kurzen Pause probierte ich erneut mein Glück. Doch wieder verzerrte meine Stimme. Und das Dröhnen aus den Boxen war unerträglich. Ich schob den Volume-Regler nach unten, drehte mich zum Publikum und sagte scherzhaft: »Dann spiele ich eben unplugged.«

Resigniert ging ich ans Mikrofon und sprach ein Stoßgebet: *Oh, Gott, hilf!* Es waren einfach zu viele Leute für ein unverstärktes Konzert.

Plötzlich stand ein Mann aus dem Publikum auf. Er war groß, dunkel gekleidet und trug eine Maske. Zielstrebig kam er zum Mischpult. Der Kontrollfreak in mir war entsetzt. Trotzdem wandte ich mich zum Publikum und ließ den Mann am Pult einfach machen. Ein Opener, erst am Tag vorher geschrieben, ein Unbekannter am Mischpult und eine Sängerin, die seit Monaten nicht mehr allein im Rampenlicht gestanden hatte. Ich und mein Fahrplan für den Abend waren völlig durcheinandergeraten. Vorsichtig ging ich wieder ans Mikrofon und sang meinen Opener weiter.

»Sing nur«, flüsterte mir der Mann durch die Maske zu. Er schien Ahnung zu haben, denn der Sound wurde mit jeder Strophe besser. Schon nach dem zweiten Lied war ich ganz und gar in der Musik verschwunden und konnte die Leute mit auf meine Reise nehmen.

Als der Abend den Höhepunkt erreichte, drehte ich mich mit meiner Gitarre zu dem Mann am Mischpult, um mich zu bedanken. Für einen kurzen Moment nahm er seine Maske ab und lächelte mir zu. Da erst erkannte ich ihn. Es war der Tontechniker, der mir und meiner Band vor mehr als fünfzehn Jahren einen exzellenten Livesound gemischt hatte.

Obwohl das Konzert so strapaziös begonnen hatte, nahm es einen wundervollen Lauf und endete mit einem begeisterten Publikum.

Gerade, als ich mein Glas Rotwein an der Bar entgegennehmen wollte, sprach mich eine schöne schwarze Frau an. Sie war eine der letzten Besucherinnen an diesem Abend. »Hast du einen Moment Zeit?«, fragte sie auf Englisch. Ich nickte und stellte mein Glas auf die Theke.

»Sarah, ich denke, ich habe eine Botschaft für dich. Eine Botschaft von Gott.« Sie sah mir eindringlich in die Augen.

Überrascht nahm ich mein Glas und bedeutete ihr, mit mir nach nebenan ins Treppenhaus zu gehen. Dort setzten wir uns auf die Stufen. Der würzige Duft ihres Parfüms und der klare Ausdruck in ihren Augen waren wie ein Wohlgeruch für mich. Der Name der Afrikanerin war Liliane.

Als sie zu reden anfing, bebte ihre Stimme manchmal, und ich merkte, dass sie mir etwas Wichtiges weitergeben wollte: »Du wirst nach Afrika reisen und dort wird Gott ein Feuer in dir anzünden.«

Afrika? Ich erinnerte mich an einen Missionar aus meiner Teeniezeit.

»Du wirst in Afrika singen und in vielen anderen Teilen der Erde«, hallte es durch das Treppenhaus. »Gott wird deine Stimme kraftvoll benutzen! Menschen werden heil und frei werden.«

Damit sprach sie einen tiefen Herzenswunsch von mir aus.

Sie redete auch von einer Veränderung, die schon bald kommen würde. Ich konnte ihren Worten folgen und sie annehmen, obwohl sie sehr mächtig schienen.

In den darauffolgenden Wochen resonierten die Worte der schwarzen Frau weiterhin in mir und ich bewegte sie in meinem Herzen.

DIE EINLADUNG

Bald darauf saß ich im Zug, um in meiner Geburtsstadt Hannover ein Konzert zu geben. Ich liebte es, einfach aus dem Fenster zu schauen, Städte und Dörfer hinter mir zu lassen, die müden Gedanken beiseitezulegen und Neues zu erkunden.

Die Veranstalter hatten den Abend toll vorbereitet, alle Tickets verkauft, einen super Tonmann engagiert und sogar ein Klavier auf die Bühne gehievt.

Viel Persönliches konnte ich an diesem Abend erzählen, auch vom Wunder meiner Kindheit. Während des Konzerts ließ ich ein Skizzenbuch kreisen, damit die eine oder der andere eine persönliche Notiz hinterlassen konnte. Musikerfreundinnen und -freunde waren gekommen und spielten spontan bei einigen Songs mit. Es war ein schöner Abend.

Nach dem Konzert versammelten sich ein paar Leute um meinen CD-Tisch. Ein hagerer Typ mit Hornbrille schenkte mir eine Kassette mit seinen Lieblingsliedern und kaufte sich mit einem Haufen Cent-Stücken mein Album. »Das, wovon du erzählt hast, mit deinen Eltern, könnte auch mein Leben sein«, sagte er und schluckte. Ich spürte tiefe Verbundenheit, vor allem mit dem Mixtape hatte er mir eine echte Freude gemacht.

Eine blonde Frau, Anfang sechzig, kam mit ihrer Freundin ebenfalls am Tisch vorbei, um mir zu sagen, wie sehr sie die Musik, und vor allem meine Geschichte, ergriffen habe. Sie sprach mit norddeutschem Dialekt und war mir gleich auf angenehme Weise vertraut. Auch ihre Geschichte war der meiner Eltern nicht unähnlich. Nur war sie selbst nicht hinter Gittern, sondern über zwanzig Jahre Hauptkommissarin gewesen. Derzeit war sie zu Besuch in Deutschland. Sie hatte mich das letzte Mal vor etwa zwanzig Jahren im Konzert erlebt.

»Ich bin übrigens Erika und lebe schon seit dreizehn Jahren in Uganda«, sagte sie.

»Vor drei Wochen hat eine schwarze Frau zu mir gesagt: ›Du wirst nach Afrika gehen!‹«, erwiderte ich erwartungsfroh. »Und ich glaube, ich werde dich in Afrika besuchen.«

»Ich habe dich schon eingeladen!«, lachend erzählte mir Erika von ihrem Eintrag in mein Skizzenbuch während des Konzertes.

HAUPTBAHNHOF HANNOVER

Nach einem guten Frühstück mit der Veranstalterin freute ich mich auf die Weiterreise nach Hamburg, wo ein weiteres Konzert auf mich wartete.

Das Wetter war genau richtig. Ein flockiges Graublau lag über der Stadt, in der ich mich nicht fremd fühlte. Der Bahnhof war nur wenige Minuten von meinem Hotel entfernt.

Ich kam von hinten über die Parkplätze zum Hauptbahnhof. Meine Gitarre auf dem Rücken und hinter mir mein Koffer auf Rädern.

Es war der Weg, den ich schon vor vielen, vielen Jahren mit meinem Schwager gegangen war. Damals hatte er auch einen kleinen Wagen hinter sich hergezogen, bepackt mit Butterbroten, Schokolade und Kannen mit heißem Tee. Er verteilte die Brote an Bedürftige, die den Platz belagerten. Über die Schokolade hatten sie sich am meisten gefreut. Daran erinnere ich mich genau. Ich war etwa fünfzehn Jahre alt. Vor lauter Hunger stopften sich einige von ihnen alles auf einmal in den Mund.

Heute war der Platz geräumt, nur neben der Tür zum Bahnhof lag ein Mann, der zu schlafen schien. *Das Wetter ist in Ordnung und ich muss zum Zug*, sagte ich mir, als ich an dem Mann vorbeilief.

An den Gleisen ging es chaotisch zu, überall drängelten sich Menschen. So viele Welten auf einem Fleck und jeder war in seinem eigenen Universum unterwegs.

Fast alle Züge hatten Verspätung. Ich versuchte die richtige Bahn zu finden, doch ständig wechselten die Bahnhofstafeln ihre An- und Abfahrtszeiten. Ein Mann zuckte nur mit den Schultern und sagte: »Das wird heute wohl nichts mehr.«

Kurzentschlossen rief ich die Veranstalterin des Konzertes in Hamburg an, um ihr zu sagen, dass ich es nicht pünktlich schaffen würde. Dann ging ich wieder runter in die Bahnhofshalle und telefonierte mit der Konzertveranstalterin vom Vorabend, die mir anbot, mich mit ihrem Auto nach Hamburg zu fahren. Nun hatte ich Zeit. Etwa vierzig Minuten. Ich konnte mir die Füße platttreten, meinen dritten Kaffee trinken, am Handy meine Zeit vertrödeln oder dem Mann, an dem ich vorbeigelaufen war, einen Cappuccino spendieren.

Als ich aus der Bahnhofshalle trat, lag der Mann noch an derselben Stelle. Ich stolperte in ein herbes Wortgefecht. Der Mann auf dem Boden wurde von drei Typen, die mit Kaffeebechern und Bierflaschen nur ein paar Meter entfernt vor einer Kneipe standen, zur Schnecke gemacht.

Ich versuchte, dem Mann auf die Beine zu helfen, und fragte ihn nach seinem Namen.

»Ich, äh, heiße Michael«, sagte er ganz verkatert und rappelte sich auf. Sein Gesicht hatte nun einen Namen. Die Bedeutung von Namen fand ich schon immer interessant. Ich hatte einmal gelesen, dass Michael von den hebräischen Worten »miy« (wer) und »el« (Gott) stammt. Deshalb wird der Name mit »Wer ist wie Gott?« interpretiert.[87]

»Möchtest du einen Cappuccino?«, fragte ich Michael.

Übernächtigt schaute er mich an: »Äh, ja gerne!«

Die drei vor der Kneipe machten große Augen und brachten keinen Ton mehr heraus. Weil ich zu voll bepackt war, um einen Kaffee zu holen, gab ich Michael einen Fünfeuroschein. »Hier, für einen Kaffee oder Cappuccino«, sagte ich. »Aber bitte kein Bier, ok? Und bring mir das Restgeld wieder.«

»Ok«, sagte er wie ein braver Junge und verschwand im Bahnhofsgebäude.

VOR DER KNEIPE

Die drei Männer hatten uns die ganze Zeit beobachtet. Ich nutzte die Gelegenheit und ging zu ihnen herüber. Wir redeten über dieses und jenes. »Warum machst du das? Dem Typen helfen?«, fragte der eine irritiert.

»Weil ich weiß, wie es ist, wenn man nichts hat und süchtig ist«, sagte ich ihm. Und dann erzählte ich ihm davon, wie mein Schwager mich als Jugendliche genau an diesen Bahnhof mitgenommen hatte, um Brote und Schokolade an die Drogensüchtigen zu verteilen. Die Männer hörten mit Elefantenohren zu, deshalb holte ich noch weiter aus. Ich sagte ihnen, dass meine Eltern auch hier gewesen waren, noch vor meiner Zeit, um sich Drogen zu beschaffen. Und wie sie durch ein Wunder von ihrer Sucht losgekommen waren.

»Mir wird das hier echt zu emotional«, sagte der Größte von den dreien, verschwand in der Kneipe und beobachtete uns weiter durch die Glasscheibe.

Michael war wiedergekommen. Er reichte mir einen Cappuccino und das restliche Geld.

»Danke, ich habe schon gefrühstückt. Der Cappuccino ist für dich!«, sagte ich und nahm das Kleingeld.

»Oh, danke!«, Michael nahm den Kaffeebecher und ging wieder ins Bahnhofsgebäude.

Der jüngere der beiden Männer guckte mich verwundert an. »Du siehst echt schön aus. Ich kann das nicht beschreiben. Ich meine das jetzt nicht komisch«, sagte er.

Vielleicht ist es die Liebe Gottes, dachte ich.

Wir unterhielten uns über seinen Job und seine Lebensträume. Der andere Mann stand schweigend neben seinem Kumpel und hörte uns zu. Nachdem wir eine Weile gesprochen hatten, guckte der junge Mann mich wieder mit Verwunderung an und sagte mir erneut, dass ich etwas an mir hätte, das sehr schön sei.

Ich sagte ihm, dass Gott in meinem Herzen lebt. »Möchtest du, dass ich für dich bete?«, fragte ich freimütig.

Er nickte still. Ich legte meine Hand auf seine Schulter und segnete ihn für seinen weiteren Lebensweg. Als ich gerade das Gebet beendet hatte, kam Michael zurück.

»Hey, hast du Lust, mit zu meinen Kumpels zu kommen?«, fragte er mich.

»Kumpels? Wo sind die denn?«, erwiderte ich zurückhaltend.

»Du kannst gleich mit mir mitkommen«, Michael zeigte durch das große Fenster in die Bahnhofshalle. »Wir sind da drin.« Tatsächlich saßen dort vier Männer im Kreis vor dem Sparkassenautomaten.

»Ok, ich komme gleich«, sagte ich und verabschiedete mich in Ruhe von den beiden Männern vor der Kneipe. Dem Typen hinter der Glasscheibe winkte ich ein letztes »Tschüss«.

MICHAEL UND SEINE KUMPELS

»Meine Kraft zeigt sich in deiner Schwäche.«

– 2. Korinther 12,9; NLB

Ich schnallte mir meine Gitarre wieder auf den Rücken und schob meinen Koffer in die Halle des Bahnhofsgebäudes.

»Hier sind wir!«, rief Michael gutgelaunt durch die große Halle.

Seine Kumpels saßen wie er mit einer Flasche Bier vor sich im Schneidersitz auf dem Boden. Ich legte mein Gepäck ab und hockte mich zu ihnen.

Michael strahlte wie ein Honigkuchenpferd und begann gleich zu plaudern. Er sei mal mit Sarah Connor zusammen gewesen.

»Und bei mir im Konzert«, tratschte ich, »hat ihr Friseur gesessen.«

Die Männer hatten die ganze Nacht getrunken, erzählten sie mir.

»Und warum trinkt ihr jetzt schon wieder Bier?«, fragte ich, wohlwissend, dass ich sehr direkt zur Sache ging. »Jeder von euch hat doch eine Geschichte, die euch auf die Straße gebracht hat, oder?«, bohrte ich nach.

Rainer, der älteste der Männer, antwortete sofort: »Ja, ich hab mit dem Saufen angefangen, als meine Frau starb.« Sein Blick glitt in die Ferne und seine Fantasie begann die lustigsten Formen anzunehmen. Er sprach von Wolken und wie er mit seiner Frau darauf hüpfen und tanzen würde. Er hatte das Gesicht eines Komikers.

»Du hast was Schönes an dir«, sagte Rainer. »Nicht falsch verstehen!«

Zurückhaltend beobachtete er mich von der Seite. Es war wie bei dem jungen Mann vor der Kneipe. Beide sahen vermutlich die Liebe in mir, die nicht von dieser Welt ist.

»Ich glaube an Gott«, sagte ich schlicht.

»Gott?«, seine Stimme veränderte sich. »Immer wieder habe ich zu ihm gebetet, er soll meine Frau nicht sterben lassen! Aber er hat nicht gehört!« Rainer schrie jetzt durch die Bahnhofshalle: »So oft habe ich gebetet! So oft war ich in der Kirche! Aber er hat mich nicht gehört! Er hat meine Frau einfach sterben lassen!« Die Sätze brachen aus ihm heraus. Rainer weinte und schrie jetzt so laut, dass die Leute im Bahnhof sich umdrehten. Ich hatte meine Hand behutsam auf seine Schulter gelegt und spürte eine tiefe Ruhe.

»Gut, wenn der Schmerz rauskann«, sagte ich zu ihm. Rainer schluchzte wie ein Kind.

Mit einem Mal stand ein Mann mit einem fremdartigen Dialekt bei uns und sagte: »Doch, Gott gibts! Den gibts!« Der Mann setzte sich einfach zu uns. Und plötzlich redeten alle über Gott.

Der Jüngste von den sechsen im Kreis hatte die ganze Zeit nichts gesagt. Er kam aus Polen und sagte leise: »Als Junge habe ich oft an meinem Bett gebetet.« Er hielt sich die Hände vors Gesicht und begann zu weinen: »Diese scheiß Drogen! Ich will das nicht mehr!« Der junge Mann beschrieb uns unter Tränen seine schlimme Sucht, die seinen Körper permanent zittern ließ, wenn er nichts intus hatte.

Michael begann jetzt auch zu weinen. Eine zerbrochene Beziehung nach der anderen habe er hinter sich und nie das Glück gefunden.

Die harten Jungs und ich fassten uns an den Händen und beteten gemeinsam. Just in dem Augenblick kam die Veranstalterin, um mich abzuholen. Sie war Pastorin einer kleinen Kirche in Hannover, die ein Herz für Bedürftige hatte. Sie kam in unsere Runde, betete mit uns und schrieb sich die Namen und Nummern der Männer auf, um mit ihnen in Kontakt zu bleiben.

Michael fragte mich, ob ich noch was singen würde.

»Dann würde es hier nochmal so richtig emotional werden«, lachte ich, und dann kam die Polizei. In Schutzwesten und voller Montur standen sie plötzlich vor uns und verwiesen die Männer des Gebäudes. Obdachlose seien hier nicht erwünscht, sonst würde das kein Ende nehmen.

Wir packten unsere Sachen und ich verabschiedete mich von den Männern. Ich wusste jetzt, wo ihre Obdachlosenunterkunft war. Vielleicht würde ich sie dort eines Tages mit einem Konzert überraschen.

Wie in dem Moment, als ich entschied Michael anzusprechen, ist es immer wieder diese leise Stimme aus meinem Herzen, die mich auf Fährten führt, die ich sonst nicht gegangen wäre. Sie gleicht einem kleinen Vogel, der auf meiner Fensterbank sitzt und zart, aber beharrlich, an die Scheibe tickt. Wie der »Humming Bird«, dem ich dieses Lied gewidmet habe..

HUMMING BIRD[88]

Sweet Hummingbird lead me home
Show me the place I belong

Sweet child of mine it feels I'm loosing life
But all I want is to be free

Streetlights haunting me again
The morning after seems so far away
Like the day I was born

Sweet Hummingbird where should I begin
The definition of the cross
I'm stumbling in and out

All the things I asked for
Are they better ways
I wish I could go back in time
to love you more

Oh future line
Do you tell me I'm blind

Many songs I'm trying
seem to be the wrong stuff
The only thing I'm asking
Can you help me to come up
with new music straight from your mind

My wisdom comes from God
My wisdom comes from God

Sweet Hummingbird how fast time goes by
We live among them I think we've reached the sky

Sweet Hummingbird lead me home
Show me the place where I belong
Sweet Love of mine it feels I'm losing life
But all I want is to be free

Atbara
Baiyudasch
Nil
Atbara
2780
ERITREA
Omdurman
Khartoum
Asmara
1127
Kassala
Weißer
Wad Medani
Ras Dashan
4620
El Obeid
Kosti
Nil
Blauer Nil
Hochland
Nubaberge
Tana-see
1830
Dese
1460
Ober-
von
4154
nil-
Äthiopien
3301
becken
Addis Abeba
SÜDSUDAN
ÄTHIO
4307
Batu
Bahr el
Djebel
Juba
3187
UGANDA
Turkanasee (Rudolfsee)
Albert-see
619
Kyogasee
Elgon
ngani
Kampala
4321
KENIA
Kisumu
1134
5199
Mt. Kenia
Victoria-see
Nairobi
Kigali
5895
4567
Kilimandsch
Bujumbura
Tanganjika-see
773
Dodoma

KAPITEL XII

**»Die beste Zeit, einen Baum zu pflanzen,
war vor zwanzig Jahren. Die nächstbeste Zeit ist jetzt.«**
– Aleksej Andreevic Arakceev

REISE NACH UGANDA

In der Zwischenzeit waren die Pläne einer Reise ins grüne Uganda konkret geworden. Zuerst sprach ich mit meiner Familie und mit engen Freuden über mein Vorhaben. Alle gaben mir ihren Segen. Seit der Begegnung mit Liliane war ich auch innerlich vorbereitet. Vier Monate waren seither vergangen.

Eins meiner allerersten Konzerte hatte ich in einem Männergefängnis in meiner Heimatstadt Vechta gegeben. Es war ein sehr eindrückliches Erlebnis gewesen. Nun würde ich, mehr als zwanzig Jahre später, nach Afrika reisen, um dort im größten Gefängnis Ugandas, im »Upper Prison«, meine Lieder zu spielen. Sechzehn Tage würde ich in diesem unbekannten Land verbringen, um in neun Gefängnissen für Frauen und Männer zu singen. Bis ins Gefängnis nach Masaka, mit Überquerung des Äquators, würde mein Weg mich führen. Dieses neue Abenteuer konnte ich nur wagen, weil mich in Uganda Erika und ihr erfahrenes Team begleiten würde. Und auch, weil zu Hause meine Familie und Gemeinschaft aus vollem Herzen hinter mir stand.

Erika hatte die Reise sehr gut vorbereitet, sie ging schon seit Jahren in die Gefängnisse und wurden von allen »Mama Erika« genannt. Gemeinsam starteten wir am Leipziger Flughafen. Nach Zwischenstopps in Istanbul und Ruanda erreichten wir in den frühen Morgenstunden Uganda.

Der feuchte Duft von Regen und Tropen lag über dem Dorf, in das wir kamen. Es war plötzlich alles so grün. Ich stand in einem Garten, umringt von Palmen und Bananenstauden. Jack-Fruit-Bäume mit fetten Früchten säumten den Eingang zum Haus meiner Freundin. Der kleine Kater Tiny folgte mir auf Schritt und Tritt. Wir streiften Mango- und Avocado-Bäume, Blumen und Pflanzen, die ich noch nie zuvor gesehen hatte. Morgens weckten mich die Geräusche von Tierlauten, euphorischen Vogelgesängen und dem Krächzen eines Hahns, der ständig »out of time« war.

GEFÄNGNISGARTEN

Ich war erleichtert, als sich vor mir eine Gartenlandschaft auftat, in der schwarze Frauen mit knallgelben Kleidern die Beete bestellten. Hier war es schöner als in meiner Vorstellung. Die Frauen arbeiteten unter freiem Himmel, wuschen ihre Gefängniskleidung in großen Bottichen und legten die gelben Gewänder auf die ausgetretenen Rasenflächen, um sie von der Sonne trocknen zu lassen. Auf kleinen Feuerstellen bereiteten einige der Frauen die tägliche Mahlzeit, *Posho*, aus Maismehl und Wasser zu. Der Film »Brother Where Art Thou?« lief vor meinen inneren Augen ab, als ich die Frauen unter der heißen Sonne bei der Arbeit auf dem Feld sah.

Als ich den überdachten Raum aus Holz betrat, dessen Seiten zum Gefängnisplatz offen waren, wurde ich Teil eines lebendigen Gottesdienstes. Etwa hundert Frauen lobten Gott inmitten ihres Leides und immer mehr kamen hinzu. Während sie sangen und trommelten, merkte ich, wie mein Herz mit Kraft und Freude entfacht wurde. Ich konnte nicht anders, als mich in den Lobgesang der Frauen einzureihen und Gott zu danken. Der »Boden« war gut vorbereitet. Zwölf Jahre war Erika regelmäßig in diesem Gefängnis gewesen, um den Frauen Nahrung für Körper und Seele zu bringen.

Wenn bei meinem Konzert zwischendurch die Technik ausfiel, gesellte ich mich mit meiner Gitarre in die Stuhlreihen zu den Frauen. So konnte ich besser in ihre Gesichter sehen und sie in meins. Ich empfand eine starke Verbundenheit zu ihnen.

Mein Konzert endete mit dem Angebot von Umarmungen und persönlichen Gebeten. Ich stellte die Gitarre zur Seite und wartete mit Erika auf die Frauen, die sich in langen Reihen versammelten. Jede vertraute mir ein Anliegen an, für das ich beten durfte. Einige konnten vor lauter Schmerz nicht sprechen. Eine junge Uganderin sagte mir, dass sie seit ihrem sechzehnten Lebensjahr im Gefängnis sei. Seit mehr als zwei Jahren schon und noch nie hatte jemand aus ihrer Familie sie besucht. Sie weinte in meinem Arm, wie ein Kind, das sich nach seiner Mama sehnt. Mit jeder Umarmung wurde auch ich umarmt.

GEHEIMWAFFE

»Wo Gott dich hingesät hat, da sollst du blühen.«
– Afrikanisches Sprichwort

Vor uns öffnete sich das mächtige Tor. Ich hatte mir meine Gitarre lose um den Hals gehängt und hielt sie fest. Erika war neben mir, als wir ins größte Gefängnis Ugandas, das »Upper Prison«, gingen. Mehr als dreitausend Menschen waren hier untergebracht. Die Langverurteilten und die zum Tode Verurteilten. Gott sei Dank war die Vollstreckung der Todesstrafe seit einigen Jahren abgeschafft. Stattdessen saßen die Männer ein Leben lang. Für einen kurzen Moment dachte ich an Johnny Cash in »Folsom Prison« – wie ein Befreiungsschlag musste sein Konzert für die Insassen gewesen sein. Hinter uns wurde das eiserne Tor wieder geschlossen und eine weitere Tür vor uns aufgeschlossen.

Zwei Wärter begleiteten Erika und mich in das Büro eines höheren Beamten.

Der Uniformierte hinterm Schreibtisch war ein freundlicher, junger Mann und sichtlich interessiert an meiner Gitarre. »Kannst du spielen?«, fragte er lebhaft.

»Ja!«, sagte ich und spielte den Anfang eines Liedes für ihn und seinen Kollegen.

»Und du?«, fragte ich und reichte ihm meine Gitarre.

»Ich wollte immer Gitarre lernen, aber wir hatten nie genug Geld. Kannst du mir was beibringen?«, fragte er.

»Klar, gerne!«, ich zeigte ihm den einfachsten Akkord, den ich kannte. »Das ist e-Moll«, erklärte ich und im Nu spielte er den Akkord nach.

Afrikaner lieben Musik. Viele hier in Uganda waren in Armut aufgewachsen. Einige hatten sich hochgearbeitet, doch kaum jemand hatte die Möglichkeit, ein Instrument zu lernen oder sich eins zu kaufen. Meine Gitarre war ein wertvolles Objekt. Jeder im Gefängnis, ob Wärter oder Insasse, hatte ein Auge auf sie geworfen. Sie war meine Geheimwaffe. Sie schützte mich vor den Blicken der Männer und war gleichzeitig der Türöffner für Gespräche. Und sie konnte sehr tief ins Herz vordringen – egal, ob Wärter oder gefürchteter Direktor, ob Häftling oder Sozialarbeiter.

Musik öffnet die Herzen der Menschen. Musik ist frei von Hierarchien und Grenzen, das begann ich im Gefängnis noch besser zu verstehen.

Als Erika und ich in das Büro des Gefängnisdirektors geführt wurden, fühlte ich mich wie in einem Justizfilm aus den 70er-Jahren. Dicke Aktenstapel häuften sich auf dem Schreibtisch des Uganders. In seiner dunkelroten, von Auszeichnungen behangenen Uniform erweckte er den Eindruck eines Mannes mit viel Einfluss. Bilder und Ehrungen hingen schief an den Wänden. Vergilbte Fotos von höhergestellten, uniformierten Männern vor einer Schar von am Boden sitzenden Häftlingen. Portraits des Gefängnisdirektors mit strenger Miene und ein umständlich an der Wand befestigter Fernseher, auf dem Politiksendungen flimmerten, fielen in mein Blickfeld.

Im Ledersessel wartete ich auf nächste Anweisungen. Der Direktor brachte Erika Bewunderung entgegen, schien positiv auf uns eingestellt zu sein und lobte Erika für ihre langjährige Hilfe. Denn seit Jahren unterstützten sie und ihr Verein das Gefängnis mit Seife, Lebensmitteln, Decken, Weihnachtspaketen, Gottesdiensten und vielem mehr. Als neuer Direktor des »Upper Prison« hatte dieser Mann eine Menge Verantwortung zu tragen. Tausende von Männern saßen hier, in dem größten Hochsicherheitsgefängnis des Landes, ein. Während Erika noch mit ihm sprach, guckte ich mir die schwarze Schiefertafel, die neben der Tür angebracht war, genauer an. Mit weißer Kreide war die Zahl aller Gefangenen darauf geschrieben, die inhaftiert waren. Darunter stand die Zahl derer, die noch auf ihr Urteil warteten, und die Zahl derer, die bald aus der Haft entlassen werden würden. Die letzte Zeile trug die Überschrift: »Condemned« – verdammt, zum Tode verurteilt. Das waren 108.

VERLORENE MELODIE

Erika und ich wurden von zwei Beamten durch einen schmalen Flur in einen engen Raum geführt, in dem wir mit einigen der Gefangenen warten mussten, bis uns ein Wärter die Tür zum Todestrakt aufschloss. Ich hielt den Hals meiner Gitarre fest. Es war seltsam. Ich stand auf der Schwelle, um für Hunderte von Männern zu singen, die schwerste Verbrechen begangen hatten, und fühlte keine Furcht. Bei meinen Konzerten in Deutschland war ich aufgeregter als hier. Vielleicht war es die Angst davor, nicht zu genügen. Hier fühlte ich mich schwach und in dieser Schwäche doch so stark. Als Erika mich eingeladen hatte, nach Uganda zu kommen, um in den Gefängnissen zu singen, hatte ich zu ihr gesagt, dass ich auch bereit wäre, für die Männer im Todestrakt zu singen. Ich wollte dorthin gehen, wo die Hoffnung am meisten gebraucht wurde, und war erleichtert, als Erika mir sagte, dass der Tod durch den Strang aufgehoben worden war.

Erika und ich folgten den Beamten durch die kleine Eisentür. Eine Handvoll Häftlinge aus dem Todestrakt begleiteten uns, um beim Tragen des Lautsprechers, Mikrofonständers und der Tasche mit Kabeln zu helfen. Nicht alle Gefängnisse erlaubten, dass wir unsere Technik mitbrachten, doch hier war es möglich.

Meine Gitarre hielt ich eng bei mir. Ein Häftling, der mit uns lief, war mir schon in dem Durchgangsraum aufgefallen. Ich schätzte ihn auf Mitte dreißig. Er trug eine runde Brille und eine weiße *Takke* als Kopfbedeckung. Seine Haut war samtbraun und seine Gesichtszüge ließen ein ruhiges Wesen vermuten. Während wir nebeneinanderherliefen, steckte er mir blitzschnell ein abgerissenes Stück Papier zu. Ich überflog den Papierfetzen, doch Erika entriss ihn mir und steckte ihn in Sekundenschnelle in ihre Bibel, die sie unter ihrem Arm trug. »Sarah«, raunzte sie, »wir dürfen hier im Gefängnis nichts annehmen!«

In der Eile hatte ich die Worte kaum entziffern können. »I love music. I'm a moslem ...« und dass es schwer für ihn im Gefängnis sei.

Interessiert guckte der junge Mann immer wieder auf meine Gitarre. Ich fragte ihn, ob er über die Saiten streifen wolle. Er machte große Augen und nickte. Nachdem er die Saiten ein paar Mal vorsichtig berührt hatte, fragte er flüsternd, ob er sich die Gitarre auch umhängen dürfe.

Die Beamten liefen einige Meter vor uns. Der Weg zum Todestrakt war länger, als ich dachte. Wir liefen unter freiem Himmel an einer stacheldrahtumzäunten Gefängnismauer entlang. Neben der hohen Betonmauer hatten Häftlinge winzige Beete mit roten Zwiebeln, kleinen Bananenstauden und Kräutern angelegt. Es war schön warm und ein leichter Wind wehte.

Der junge Häftling hatte sich meine Gitarre umgehängt. Behutsam umfasste er den Hals und begann mit seinen Fingern zaghaft die einzelnen Saiten zu drücken, mit der anderen Hand versuchte er zu zupfen. Er suchte nach einer Melodie. Nach einer Melodie, die er scheinbar lange nicht mehr gespielt hatte. Während ich neben ihm lief, sang ich intuitiv die Töne mit, die er aus seiner Erinnerung hervorholte. Die Melodie war ganz weich und die Worte, die in diesem Moment aus mir herausflossen, passten sich ihr an: »You're like a bird. You can spread your wings and fly, fly.«

Ein anderer Mann aus dem Todestrakt, der neben uns ging, wirkte gerührt. Er trug meinen Mikrofonständer und fragte, ob er die Gitarre auch einmal halten dürfe. Er spielte ohne Anstrengung. Ein lebhaftes Lächeln huschte über sein rundes, tiefbraunes Gesicht, froh darüber, seine Fähigkeit nicht verlernt zu haben. Seine Freude und sein Gefühl für das Instrument waren unüberhörbar: »Dieses Lied habe ich selbst geschrieben. Es ist schon sehr lange her, seit ich es das letzte Mal gespielt habe.« Aufrecht, mit geraden Schultern, so als ob er seine Flügel richtete. Seine Augen waren geschlossen. Wie ein

Vogel, der auf Rückenwind wartet, erhob er langsam seine Stimme. Sein Lied vom Freisein flog hoch, hoch hinaus, und tanzte über die Mauern hinweg. Nur wenige Beamte und Mithäftlinge hörten ihn, weil er gelernt hatte, auf leisen Sohlen mit dem Wind zu gehen.

Als wir das Tor des Gefängnisgebäudes erreicht hatten, standen meine beiden Begleiter noch für ein paar Minuten in der Sonne und summten leise seine Melodie. Dann öffnete der Wärter Erika und mir die Tür.

FOREVER YOUNG

»Die Frucht der Gerechtigkeit aber wird in Frieden denen gesät, die Frieden stiften.«

– Jakobus 3,18; ELB

Der uniformierte Beamte ging uns voraus. Wir überquerten den riesigen Platz des »Upper Prison«-Gefängnisses, auf dem mehr als dreitausend schwarze Männer mit kurzgeschorenen Haaren in gelber und orangefarbener Häftlingskleidung ihre Zeit fristeten und uns nachguckten. Sobald wir stehenblieben, kamen kurze Unterhaltungen zustande, und die Männer musterten neugierig mein Instrument.

Ich hielt meine Gitarre fest bei mir. Erika und ich waren spät dran und liefen schnellen Schrittes dem Beamten hinterher. Man hatte uns während meines Konzertes im Todestrakt zu einer anderen Veranstaltung mit etwa fünfhundert Gefangenen abberufen.

Es hatte mich überrascht, im Todestrakt unter offenem Himmel für die Männer singen zu können. Einige Häftlinge hatten mich mit Trommeln begleitet und es war eine sehr friedliche Atmosphäre gewesen. Anders als erwartet hatten sie ganz still und besonnen meinen leisen Liedern gelauscht. Bewusst hatte ich ruhige Stücke für diesen Ort ausgewählt, um dem Frieden Gottes Raum zu lassen.

Die andere Veranstaltung war schon in vollem Gange. Wir quetschten uns durch die Plastikstuhlreihen, die bis auf den letzten Platz belegt waren. Ein schwerer, mit Blumengestecken geschmückter Tisch, über dem eine Girlande hing, stand vorne in der Mitte des Raums, hinter dem die Gefängnisleitung saß – zwei autoritär wirkende Männer in Uniform und eine Frau mit Kopftuch und buntem Kleid. Links von ihnen war die Gefängnisband platziert. Es gab ein Keyboard, eine Bassbox und ein paar Mikrofone. Der Bassist hatte den Körper eines Riesen und das Lächeln eines Kindes. Sein Kopf war wie der aller anderen Gefangenen kahlrasiert. Seine Stimme war genauso gewaltig wie sein Kreuz. Rechts neben dem üppig gedeckten Tisch durften Erika und ich auf den Plastikstühlen für die Gäste Platz nehmen. Wir wurden von der Gefängnisleitung willkommen geheißen. Erika, die Ältere von uns beiden, wurde zuerst gefragt, ob sie ein Lied singen wolle. Sie reichte die Frage an mich weiter und ich bejahte.

Die ersten beiden Reihen hatten meine besondere Aufmerksamkeit. Dort saßen die ältesten Männer des Hochsicherheitsgefängnisses. Sie trugen im Gegensatz zu den Anderen weiße Kleider, weil sie aus dem Todestrakt kamen. Die Veranstaltung galt an diesem Nachmittag ihnen. Eine Art Ehrung für die Ältesten.

Fragilität lag auf den Gesichtern der alten Männer. Eine müde Einsamkeit, obwohl sie nie allein waren – Würde und Schönheit, auch ohne Uniform. In ihren langen, weißen Gewändern sahen sie wie Mönche aus. Ihre faltengezeichneten Gesichter zeugten von Geschichten, die weder Alter noch Erfahrungen preisgaben.

Wie lange sie wohl schon hier sind? Und würden sie hier sterben? Haben sie ihre Strafe nicht schon längst abgesessen? Kann man sie nicht einfach ziehen lassen? Sie sahen nicht aus wie Verbrecher, sondern eher wie Friedensstifter.

Nach einer guten Stunde standen die Alten auf, um sich in den Gefängnischor einzureihen, der sich, mit dem Rücken zum Publikum, der Gefängnisleitung zuwendete. Alles rumpelte und humpelte, als die Männer sich schwerfällig zum Takt bewegten. In ihren wallenden Gewändern schaukelten und klatschten sie, mit Unterstützung der Hausband. Sie sangen zum Rhythmus eines bekannten ugandischen Liedes, dessen Text mir einer der Häftlinge freudig unter die Nase hielt, während er lauthals mitsang. Ein anderer klopfte mit seinem Krückstock metronomartig auf den Boden, ein anderer wackelte zum Beat mit dem Kopf. Die Männer gaben ihr Bestes, mit der Kraft, die sie noch aufbringen konnten.

Für immer jung, dachte ich. Dieses Lied wäre heute genau passend. »Forever Young«, von Bob Dylan. Nachdem der Chor seine Lieder beendet hatte, kam jemand aus der Band und fragte, ob ich ein Mikrofon und Verstärkung für meine Gitarre bräuchte. »Das geht heute so«, sagte ich. Ohne Bühne und Verstärkung gab es keine zu große Entfernung zwischen uns. Ohne Mikrofon fühlte ich mich freier, war an keinen festen Platz gebunden und konnte mich mehr in die Musik versenken.

Ich begann das Lied mit einem Zitat, das ich nicht geplant hatte. Worte wurden mir im Gefängnis immer wieder im richtigen Augenblick geschenkt. Ich konnte es nicht erklären, die Botschaft verschaffte sich den Raum, den sie brauchte: »Meine Mama, sie ist schon über siebzig, hat immer zu mir gesagt, dass der Körper verblasst und veraltet: ›Man bekommt Falten und man hat nicht mehr die Kraft, die man einst hatte, aber das Herz, Sarah, das kannst du dir bewahren! Denn das Herz wird für immer jung bleiben. Es kann für immer leben.‹«

Ich sagte den Männern, dass Gott allein der Richter über uns ist: »Wenn jemand des Mordes oder anderer Verbrechen angeklagt ist, wer bin ich, ihn zu verurteilen? Jedes Herz wird von Gott erkannt. Und jeder Mensch ist zuerst von ihm geliebt.« Ich war verwundert über die Kraft in meiner Stimme, als ich sprach, und als ich zu singen begann, wurde die Kraft noch größer. Es war Gottes Kraft in mir.

Ich ging mit meiner Gitarre zu den Männern in der ersten Reihe, konnte ihnen direkt in die Augen schauen und das Lied wie einen Segen über sie singen. Ein paar der Alten weinten. Ich blickte in das uralte Gesicht eines Mannes, der die Tränen nicht zurückhalten konnte, legte meine Hand auf seine Schulter und drückte meine Wange an seine. Die Männer im Raum klatschten und stimmten voll Inbrunst ins Lied ein. Jeder Stamm hatte eine eigene Sprache, deshalb wurde es ein lustiges Durcheinander, als alle in ihrer Stammessprache »Für immer jung!« sangen.

Auch die Gefängnisleitung sang mit und wiederholte in ihrer Ansprache, was meine Mutter mir einst mitgegeben hatte.

**»Wie viele Dinge
es doch gibt,
die ich nicht
brauche.«**

– Sokrates

FRIEDEN

Wieder saß ich unter einem Dach mit Hunderten von Gefangenen, die auf Plastikhockern Platz genommen hatten. »Mama Erika« wurde mit viel Beifall willkommen geheißen. Häftlinge und Beamte freuten sich, dass sie wieder da war.

Sie stellte mich als ihre kleine Schwester »all the way from Germany« vor und ich trat ans Mikrofon. Die Musik beschallte den großen Hof, auf dem etwa zweitausend weitere Häftlinge standen, saßen oder Fußball spielten. Es war Mittagszeit, die Sonne knallte vom wolkenlosen Himmel. In langen Schlangen hatten die Männer mit bunten Plastikschüsseln angestanden, um sich ihre Mittagsration abzuholen – Maisbrei, verdünnt mit Wasser, und eine Kelle Bohnen. Das war die tägliche Gefängnismahlzeit.

Diesmal fiel es mir schwer, in die Musik zu finden. Die Soundanlage fiel ständig aus und mir fehlte der Schwung in den Knochen. Ich sang aus dem Hals und meine Stimme brach andauernd weg. Ich rang nach Worten. Unter der Überdachung sammelten sich die Menschen. Auch an den offenen Seiten standen neugierige Häftlinge.

Ich griff in die Saiten und pustete, was das Zeug hielt, in meine Mundharmonika, die ich in meinem Gitarrenkoffer ins Gefängnis geschmuggelt hatte. Die Countryrhythmen wurden schneller, angestachelt durch das beschwingte Klatschen und Johlen der Männer. Die Stimmung war phasenweise außer Rand und Band. Der Damm war gebrochen und alle sangen mit. Dann fiel die Anlage wieder aus, aber es machte nichts. Wir waren jetzt im Flow. Euphorie und Ruhe wechselten sich ab. Die Stimmung wurde friedlicher.

Ich zupfte eine Melodie, ein Kinderlied, für den Heiler meines Herzens. Die Männer senkten ihre Köpfe. »Humble yourself«, sagte Erika und wir beteten gemeinsam, für bessere Nächte und weniger Albträume. Wir beteten für Heilung an Körper, Seele und Geist. Auch baten wir Gott um Hilfe für anstehende Gerichtsverfahren und um mehr Besuche von den Familien der Häftlinge, denn viele fühlten sich hier im Gefängnis vergessen.

Am frühen Morgen, bevor wir losgefahren waren, hatte ich den Satz gelesen: »*Nicht durch Macht und nicht durch Kraft, sondern durch meinen Geist, spricht der Herr*« (Sacharja 4,6; ELB). Als ich leise zu den Menschen sang, erinnerte ich mich daran, dass Gottes Stärke sich in Schwachheit zeigt. Daran, dass Jesus nichts auf dieser Welt besaß und ihm doch alles gehörte.

Die Männer beteten vertieft in ihrer jeweiligen Sprache und einige summten leise mit. Der Pastor der Gefängniskirche war früher Moslem und dann Christ geworden. Er war selbst ein Häftling, der schon viele Jahre im Gefängnis verbracht hatte. Nach dem Konzert bedankte er sich mit Tränen in seinen Augen und sagte: »Diesen Tag werde ich in mein Buch schreiben.«

DERSELBE BODEN

Das Gefängnis lag weit abseits der Stadt auf ödem Land. Die Sozialarbeiterin, die für 1600 Männer und hundert Frauen zuständig war, erwartete uns schon freudig. Wir kamen ohne Probleme ins Gefängnis. Mit meiner Gitarre auf dem Rücken und Kartons voller Seife, Babynahrung und Windeln. Seife wurde zum Waschen der Gefängnistracht und für die eigene Körperpflege genutzt. Sie war wertvoll. Duschen gab es keine, nur Löcher im Boden und Wasser in blauen Kanistern. Vieles hier in Uganda war teurer geworden. Die Bediensteten waren für jede milde Gabe, die Erika und ihr Team mitbrachte, genauso dankbar wie die Häftlinge.

Durch einen Zaun sahen wir einen engen, abgesteckten Bereich, in dem sich etwa siebzig Frauen aufhielten. Ein kleines Gemüsebeet war neben dem Zaun angelegt, ansonsten war der Platz trist. Die kräftigen Hände der korpulenten Sicherheitsbeamtin schlossen uns die Pforte zum Innenhof auf. Die Frauen säuberten gerade ihre Schüsseln vom Mittagsessen und guckten neugierig zu Erika und mir herüber. Die streng wirkenden Beamtinnen hatten uns zwei Stühle unter einen Sonnenschirm gestellt, denn die Mittagssonne brannte mächtig. Die Frauen saßen zum größten Teil unter freiem Himmel.

Alles spielte sich am Boden ab, das Waschen ihrer Teller und das Waschen ihrer Kleidung. Sie aßen auf dem Boden und knieten sich unterwürfig hin, als wir an ihnen vorbeigingen. An Händen, Füßen und Kleidern klebte der rote Staub.

Die füllige Beamtin forderte die Frauen auf, etwas zu singen. Eine Vorsängerin sang die ersten Töne, die Insassinnen folgten ihrem Gesang, der mit jedem Lied lauter und fröhlicher wurde. Nach einer Weile standen sie auf, klatschten und bewegten sich, so, als würden sie sich vom harten Gefängnisrhythmus befreien. Eine der Frauen schnappte sich einen Wasserkanister, auf dem sie ihre Finger tanzen ließ und immer neue Rhythmen kreierte, zu denen die anderen juchzende Freudenrufe ausstießen. Das Lachen der Frauen, inmitten von Hoffnungslosigkeit, zeigte ihre Dankbarkeit. Sie freuten sich darüber, dass wir sie besuchen gekommen waren.

Ihre Freude war ansteckend und half mir, ohne Umwege Nähe zu ihnen zu finden. Es war wunderbar, ihnen Lieder zu bringen. Zunächst stand ich mit meiner Gitarre direkt vor ihnen, aber ich wollte in ihre Augen schauen. Deshalb hockte ich mich mit in den roten Staub, um persönlich für sie zu singen. Die Sonne brannte mit voller Kraft.

An diesem Ort wäre ich gerne länger geblieben. Ich hatte die Frauen liebgewonnen. Wieder flossen Tränen, weil Gott uns so nah war. Es tat gut, hier zu sein.

Als Erika und ich ins nächste Gefängnis aufbrachen, mussten sich die Frauen wieder in zwei Reihen auf den Boden hocken. Ehrfürchtig beugten sie ihre Köpfe. Während ich an ihnen vorbeiging, nutzte ich die Gelegenheit für eine Berührung. Ich streichelte ein Baby, berührte eine Schulter oder einen Kopf, hielt eine Hand und verbeugte mich. Ich wollte diesen schönen Menschen danken, dass ich für sie hatte singen dürfen.

Die Beamtin, die uns zu Beginn das Tor aufgeschlossen hatte, gewährte uns noch einen Blick in das Schlafgemach der Frauen. Ich drehte mich zur Wand und weinte. Wir standen in einem engen, dunklen Raum ohne Fenster. Auf dem Fußboden lag eine schmächtige Frau auf einer Decke. Als sie uns sah, versuchte sie sich aufzusetzen, aber sie hatte keine Kraft, so krank war sie. Wir lächelten einander zu, ganz kurz hielt ich ihre schmale Hand. Der Raum war viel zu klein für siebzig Frauen, er hätte geradeso für dreißig gereicht. Es war unzumutbar.

»Schlafen hier alle Frauen? Oder gibt es noch einen anderen Raum?«, fragte ich die Beamtin.

»Das ist der einzige«, sagte sie sichtlich beschämt. Es gab keine Betten, nur dünne Decken, auf denen die Frauen, teilweise mit ihren Babys, liegen mussten.

In Uganda regnet es oft und viel. Dieser Raum diente als Schlaf- und Aufenthaltsraum. Während ich für die Frauen gesungen hatte, hatte ich gleichzeitig für sie gebetet. Ich hatte Jesus darum gebeten, sie in ihren Träumen in ihrem Zimmer zu besuchen und ihnen Hoffnung zu schenken. Dieses Gebet wiederholte ich, als ich in ihrem Schlafraum stand.

Erika verhandelte mit der Beamtin, wo sie Betten für die Frauen hinstellen könne, denn sie hatte für den kommenden Monat Hochbetten organisiert.

Dieses Lied handelt von einem Gärtner, der sich mit Fürsorge um jede seiner Blumen kümmert, obwohl außerhalb seines Gartens die Hölle los ist.

WATERING FLOWERS[89]

Oh, there he goes through the park
Watering flowers I follow the man
In the dark til morning

By the graveyards you pick her roses
Pray for answers to come soon

Down at the crossroad you check your pockets
With dirty hands on the wheel

Oh, there he goes through the park
Watering flowers I follow his marks
In the dark til morning

Black skies strange horizon
Two men sitting by the fire

Black night a shift is coming
Two men standing by the fire

Oh my goodness trees are burning
Wheel is turning to fast
Oh my goodness cities are burning
Who who's gonna last

Oh, there he goes through the park
watering flowers I follow the man
In the dark til morning
There he goes passing time
in his garden I follow his marks
through the dark into the heart

I trust only one man
He's the keeper of my heart
I love only one man
He's the keeper of my heart

ENDE ODER ANFANG

»Wo der Geist des Herrn ist, da ist Freiheit.«

– 2. Korinther 3,17; HFA

Als ich aus Uganda zurückkam, begann bei uns allmählich der Winter.

Ich war für drei Konzerte an einem Tag nach Bayern eingeladen. Die Tage zuvor hatte mich eine Erkältung erwischt. Meine Stimme war nicht fit, ich lutschte Halsbonbons und kaute Ingwer aus Uganda. Die Möglichkeit, an einem Nachmittag in zwei Gefängnissen zu singen, wollte ich auf keinen Fall verpassen. Kurzfristig hatte auch die Abschiebungshaft die Zusage gegeben, dass ich dort etwa eine halbe Stunde lang für die Männer singen dürfe.

Bevor ich mich auf den Weg machte, bat ich in meinem Freundeskreis, für die Konzerte und für mich zu beten. Gebet wurde mir auf meinen Reisen eine zunehmend wichtige Sache. In meiner Schwäche musste ich mich immer wieder in Gottes Arme werfen, denn einige Auftritte hatten es wirklich in sich. Ich fühlte mich nicht in der Lage, sie allein zu meistern. Ich wollte den Menschen, die ich besuchte, mehr als schöne Musik geben. Viel mehr als alles andere wünschte ich mir, dass Gott mit mir die Menschen besuchte, damit ihre Herzen und Körper heil würden.

Jedes Mal gab er mir zu gegebener Zeit, was andere segnete. Er gab es mir nicht im Vorfeld. Ich ging zuerst »aufs Wasser« und fühlte mich dabei die ganze Zeit von ihm getragen. Vor jedem Gefängniskonzert in Uganda gab er mir einen kleinen Wink in Form eines Bibelverses – für die Menschen, die ich besuchte, und als Stärkung für mich selbst. Worte in Musik und Büchern haben Kraft. Das gesprochene Wort sowieso, wie viel mehr besitzt Gottes Wort die Kraft, einen Menschen zu stärken!

Die Kapelle in der JVA war beheizt. Das helle Holz der Bänke strahlte Gemütlichkeit aus. Der Pfarrer zündete die Kerzen an und ich spielte meine Lieder kurz mit einer Querflötistin an, die ich spontan auf dem Parkplatz der JVA getroffen und zum Mitspielen eingeladen hatte. Die Akustik war weich und hallig. Stimmen und Instrumente erfüllten den Raum, wir brauchten keine Mikrofone. Nach und nach füllte sich die Kapelle, bis die letzte Reihe besetzt war.

Noch bevor das Konzert losging, begrüßte der Pfarrer die Einzelnen, die gekommen waren. Ich tat es ihm gleich, ging durch die Reihen, schüttelte den Männern die Hand und stellte mich ihnen vor. Somit war das Eis gleich am Anfang gebrochen, und das Konzert konnte ohne Anlaufschwierigkeiten beginnen. Ich guckte in offene Gesichter, die freundlich, aber hart vom Leben gekennzeichnet waren. In Uganda, in den Hochsicherheitsgefängnissen, waren mir die Männer gesünder vorgekommen. Hier hatte ich den Eindruck, dass viele der Männer mit Suchtproblemen zu kämpfen hatten.

Es war wunderschön, an diesem Ort zu singen und dabei in jedes Gesicht schauen zu können. Zwischen den Liedern erzählte ich von meiner eigenen Biografie: von meiner Familie, die im Gefängnis gewesen war, als ich noch ein Kind war – und dass es ein Wunder ist, dass ich jetzt im Gefängnis davon erzählen und singen durfte, dass es keinen Hoffnungslosen gibt.

Während ich sang, dachte ich daran, wie schön es wäre, wenn ich noch für die Männer beten könnte. Eigentlich betete ich schon die ganze Zeit, während ich sang, aber ein kurzes, persönliches Innehalten für den Einzelnen wäre die Krönung!

Ich legte meine Gitarre zur Seite und stellte mich in den Gang vor die Männer. Die Querflötistin hatte sich ans Klavier gesetzt.

»Ich würde so gerne noch für euch beten, bevor ich wieder gehe. Ich warte hier einfach auf euch. Wenn ihr möchtet, kommt gerne zu mir, damit ich euch segnen kann«, sagte ich, wohlwissend, dass auch keiner kommen könnte. Es war ein ähnliches Gefühl wie in dem Frauengefängnis in Uganda, als die Frauen und ich gemeinsam auf dem Boden knieten, weil wir nichts mehr zu verlieren hatten. Vor all den anderen Männern von der Bank aufzustehen, um zu einem Gebet nach vorne zu kommen, wäre ein Bekenntnis, dass man schwach ist und Gottes Hilfe bedarf.

Es war ganz still im Raum. Ich wartete nicht lange, bis der erste Mann aufstand und zu mir nach vorne kam. Ich konnte seine Hände fassen, ihm in die Augen schauen und ihn fragen, für was ich beten soll. Er sagte mir seinen Namen und wir beteten für seine Kinder. Jetzt standen immer mehr Männer auf und kamen nach vorne. Der Gefängnispfarrer stellte sich zu mir und betete mit. Die Männer standen Schlange. Jeder einzelne kam mit einem bewegenden Anliegen und Gott segnete uns.

Der letzte Mann, der zu uns kam, war groß und volltätowiert. Er hatte in der hintersten Bank gesessen. Schon während des Konzerts war er mir aufgefallen, weil er meinen Liedern und Erzählungen mit wachsamem Blick gefolgt war.

Er hielt mir seine kräftigen Hände entgegen und bat mich, für seinen kleinen Sohn zu beten, der ihm fehlte. Mit breiten Schultern und starkem Oberkörper stand er vor mir und schien dabei so verwundbar zu sein. In seinen hellen Augen sah ich einen Schmerz und einen Hunger nach Leben. Es rührte mich an, für ihn zu beten. Der junge Mann war abhängig von Drogen und ich konnte dafür bitten, dass Gott ihm hilft, frei zu werden. Er nickte erleichtert, als ich ihn fragte, ob er Platz für Jesus in seinem Herzen machen wolle. So, als habe er genau darauf gewartet.

Bevor die Männer zurück in ihre Zellen gebracht wurden, drehten sie sich noch einmal um. Ein sanftes Leuchten lag auf ihnen, als würden Engel sie begleiten.

EPILOG

»Lord, help me to begin to begin.«
– George Whitefield

In einer der frühen Morgenstunden, in denen ich dieses Buch schrieb, war ich spazieren gegangen, um den Gedanken frische Luft zu geben.

Das Tor des Schlosshofes stand offen und ich lief in die Apfelplantagen. Der Himmel lag weit in hellem Blau vor mir, und über mir am Firmament sah ich einen Regenbogen, der gemeinsam mit einer langen, weißen Wolke ein Kreuz bildete. *Ist das ein Zeichen, dafür, dass es Sinn macht, dieses Buch zu schreiben?*

Ich nahm ein Foto von dem Regenbogenkreuz auf und setzte mich wieder in mein Schreibzimmer. Nachmittags kam mein elfjähriger Sohn herein und ich erzählte ihm von meinem Morgen, dem Spaziergang und zeigte ihm das Bild auf dem Handy. Er schaute sich das Foto genau an und fragte:

»Schreibst du in deinem Buch eigentlich auch über Jesus?«

DANKE

Danken möchte ich meiner Familie – Stevi, meinem besten Freund, Pekka-Lu & Fjodor Isai, unseren wundervollen Kindern, und meinen geliebten Eltern. Meinen schönen Schwestern und treuen Freundinnen und meinem langersehnten Bruder.

Von Herzen möchte ich Anna danken für die Idee und Ermutigung, dieses Buch zu schreiben. Ich danke auch meinen beiden Lektorinnen Anna und Tabea für ihre unermüdliche Geduld und ihren Zuspruch.

Vielen Dank an Uwe und Judith für ein offenes Ohr und den guten Rat.

Danke meiner Community auf Schloss Röhrsdorf, die mir ein Zuhause ist.

Danke, Shadi, Mohammad und Nahed – ihr seid meine Vorbilder.

Danke all meinen Freundinnen & Freunden, die mich schon so lange auf meinem Lebensweg begleiten.

Und denen, die schon in den Highlands wohnen: Felix, Hans, Sven, Sybille, Ulrich, Lars, Karl-Arthur, Henrik, Manni, Fritz, Gotthard, Sabine & Elisabeth.

KONTAKT

Welche Geschichten hast du zu erzählen?
Ich freue mich, wenn du mir schreibst: buch@sarahbrendel.de

ANMERKUNGEN

1 Thoreau, Henry D.: Walden oder Leben in den Wäldern. Diogenes, 2015.

2 Gotthold Ephraim Lessing 1743 in einem Brief an seine Schwester. Lessing, Gotthold Ephraim: Lessings sämtliche Werke in einem Bande. Band 12. Göschen, 1841, S. 947.

3 Finerman, W.; Starkey, S. P.; Tisch, S. (Produzenten) & Zemeckis, R. (Regisseur): Forrest Gump [Film]. Paramount Pictures, 1994. https://www.recursosdeautoayuda.com/de/Forrest-Gump-Zitate/, zuletzt aufgerufen am 29.03.2023, 12:40 Uhr.

4 Martin Luther King zitiert in: Prinz, Alois: I have a dream. Das Leben des Martin Luther King. Gabriel, 2019.

5 Mutter Teresa zitiert in: Spink, Kathryn: Mutter Teresa. Ein Leben für die Barmherzigkeit. 1. Auflage. Lübbe, 1999, S. 201-202.

6 Dickinson, Emily: Gedichte. Reclam, 1970, S. 107.

7 Dylan, Bob: Chronicles. Simon & Schuster, 2004.

8 Schulz, Charles M.: Snoopy. Cannonball! A PEANUTS Collection. Andrews McMeel, 2022, S. 30 (E-Book).

9 Lasker-Schüler, Else (1917): Werke und Briefe. Band 1. Jüdischer Verlag, 1996.

10 Die »Jesus-People-Bewegung« entstand in den 60er- und 70er-Jahren in den USA und kam von dort auch nach Europa. Der Lebensstil der »Jesus-People« orientiert sich am Urchristentum.

11 Carle, Eric: Die kleine Raupe Nimmersatt. Gerhard Stalling, 1996.

12 De Saint-Exupéry, Antoine: Die Stadt in der Wüste. Karl Rauch, 1951, S. 172.

13 Lindgren, Astrid: Das entschwundene Land. Oetinger, 2007, S. 57.

14 Pekka-Lu, Text und Melodie: Sarah Brendel © Tel Me Twins.

15 Kerouac, Jack: Die Dharmajäger. Rowohlt Taschenbuch, 2023.

16 Held, Kurt: Die Rote Zora. S. Fischer, 2021.

17 Lindgren, Astrid: Die Brüder Löwenherz. Oetinger, 1974.

18 Lindgren, Astrid: Die Brüder Löwenherz. Oetinger, 2019, S. 236.

19 Shadow of a Mountain, Text und Melodie: Sarah Euler-Brendel © Sarah Euler-Brendel.

20 Schulz, Charles M.: Snoopy. A PEANUTS Collection.

21 Agatha Christie zitiert in: Sichtermann, Barbara: Agatha Christie. Biografie. Osburg, 2020.

22 Lindgren, Astrid: Michel muss mehr Männchen machen. Oetinger, 2019.

23 Lindgren, Astrid: Ronja Räubertochter. Oetinger, 2019.

24 Gibran, Khalil: Selbstfindung. Es sprach der Prophet. Herder, 2004, S. 41.

25 London, Jack: Die Herrin des Großen Hauses. DTV, 1985, S. 112.

26 Schulz, Charles M.: Snoopy. A PEANUTS Collection.

27 Bowie, David: Verbatim. BBC, 2016. BBC Sounds: https://www.bbc.co.uk/sounds/play/b06z5pts, zuletzt aufgerufen am 16.05.2023, 12:31 Uhr.

28 Messiah, Text und Melodie: Larry Norman © 1985 Eden Journey Publishing / Ordure Blanc Music.

29 1 Way Track, Text und Melodie: Sarah Euler-Brendel © Sarah Euler-Brendel.

30 Dylan, Bob: Chronicles. Simon & Schuster, 2004.

31 Sunrise, Text und Melodie: Sarah Euler-Brendel © Sarah Euler-Brendel.

32 Lehmann, Theo: Mahalia Jackson: Gospels sind mein Leben. Aussaat, 1981, S. 52, S. 59.

33 What's Up, Text und Melodie: Linda Perry © 1992 Stuck In The Throat / Sony ATV Harmony. Für D, A, CH: Sony Music Publishing, Berlin.

34 Shine On Me, Text und Melodie: Sarah Brendel © Sarah Euler-Brendel.

35 William Booth in seiner Rede in der *Royal Albert Hall* in London 1912.
https://www.heilsamee.de/heilsarmee-geschichte/das-vermaechtnis-des-william-booth.html, zuletzt aufgerufen am 14.06.2023, 12:14 Uhr.

36 Dylan, Bob: Chronicles. Simon & Schuster, 2004.

37 Faces, Text und Melodie: Sarah Euler-Brendel © Sarah Euler-Brendel.

38 Dostojewskij, Fjodor M.: Der Traum eines lächerlichen Menschen. Fischer, 1995, S. 55.

39 Mahatma Gandhi zitiert in: Suchy, Bernhard: Was man mit Gewalt beginnt, kann man nur mit Gewalt behalten. Gedanken einer großen Seele. Von Mahatma Gandhi. Marixverlag, 2019.

40 Übersetzer unbekannt. Originalzitat: »Two roads diverged in a wood, and I – I took the one less traveled by, And that has made all the difference.« Frost, Robert Lee: »The Road not Taken« in: Mountain Interval. Henry Holt and Company, 1916.

41 Yaweh, Text und Melodie: Sarah Brendel © Tel Me Twins.

42 »Jesus sagte zu Simon: ›Hab keine Angst! Von jetzt an wirst du Menschen fischen!‹« (Lukas 5,10; NLB). Damit ist gemeint, Menschen für Gott zu gewinnen.

43 Lelord, François: Hectors Reise. Oder die Suche nach dem Glück. Piper ebooks, 2011.

44 One Way, Text und Melodie: Larry Norman © 1972 Beechwood Music Corporation / Eden Journey Publishing / Ordure Blanc Music. Für D, A, CH: Edition Accord Musikverlag bei Sony Music Publishing, Berlin.

45 Back to the Dust, Text und Melodie: Sarah Brendel © Sound S, adm. by Gerth Medien, Asslar.

46 Neruda, Pablo: Der unsichtbare Fluss: Ein Lesebuch. Gedichte. Luchterhand Literaturverlag, 2001, S. 210.

47 Bosco, Giovanni: Worte der Wegweisung. 15. Folge der Schriftenreihe zur Pflege salesianischer Spiritualität. Ensdorf, 1986, S. 752.

48 Astrid Lindgren, zitiert in der Pressemappe des Verlags Friedrich Oetinger, www.oetinger.de.

49 Papst Franziskus: Das Glück in diesem Leben. Kösel, München, S. 82.

50 Auf Deutsch: »Die Leute fragen: ›Hat sich die Art verändert, wie du Songs schreibst, seitdem du Kinder hast? Siehst du die Welt nun durch ihre Augen?‹ Nein! – Ich bin nur ein schnellerer Songsschreiber geworden.« https://www.brainyquote.com/quotes/eddie_vedder_791660, zuletzt aufgerufen am 22.06.2023, 10:02 Uhr.

51 Rambling Path, Text und Melodie: Sarah Brendel © Tel Me Twins.

52 Leonard Cohen zitiert in: Simmons, Sylvie: I'm Your Man. The Life of Leonard Cohen. btw, 2012.

53 Jens, Inge (Hrsg.): Hans Scholl und Sophie Scholl. Briefe und Aufzeichnungen. S. Fischer, 1988.

54 Müller, Gerhard Ludwig; Schönherr, Albrecht (Hrsg.): Dietrich Bonhoeffer. Gemeinsames Leben. Das Gebetsbuch der Bibel. Dietrich Bonhoeffer Werke. Band 5. Chr. Kaiser, 1940, S. 84.

55 Eine Liedzeile frei übersetzt aus Sarah Brendels Lied »Before The Mountains«.

56 Before the Mountains, Text und Melodie: Sarah Brendel © Tel Me Twins.

57 Nouwen, Henri J. M. Der dreifache Weg. Herder, 1985, S. 142.

58 Dylan, Bob. Forever Young. In: 100 Songs. Simon & Schuster, 2017.

59 Songfragmente von Bob Dylans Lied »Blowin' in the Wind«. Frei übersetzt.

60 The Morning After, Text und Melodie: Sarah Brendel © Tel Me Twins.

61 Ende, Michael. Momo. Thienemann-Esslinger, S. 128.

62 Lindgren, Astrid: Michel muss mehr Männchen machen. Oetinger, 2019.

63 Desert Man, Text und Melodie: Sarah Euler-Brendel © Sarah Euler-Brendel.

64 Mutter Teresa zitiert in: Spink, Kathryn: Mutter Teresa. Ein Leben für die Barmherzigkeit. Lübbe, 1999.

65 Václav Havel zitiert in: Ansorg, Anja: ABC des Glaubens. Monsenstein und Vannerdat, 2008, S. 55.

66 Finerman, W.; Starkey, S. P.; Tisch, S. (Produzenten) & Zemeckis, R. (Regisseur): Forrest Gump [Film]. Paramount Pictures, 1994. https://www.recursosdeautoayuda.com/de/Forrest-Gump-Zitate/, zuletzt aufgerufen am 29.03.2023, 12:40 Uhr.

67 Rilke, Rainer Maria: Die weiße Fürstin. Elv, 2012.

68 Dickens, Charles: Weihnachtserzählungen. R&L, S. 340.

69 Tucholsky Kurt: Schloß Gripsholm. Eine Sommergeschichte. Reclams Universal-Bibliothek Nr. 18390, 2006, S. 71.

70 Neruda, Pablo: Liebesgedichte. Spanisch/Deutsch. Sammlung Luchterhand, Penguin, 2022.

71 King, Martin Luther: Ausgewählte Kostbarkeiten. SKV-Edition, 1991. Zusammengefasst im Wortlaut.

72 Bonhoeffer, Dietrich: Die erste Tafel der zehn Worte (Juni/Juli 1944; aus dem Gefängnis Berlin-Tegel). In: Eberhard (Hrsg.): Gesammelte Schriften. Auslegungen und Predigten 1933–1944. Band 4. München, Chr. Kaiser, 1961, S. 597-612.

73 Selma Lagerlöf zitiert in: Dieterich, Paul: Margarete Schneider. Die Frau des Predigers von Buchenwald. SCM Hänssler, 2019.

74 Aus Dietrich Bonhoeffers berühmten Lied »Von guten Mächten«. In: Bethge, Eberhard et al. (Hrsg.): Dietrich Bonhoeffer. Widerstand und Ergebung. Briefe und Aufzeichnungen aus der Haft. Dietrich Bonhoeffer Werke. Band 8. Gütersloher Verlagshaus, 1998, S. 607f.

75 The Morning After, Text und Melodie: Sarah Brendel © Tel Me Twins.

76 Finerman, W.; Starkey, S. P.; Tisch, S. (Produzenten) & Zemeckis, R. (Regisseur): Forrest Gump [Film]. Paramount Pictures, 1994. https://www.recursosdeautoayuda.com/de/Forrest-Gump-Zitate/, zuletzt aufgerufen am 29.03.2023, 12:40 Uhr.

77 Mahatma Gandhi zitiert in: Suchy, Bernhard: Was man mit Gewalt beginnt, kann man nur mit Gewalt behalten. Gedanken einer großen Seele. Von Mahatma Gandhi. Marixverlag, 2019.

78 Amazing Grace, Text: John Newton (1779), Melodie: Traditional.

79 Orwell, George: 1984. Roman. Neu übersetzt von Gisbert Haefs, mit einem Nachwort von Mirko Bonné. Manesse, 2021.

80 In My Country, Text und Melodie: Sarah Euler-Brendel © Sarah Euler-Brendel.

81 Güntzschel, Klaus: William Gibson Sloan: Einer geht hin – Erweckung auf den Färöern. Daniel, 2020, S. 26.

82 Kerouac, Jack: The Dharma Bums. Penguin Books, 1958.

83 Young, Neil: Ein Hippie-Traum. Kiwi, 2013, S. 64.

84 Young, Neil: Ein Hippie-Traum. Kiepenheuer & Witsch, 2013.

85 Light Oh! Light, Text und Melodie: Sarah Euler-Brendel © Sarah Euler-Brendel.

86 The Cranberries: Twenty One. Album: No Need to Argue, 1994.

87 Michael, Vorname.com. https://www.vorname.com/name,Michael.html, zuletzt aufgerufen am 22.06.2023.

88 Humming Bird, Text und Melodie: Sarah Euler-Brendel © Sarah Euler-Brendel.

89 Watering Flowers, Text und Melodie: Sarah Euler-Brendel © Sarah Euler-Brendel.